PRÉVENTION SANTÉ ENVIRONNEMENT

1re/Tle
BAC PRO

SYLVIE CROSNIER
MARY CRUÇON
MAGALI GUINEBRETIÈRE

NOUVELLE ÉDITION 2021

FOUCHER

Vos ressources numériques

20 autres situations	En alternative à la situation proposée dans le manuel, pour chaque chapitre une nouvelle situation, variant les supports :	Autre situation VIDÉO TEXTE INFOGRAPHIE BD
21 mémos audio	Les textes des mémos rédigés disponibles en version MP3, pour mieux mémoriser	
21 QCM interactifs	Un QCM interactif par chapitre, pour bien réviser	LE QCM INTERACTIF
3 tutoriels	Des tutoriels animés pour mieux appréhender la prévention et s'approprier les méthodes d'analyse	Tutoriel
Plus de 80 liens vers des vidéos et des sites	Des liens internet pour enrichir les documents du manuel	# vidéo # site internet

LES LIENS FOUCHERCONNECT

Le manuel papier s'enrichit de ressources numériques

foucherconnect.fr

- GRATUIT !
- Accessible SANS INSCRIPTION.
- EN LIGNE sur www.foucherconnect.fr

Conception de la maquette Primo & Primo
Composition STDI
Illustrations Coredoc, Philippe Gady, Vincent Landrin, Valentine Choquet
Corrections Delphine Livet

ISBN 978-2-216-16195-9

Sommaire

Première bac pro

Terminale bac pro

Compétences à développer dans les évaluations :

- **C1** Traiter une information*.
- **C2** Appliquer une démarche d'analyse dans une situation donnée.
- **C3** Expliquer un phénomène physiologique, un enjeu environnemental, une disposition réglementaire, en lien avec une mesure de prévention.
- **C4** Proposer une solution pour résoudre un problème.
- **C5** Argumenter un choix.
- **C6** Communiquer à l'écrit et à l'oral avec une syntaxe claire et un vocabulaire adapté*.

* Dans les évaluations, cette compétence est prise en compte dans le niveau de maîtrise des autres compétences.

Objectif
Avoir un comportement responsable face aux risques d'IST.

module A6 Les infections sexuellement transmissibles (IST)

Explosion des infections à chlamydia et gonocoque

D'après les résultats de l'enquête LaboIST publiés le 18 juillet 2019 par Santé publique France, le nombre de diagnostics d'infection à chlamydia et à gonocoque a été multiplié par trois en quatre ans ! La raison principale de cette augmentation : les comportements à risque. Notamment chez les 15-25 ans qui ont tendance à délaisser le préservatif. « Les efforts de prévention faits dans les années 1990 et 2000 sont en train de s'essouffler avec une nouvelle génération moins inquiète vis-à-vis des IST que ne l'étaient les générations qui ont grandi à une époque où aucune thérapeutique ne permettait de traiter le VIH » déplore le docteur Maxime Vallée, urologue au CHU de Poitiers, dans un communiqué de l'Association française d'urologie.

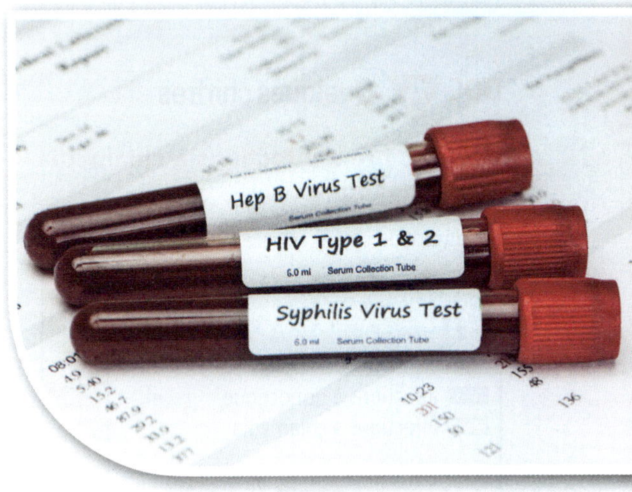

Source : « IST, l'été de tous les dangers », Rédaction d'Allodocteurs.fr – Site www.allodocteurs.fr, © Pulsations multimedia.

ANALYSER LA SITUATION

1 **Formuler** le problème posé dans la situation.

....

2 **Identifier** les éléments de la situation en répondant aux questions suivantes.

Quoi ? Quelle est l'origine du problème ? ....

Qui ? Quelles sont les personnes concernées ? ....

Où ? Où le problème se pose-t-il ? ....

Quand ? Quand le problème se pose-t-il ? ....

Comment ? De quelle manière le problème arrive-t-il ? ....

Pourquoi ? Pourquoi cela pose-t-il problème ? ....

Autre situation BD

foucherconnect.fr/20p001

ACTIVITÉ 1 Les données épidémiologiques des principales IST en France

3 À partir du **document A**, **commenter** l'évolution des IST et en **déduire** celles en recrudescence.

....

....

....

....

DOC A Quelques chiffres

• Le nombre d'infections à chlamydia et à gonocoque

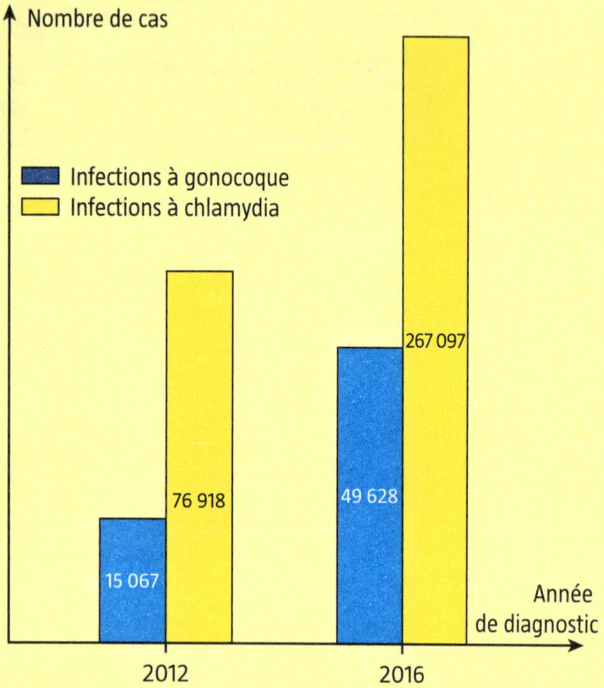

• Le nombre de nouvelles infections au VIH

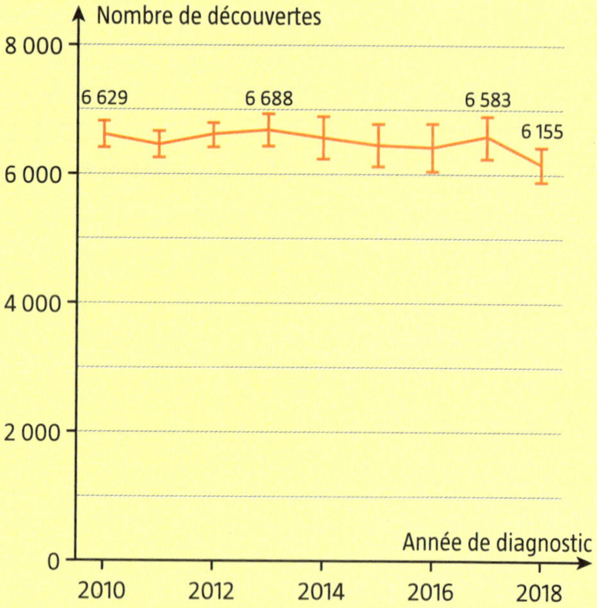

• L'évolution du nombre de cas de syphilis

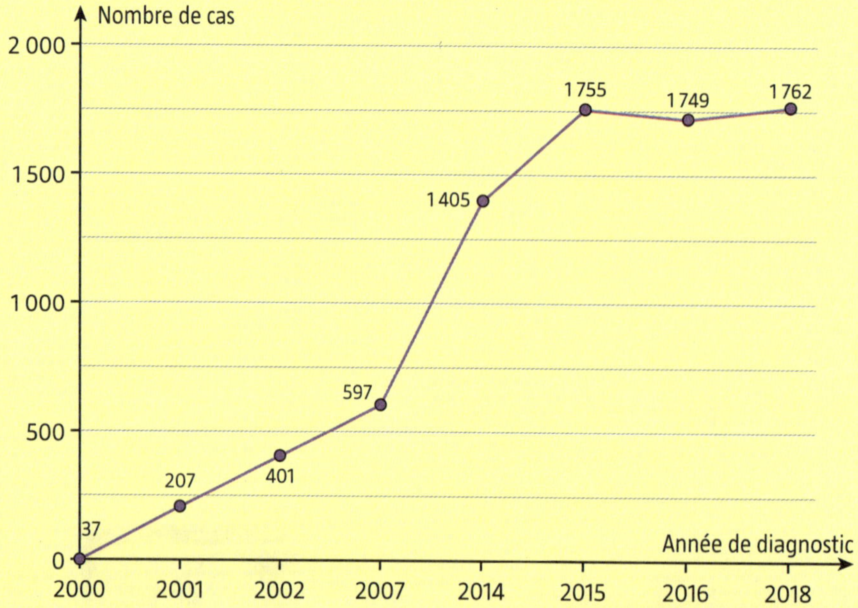

Source des chiffres : www.santepubliquefrance.fr

ACTIVITÉ 2 Les caractéristiques des IST les plus courantes

4 À partir du **document B**,

4.1 Nommer les familles de micro-organismes responsables des principales IST.

DOC B Les IST les plus courantes

Les IST sont des **infections qui se transmettent lors des rapports et contacts sexuels** (contacts avec les organes génitaux, les doigts, l'anus ou la bouche). Certaines peuvent aussi être contractées par d'autres voies, comme la transmission sanguine, le partage d'une seringue infectée ou de la mère à l'enfant lors de la grossesse et de l'allaitement. La plupart des personnes ayant une IST peuvent guérir suite à un traitement.

	Nom de l'infection et du micro-organisme responsable	Symptômes ♀ Femme	Symptômes ♂ Homme	Conséquences possibles	Traitement
IST d'origine bactérienne	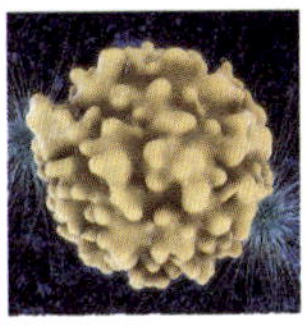 **Blennorragie ou gonococcie** le gonocoque	– En général, aucun symptôme.	– Écoulement purulent à l'extrémité de la verge. – Brûlures en urinant. – Parfois aucun symptôme.	– Risque de stérilité chez l'homme et la femme. – Atteinte du nouveau-né si mère infectée.	Antibiotique
IST d'origine bactérienne	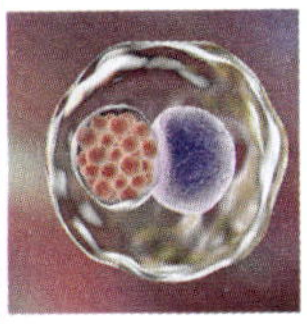 **Chlamydiose** le chlamydia	– Dans les trois quarts des cas, aucun symptôme. – Douleurs abdominales. – Fièvre, pertes banales.	– Brûlures en urinant.	– Risque de stérilité chez l'homme et la femme. – Atteinte du nouveau-né si mère infectée.	Antibiotique
IST d'origine bactérienne	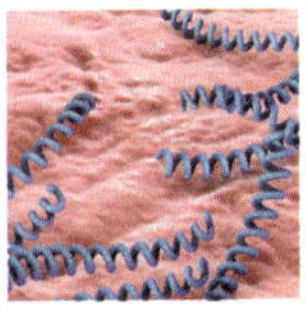 **Syphilis** le tréponème pâle	– Au début : chancre ou plaie indolore sur le sexe, gonflement des ganglions lymphatiques. – 2 mois plus tard : éruption de boutons sur tout le corps (roséole).		– Problèmes neurologiques, cardio-vasculaires… – Atteinte du nouveau-né si mère infectée.	Antibiotique
IST d'origine virale	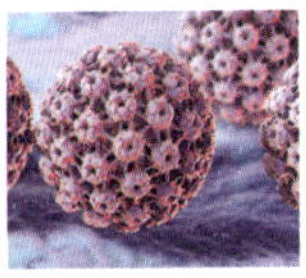 **Condylomes ou papillomavirus** le papillomavirus	– Petites verrues sur les organes génitaux, parfois invisibles à l'œil nu.		– Cancer du col de l'utérus. – Atteinte du nouveau-né si mère infectée.	Traitement local
IST d'origine virale	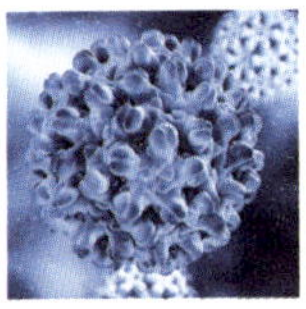 **Hépatite B** le virus de l'hépatite B	– Souvent aucun symptôme. – Jaunisse. – Grande fatigue. – Fièvre.		– À long terme, cirrhose (destruction des cellules du foie), cancer du foie. – Atteinte du nouveau-né si mère infectée.	Antiviral dans certains cas (pas de traitement curatif)
IST d'origine virale	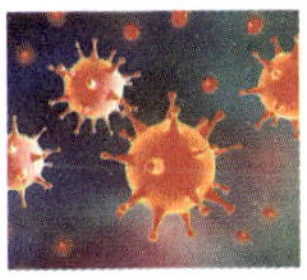 **Herpès génital** le virus de l'herpès	– Petits boutons douloureux en forme de bulles sur les organes génitaux.		– Atteinte du nouveau-né si mère infectée.	Antiviral (pas de traitement curatif)
IST d'origine virale	 **Sida** (syndrome d'immuno-déficience acquise) le virus d'immuno-déficience humaine (VIH)	– **Le stade séropositif VIH :** absence de signes particuliers.		– Atteinte du nouveau-né si mère infectée.	Antiviral (pas de traitement curatif)
		– **Le stade sida :** apparition de maladies graves suite à l'affaiblissement des défenses immunitaires car le corps ne peut plus faire face aux micro-organismes pathogènes présents dans son environnement.		– Infections dites « opportu-nistes » (bronchite, pneu-monie, tuberculose…). – Cancer. – Mort. – Atteinte du nouveau-né si mère infectée.	

4.2 Indiquer pour la gonococcie :

- le micro-organisme responsable : .... ;
- la raison pour laquelle cette infection passe souvent inaperçue chez la femme : ....

....

4.3 Identifier les symptômes et les conséquences possibles des IST en renseignant le tableau.

Symptômes qui doivent alerter et amener à consulter un médecin	Conséquences possibles des IST
....	....
....	....
....	....
....	....

4.4 Préciser, sous chaque illustration, le mode de contamination des IST.

Voie ....

Voie ....

Voie ....

ACTIVITÉ 3 Les caractéristiques spécifiques du sida

 # vidéo
Le sida : le corps.
foucherconnect.fr/20p002

5 À partir du **document C** et/ou de la **vidéo**,

5.1 Indiquer la signification du sigle « sida ».

S = ...
↓
Ensemble de symptômes et de signes.

I = ...
↓
Affaiblissement important du système immunitaire.

D = ...
↓

A = ...
↓
Contracté par la personne au cours de sa vie.

5.2 Nommer le micro-organisme responsable du sida.

....

5.3 Préciser le nom des cellules attaquées par ce micro-organisme et **expliquer** les conséquences de cette attaque.

....

....

5.4 Expliquer pourquoi une personne séropositive est considérée comme porteur sain.

....

....

5.5 Préciser à quelle phase du sida la personne a un risque élevé de contaminer un partenaire.

....

....

5.6 Renseigner le tableau.

	Personne séropositive au VIH	Personne atteinte du sida
Différences	....	....
Points communs	....	

DOC C Le sida

- Le **sida** (syndrome d'immunodéficience acquise) est une maladie transmissible provoquée par le **VIH** (virus de l'immunodéficience humaine). Quand une personne est porteuse du virus du sida, celui-ci est présent dans certains liquides de son corps.

Sang — Sperme/liquide séminal — Sécrétions vaginales/liquide rectal (♀,♂) — Lait maternel

Ces fluides ne transmettent le VIH que s'ils sont au contact d'une zone qui laisse entrer le virus, comme une muqueuse ou une peau abîmée.

- On distingue **trois phases** lors de l'infection par le VIH.

1. La phase de primo-infection
Phase durant laquelle l'organisme réagit pour la première fois au contact du VIH. Des symptômes courants peuvent apparaître, comme un mal de tête, de la fièvre, un sentiment de grande fatigue. Dans les jours suivants la contamination, la quantité de VIH dans le sang est alors très élevée : en conséquence, les personnes atteintes sont très contagieuses, alors même qu'elles ignorent avoir contracté le virus. Détruits par le virus, le nombre de lymphocytes T4 – cellules responsables de la défense immunitaire – diminue. Au bout de six semaines environ, les défenses s'organisent et le système immunitaire commence à produire des anticorps anti-VIH.

2. La phase asymptomatique (sans symptôme)
Elle dure une dizaine d'années.
Le système immunitaire reste fonctionnel.
Le nombre de lymphocytes T4 diminue progressivement.

→ Durant ces deux premières phases, la personne est dite ***séropositive****. Elle est porteuse du virus, mais ne présente aucun signe de la maladie. On parle de* ***porteur sain****.*

3. La phase sida
Lorsque le taux de lymphocytes T4 baisse au-dessous d'un certain seuil, l'organisme est de plus en plus mal protégé (immunodépression). Des agents pathogènes qui, normalement, sont inoffensifs ou contrôlés par le système immunitaire vont pouvoir se multiplier et déclencher des pathologies que l'on appelle les maladies « opportunistes » car elles « profitent » de la baisse des défenses immunitaires pour se déclarer.

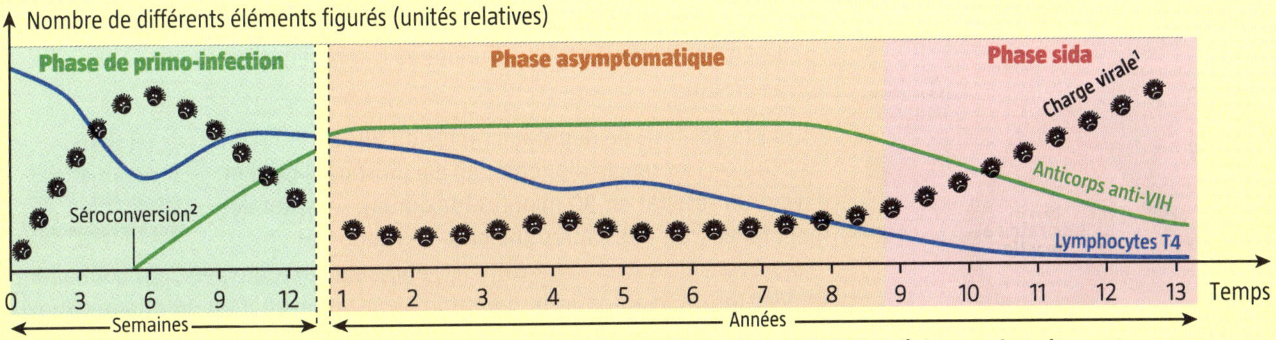

Évolution de paramètres du système immunitaire lors de l'infection par le VIH en l'absence de traitement

1. Charge virale : quantité de virus détectable dans le sang.
2. Séroconversion : phase au cours d'une maladie infectieuse où les anticorps apparaissent en quantité suffisante dans le sang pour qu'on puisse les doser.

ACTIVITÉ 4 La prévention des IST ....

 # site internet
Calendrier des vaccinations.
foucherconnect.fr/20p003

 # vidéo
Le virus du sida : il faut s'en protéger avec un préservatif.
foucherconnect.fr/20p004

6 **Renseigner** le tableau à partir de la **vidéo** et du **site internet**.

	Préservatif masculin	Préservatif féminin	Vaccin
	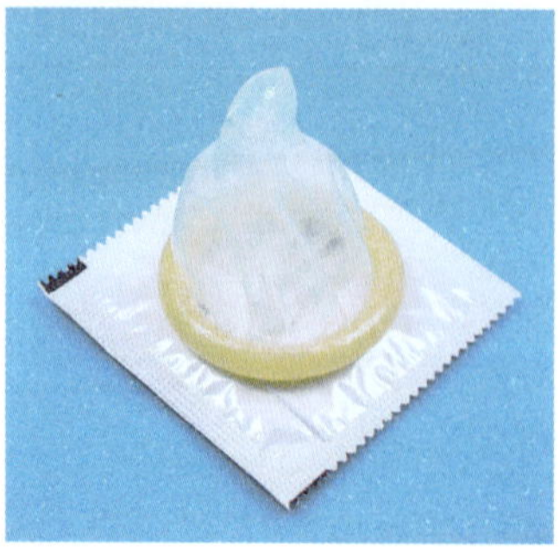	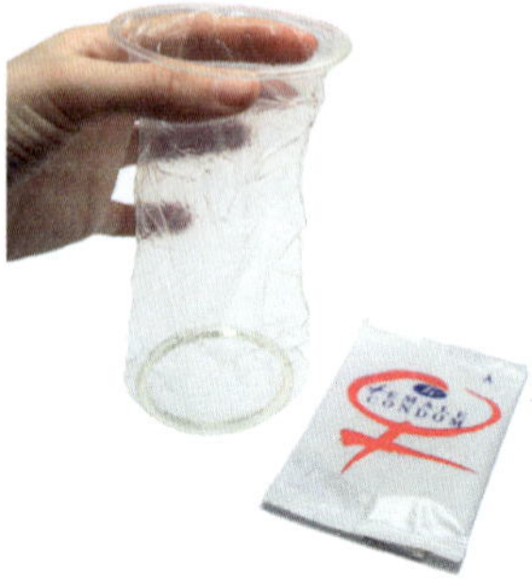	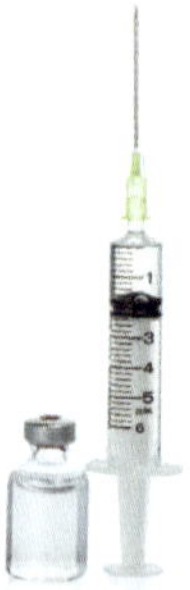
IST concernées	....	....	....

7 À partir du **document D**,

7.1 **Expliquer** pourquoi le dépistage contribue à prévenir la transmission des IST.

....

....

7.2 **Indiquer** les situations qui justifient un dépistage.

....

....

....

....

DOC D Le dépistage

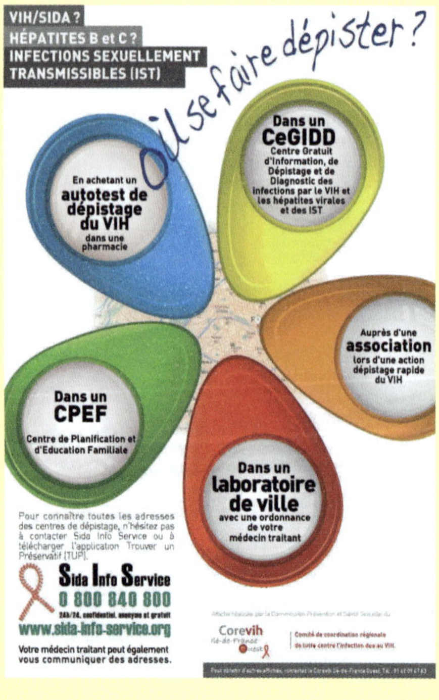

• Le **dépistage** permet de détecter au plus tôt l'infection pour éviter toute complication et diminuer le risque de transmission. Il doit être effectué à chaque fois que l'arrêt du préservatif est envisagé avec un nouveau partenaire régulier, s'il y a eu prise de risque (rapport sexuel non protégé, préservatif défaillant) ou si une grossesse est envisagée.

• Selon les IST, **différents types d'examens** peuvent permettre le dépistage et le diagnostic :
- examen clinique des organes génitaux ;
- prélèvement local ou analyse d'urines avec mise en culture ;
- prise de sang.

• Il existe des tests de dépistage rapide du VIH :
- le **TROD** (Test rapide d'orientation diagnostique) permet d'avoir un résultat en 30 minutes maximum. Il est totalement fiable trois mois après une prise de risque VIH ;
- l'**autotest de dépistage du VIH**, utilisable par toute personne souhaitant se dépister seule à domicile, permet d'avoir un résultat en 30 minutes maximum. Il est fiable trois mois après une prise de risque au VIH. Un résultat positif doit être confirmé par un test de laboratoire (prise de sang).

 # vidéo
Dépistage du VIH/sida avec le TROD.
foucherconnect.fr/20p005

 # vidéo
Autotest VIH : bien réaliser son test.
foucherconnect.fr/20p006

ACTIVITÉ 5 La conduite à tenir suite à une prise de risque ou à une contamination

8 À partir du **document E**,

8.1 Indiquer, sous chaque illustration, le comportement à risque face aux IST.

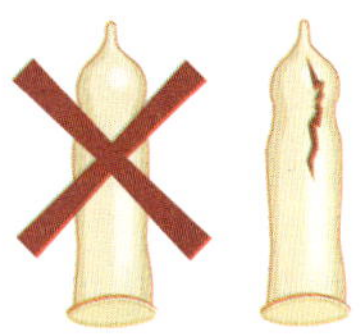

....

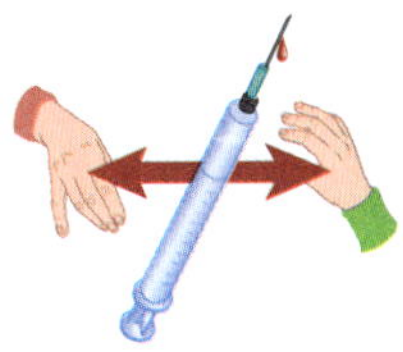

....

....

8.2 Indiquer la conduite à tenir après une prise de risque au VIH et aux IST.

....

8.3 Préciser dans quel but appliquer cette conduite dans le cas d'une prise de risque au VIH.

....

DOC E Que faire en cas de prise de risque face au sida ?

TPE

• LE RASSURANT •

C'est quoi ?

Le T.P.E. est un traitement antirétroviral temporaire de 4 semaines.
Le but est d'**empêcher le risque d'infection par le VIH immédiatement après un risque d'exposition** : pénétration non protégée avec ou sans éjaculation, rupture de préservatif, éjaculation dans la bouche...

Pour qui ?

Il concerne les personnes séronégatives ou qui ne connaissent pas leur statut sérologique.

Où ?

Rendez-vous le plus vite possible aux urgences de tout hôpital ou dans les CEGIDD, Centre gratuit d'information, de dépistage et de diagnostic des IST (au mieux dans les 4 heures et au plus tard dans les 48 heures), de préférence avec votre partenaire sexuel.
Le médecin évaluera avec vous le risque pris et l'intérêt de vous prescrire un traitement post-exposition. Ce traitement vise à éliminer le risque de contamination par le VIH.

Test

- Si la prise de risque date de plus de 48 heures, le TPE devient inefficace : faites-vous dépister.
- L'infection peut être détectée dès le 15e jour.
- Si le résultat du test est négatif, ce n'est que 6 semaines après la prise de risque qu'un autre test par prélèvement sanguin permettra de savoir avec certitude que vous n'êtes pas contaminé par le VIH (3 mois pour un Test Rapide d'Orientation Diagnostique - TROD).

12

Dialogue

Si vous aviez arrêté le préservatif avec votre partenaire régulier et que vous prenez un TPE suite à un risque, il est important de **discuter de votre prise de risque** et de la **nécessité de vous protéger à nouveau** dans l'attente de votre test de dépistage.

Parlez-en avec :
- votre médecin ;
- nos chargés de prévention lors de nos interventions dans lieux festifs : www.enipse.fr,
- ou appelez Sida Info Service au 0800 840 800 (7j/7, appel anonyme et gratuit depuis un poste fixe).

En cours de TPE, il est important d'utiliser systématiquement le préservatif, avec tous vos partenaires pour les protéger, jusqu'au prochain résultat des tests de dépistage.

13

Source : ENIPSE (Équipe nationale d'intervention en prévention et santé), www.enipse.fr/

9 **Indiquer** la conduite à tenir suite à une contamination avérée.

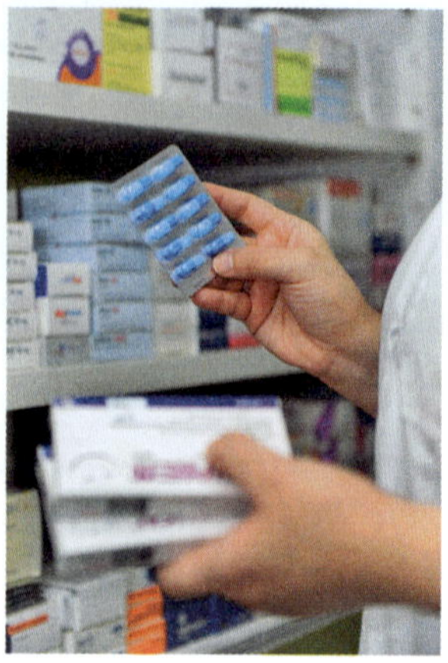			
....	....	....	....

ACTIVITÉ 6 Les structures d'accompagnement

 # site internet
Annuaire d'orientation sur les IST.
foucherconnect.fr/20p007

10 À l'aide du site internet, **renseigner** le tableau.

Structure d'accompagnement	Missions	Adresse la plus proche
Les Centres gratuits d'information, de dépistage et de diagnostic (CeGIDD)		
Les Centres de planification ou d'éducation familiale (CPEF)		
Les centres de PMI (Protection maternelle et infantile)	- Dépister le VIH, les IST.	
Les associations de lutte contre le sida	- Proposer la réalisation gratuite du Test rapide d'orientation diagnostique (TROD).	

PROPOSER DES SOLUTIONS

11 **Réaliser** une affiche pour sensibiliser les jeunes de votre établissement aux risques d'IST et à la nécessité de se protéger.

module A6

Les infections sexuellement transmissibles (IST)

mémo

Les données épidémiologiques des principales IST en France

- Certaines IST sont **en recrudescence** : la chlamydiose et la gonococcie.

Les caractéristiques des IST les plus courantes

- Les IST peuvent être d'origine **bactérienne** (syphilis, gonococcie, chlamydiose…) ou d'origine **virale** (papillomavirus, hépatite B, sida…).
- Les principaux **symptômes** sont des démangeaisons, des brûlures en urinant, un écoulement anormal à l'extrémité du pénis chez l'homme, des pertes vaginales anormales. Certaines IST n'ont pas de signes visibles.
- Les **conséquences** des IST sont la stérilité et l'apparition de cancers.
- Les IST se transmettent essentiellement par **voie sexuelle**, mais aussi par **voie sanguine** et par **voie fœto-maternelle** (sida, hépatite B).

Les caractéristiques spécifiques du sida

- Le **syndrome d'immunodéficience** acquise est dû au **virus d'immunodéficience humaine** (VIH). Il s'attaque aux lymphocytes T4, ce qui affaiblit les défenses immunitaires de l'organisme et déclenche des maladies opportunistes.
- L'individu **séropositif** au VIH est porteur sain car il peut transmettre le virus, mais ne présente aucun signe de la maladie.

La prévention des IST

- Les **préservatifs** masculin et féminin protègent contre toutes les IST.
- Un **vaccin** existe pour prévenir le papillomavirus et l'hépatite B.
- Le **dépistage** contribue à prévenir la transmission des IST.

La conduite à tenir suite à une prise de risque ou à une contamination

- Lors d'une prise de risque au VIH, il faut se rendre aux urgences au plus tard dans les 48 heures pour obtenir un **traitement post-exposition**.
- En cas d'IST avérée, il faut se faire dépister, suivre un **traitement** précoce et adapté (antibiotique ou viral) et prévenir son ou ses partenaires. Dans tous les cas, il faut se protéger lors de relations sexuelles.

Les structures d'accompagnement

- Les **Centres gratuits d'information de dépistage et de diagnostic** (CeGIDD), des **Centres de planification ou d'éducation familiale** (CPEF) permettent le dépistage, conseillent, vaccinent et mettent à disposition des préservatifs.
- Les **centres de Protection maternelle et infantile** (PMI) peuvent également proposer des dépistages du VIH et des IST.

Mots-clés

Maladie opportuniste : maladie due à des germes qui profitent de la baisse du système immunitaire pour se développer.

Lymphocyte T4 : globule blanc qui a un rôle majeur dans le système immunitaire.

le mémo audio foucherconnect.fr/20p008

LE QCM INTERACTIF foucherconnect.fr/20p009

mémo

En schéma

module A6

Les infections sexuellement transmissibles (IST)

Les IST

Origine
- Bactérienne : Chlamydiose, Syphilis, Gonococcie
- Virale : Sida, Hépatite B, Papillomavirus

Voie de transmission
- Voie fœto-maternelle
- Voie sanguine
- Voie sexuelle

Moyens de prévention
- Préservatif masculin et féminin → *pour toutes les IST*
- Vaccination → *pour certaines IST*
- Dépistage
- Traitement

Conduite à tenir
- Après une prise de risque (rapport sexuel non ou mal protégé, partage de matériel d'injection, contact avec du sang)
  - Se rendre aux urgences au plus tard dans les 48 h, si possible avec son ou sa partenaire
- Après une IST avérée
  - Prendre le traitement prescrit et respecter ses doses et sa durée
  - Prévenir son ou sa partenaire
  - Se protéger en cas de relations sexuelles
  - Faire une visite de contrôle

Structures d'accompagnement
- CeGIDD (Centre gratuit d'information, de dépistage et de diagnostic)
- CPEF (Centre de planification ou d'éducation familiale)
- Associations d'aide
- PMI (Protection maternelle et infantile)

Évaluer ses compétences

Source : www.sida-info-service.org, « Quelques chiffres sur le VIH-sida ».

C2 **1** **Formuler** le problème posé dans la situation (infographie). ... / 1

....

....

C2 **2** **Identifier** les éléments de la situation en renseignant le tableau. ... / 3

Qui ? Qui est concerné par le problème ?	....
Où ? Où se situe le problème ?	....
Quand ? À quel moment se pose le problème ?	....
Pourquoi ? Pourquoi est-ce important de régler le problème ?	....

Évaluer ses compétences

C3 **3** À partir du **document A**,

3.1 Présenter les caractéristiques du sida dans le tableau. ... / 6

Nom du micro-organisme responsable	....
Modes de contamination	....
Deux points communs entre une personne séropositive au VIH et une personne atteinte du sida	....
Nom des cellules du système immunitaire attaquées par le micro-organisme responsable du sida	....
Symptômes chez une personne séropositive au VIH	....
Symptômes chez une personne malade du sida	....

3.2 Cocher les situations qui présentent un risque de contamination au VIH. ... / 3

- ❑ Avoir une relation sexuelle.
- ❑ Partager des seringues usagées.
- ❑ Nager dans une piscine.
- ❑ Rendre visite à une personne atteinte du sida.
- ❑ Serrer la main à une personne atteinte du sida.
- ❑ Prêter ou échanger des vêtements.
- ❑ Allaiter son bébé alors que l'on est séropositive.
- ❑ Être piqué par un moustique.

DOC A Du VIH au sida

Le virus de l'immunodéficience humaine s'attaque au système immunitaire (lymphocytes T4) et provoque un affaiblissement du système immunitaire. Le corps n'est alors plus protégé efficacement et ne parvient plus à se défendre contre des maladies auxquelles il peut normalement faire face. L'apparition de ces maladies dites opportunistes marque le passage de la séropositivité au stade de la maladie : le sida. Quand une personne est porteuse du virus du sida, celui-ci peut être présent dans certains liquides de son corps : sang, lait maternel, sperme, liquide séminal, sécrétions vaginales et liquide rectal.

C3 **4** À partir du **document B**, **expliquer** l'intérêt de prendre le traitement anti-VIH. ... / 3

....

....

....

DOC B Pourquoi se soigner ?

La meilleure façon de combattre le virus est de l'empêcher de se multiplier. C'est ce que font les médicaments anti-VIH. Le traitement anti-VIH a pour objectif de rendre la charge virale indétectable, pour bloquer la multiplication du VIH et protéger sa santé.

Le risque de transmettre le VIH lors des rapports sexuels est quasiment nul chez les personnes qui prennent régulièrement leur traitement anti-VIH, qui ont une charge virale indétectable depuis moins de 6 mois et qui n'ont pas d'infections sexuellement transmissibles (IST).

Source : Les bases pour comprendre le VIH/Sida, CRIPS/AIDES.

C4 **5** **Expliquer** comment prévenir la transmission du sida. ... / 4

....

....

....

Objectif
Faire des choix raisonnés dans ses pratiques alimentaires pour se maintenir en bonne santé.

module A7 Les pratiques alimentaires

Alerte aux faux aliments ?

Patrick adore les plats cuisinés, les barquettes toutes faites, simples et rapides. Avant l'été, il pesait 103 kg. Un médecin lui a conseillé d'arrêter net ce que les professionnels appellent les aliments « ultra-transformés ». Résultat, en deux mois, Patrick a perdu 13 kg. Et il se sent beaucoup mieux. Que sont au juste ces aliments « ultra-transformés » ? Des produits créés de toute pièce par l'industrie agroalimentaire, à base de céréales, de fruits, de légumes, de viande ou de poisson. Céréales du petit déjeuner, yaourts aux fruits, soupes de légumes : *a priori*, sains et rassurants... sauf que la transformation les prive d'une partie de leurs qualités nutritionnelles, l'ajout d'additifs et autres produits de synthèse les dénaturent. Ces aliments sont soupçonnés d'être responsables de l'augmentation du nombre de maladies cardiovasculaires et de cas d'obésité. Comme si notre corps ne les supportait pas...

Source : Élise Lucet, FranceTVInfo, 15/09/2018.

ANALYSER LA SITUATION

1 Identifier le problème posé dans la situation en cochant l'une des propositions suivantes.

❑ L'apparition des différentes maladies cardiovasculaires.
❑ La consommation d'aliments ultra-transformés.
❑ Les conséquences de l'obésité.

2 Identifier les éléments de la situation en répondant aux questions suivantes.

Quoi ? Qu'est-ce qu'un aliment ultra-transformé ? ....

Qui ? Qui fabrique les aliments ultra-transformés ? ....

Pourquoi ? Pourquoi leur consommation excessive pose-t-elle problème ? ....

Autre situation VIDÉO

foucherconnect.fr/20p010

MOBILISER LES CONNAISSANCES

ACTIVITÉ 1 La digestion des aliments ....

3 À partir du **document A** et/ou de la **vidéo**,

 # vidéo
Anatomie de l'appareil digestif.
foucherconnect.fr/20p011

3.1 Renseigner le tableau.

Organes	Coupe de l'appareil digestif	Rôle des organes dans les phénomènes mécaniques
.... (1)	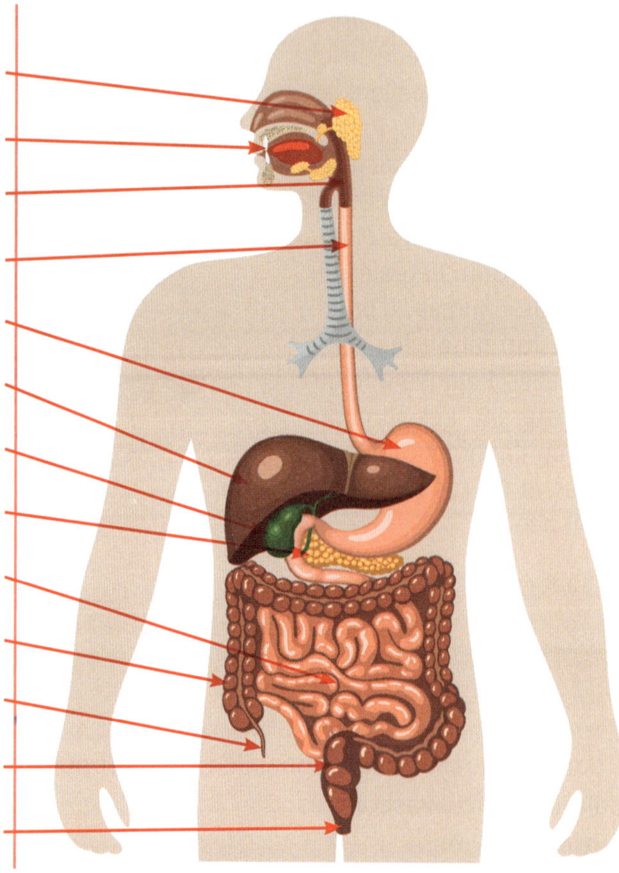	
.... (2)		(2) ....
.... (3)		(3) ....
.... (4)		(4) ....
.... (5)		(5) ....
.... (6)		
.... (7)		
.... (8)		
.... (9)		
.... (10)		(10) ....
.... (11)		
.... (12)		
.... (13)		

3.2 Sur le schéma de l'appareil digestif,
- **tracer**, à l'aide d'une flèche, le sens de progression des aliments ;
- **surligner** le nom des organes dans lequel les aliments ne transitent pas.

DOC A L'appareil digestif

Il est composé d'organes qui transforment les aliments en petites molécules, les **nutriments**. Il comprend le **tube digestif** où circulent les aliments en cours de digestion, et les **glandes digestives** qui produisent les sucs digestifs.
Le tube digestif débute par la **bouche** qui assure la mastication des aliments grâce aux dents. Trois paires de **glandes salivaires** sécrètent la salive qui s'y déverse et commence la transformation des glucides. Le **pharynx** assure la déglutition qui permet le passage des aliments broyés (bol alimentaire) dans l'**œsophage**. Les contractions de la paroi de l'œsophage permettent la progression des aliments jusqu'à l'**estomac**. Dans une couche interne de sa paroi, les glandes gastriques sécrètent le suc gastrique destiné à simplifier les protides. Les muscles de sa paroi facilitent le brassage et le malaxage, et réduisent les aliments en bouillie (le chyme). L'**intestin grêle**, replié plusieurs fois sur lui-même à l'intérieur de la cavité abdominale, reçoit la bile sécrétée par le **foie** et stockée dans la **vésicule biliaire** et le suc pancréatique sécrété par le **pancréas**. Dans l'intestin grêle, des glandes intestinales sécrètent le suc intestinal qui mélangé à la bile et au suc pancréatique termine la simplification des glucides, des lipides et des protides avant leur passage dans le sang à travers les villosités intestinales. Les constituants alimentaires non digérés passent dans le **gros intestin** ou **côlon**. Cet organe a la forme d'un tube bosselé qui débute par un cul-de-sac portant un petit organe l'**appendice** et se termine par le **rectum** qui assure le stockage des selles. Le tube digestif se termine par un muscle en forme d'anneau, l'**anus**, qui permet de les évacuer.

4 À partir des **documents A**, **B** et/ou de la **vidéo**,

 # vidéo
La digestion.
foucherconnect.fr/20p012

4.1 Renseigner le tableau.

Constituants alimentaires	Lieux de transformation chimique	Sucs digestifs concernés	Nutriments issus de la digestion
Glucides	....	....	....
Lipides	....	....	....
Protides	....	....	....
Eau, sels minéraux, vitamines			....
Fibres	*Elles ne sont ni digérées, ni absorbées. Elles favorisent le transit intestinal.*		

4.2 Relever l'action des sucs digestifs sur les aliments : ....

4.3 Définir un nutriment : ....

4.4 Définir l'absorption intestinale : ....

DOC B Les phénomènes chimiques de la digestion des aliments

Les aliments ingérés subissent également des **transformations chimiques**, sous l'action de sucs digestifs. Dans l'intestin grêle, le chyle, liquide blanchâtre qui résulte de la digestion, contient tous les nutriments issus de la simplification des constituants alimentaires.

ORGANES		Sucs digestifs qui agissent	ACTION CHIMIQUE DES SUCS DIGESTIFS — Les constituants alimentaires: Glucides	Lipides	Protides	Eau	Éléments minéraux	Vitamines	ABSORPTION	SANG 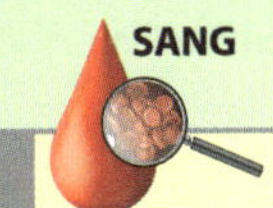
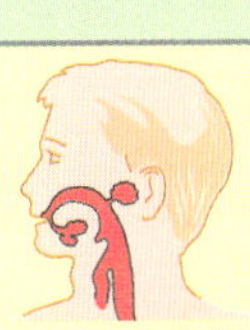	Bouche	Salive	✂							
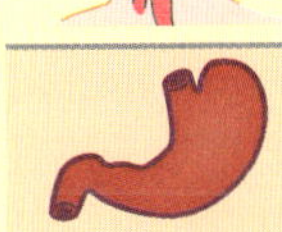	Estomac	Suc gastrique			✂					
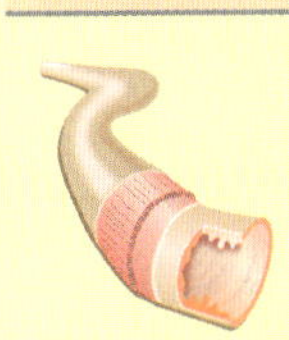	Intestin grêle	Bile Suc pancréatique Suc intestinal	✂ ✂ = Glucose	✂ ✂ ✂ = Glycérol, acides gras	✂ ✂ = Acides aminés	Eau	Éléments minéraux	Vitamines	ABSORPTION	▶ Eau ▶ Éléments minéraux ▶ Vitamines ▶ Glucose ▶ Acides aminés ▶ Glycérol ▶ Acide gras
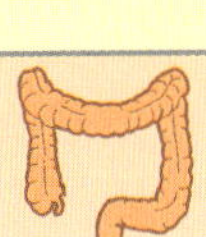	Gros intestin	Déchets (excréments) rejetés par l'anus							ABSORPTION	▶ Eau

ACTIVITÉ 2 Les enjeux d'une pratique alimentaire pour la santé et l'environnement

5 À partir du **document C** et de vos connaissances,

5.1 Surligner, dans chaque situation, les caractéristiques de la pratique alimentaire adoptée par le consommateur.

5.2 Nommer la pratique alimentaire adoptée.

5.3 Cocher si la pratique alimentaire est choisie ou subie par le consommateur.

	Situation	Pratique alimentaire
	❶ Zoé ne mange pas de chairs animales car elle considère que cette pratique la protège des problèmes liés au surpoids et aux maladies cardiovasculaires. Mais elle veille à composer son assiette de façon raisonnée à chaque repas pour ne pas avoir de carence alimentaire.	.... ❑ Choisie ❑ Subie
	❷ Carla consomme des aliments sans gluten car ce dernier lui provoque des troubles digestifs. Elle élabore ses recettes sans gluten ou achète en grandes surfaces et magasins spécialisés des produits étiquetés sans gluten.	.... ❑ Choisie ❑ Subie
	❸ Léo exclut toutes les denrées d'origine animale (y compris les produits laitiers, les œufs et le miel). Il estime avoir adopté un mode de vie respectueux de l'environnement, du bien-être animal et de sa propre santé.	.... ❑ Choisie ❑ Subie
	❹ Annabelle, par respect pour l'environnement, réduit sa consommation de viande la plupart du temps.	.... ❑ Choisie ❑ Subie

DOC C Les pratiques alimentaires

Quelle que soit la pratique alimentaire, celle-ci doit répondre aux **besoins nutritionnels moyens de l'individu** (BNM*).

Consommation : Oui Parfois Non

Omnivore
« Je mange de tout. »

Flexitarien
« Je mange parfois de la chair animale. »

Végétarien
« Je ne mange pas de chairs animales. »

Crudivore
« Je mange mes aliments crus. »

Végétalien
« Je ne mange pas ce qui provient d'un animal. »

Paléo
« Je ne mange pas de céréales, de produits laitiers et industriels. »

* Quantité moyenne de nutriments nécessaire quotidiennement pour assurer le développement de l'organisme, le renouvellement des tissus, le maintien d'un bon état de santé physique et psychique.

6 À partir du **document D**, **indiquer** en quoi la pratique alimentaire du régime végétalien peut devenir inappropriée si elle n'est pas bien menée.

....

....

....

....

DOC D La pratique alimentaire du régime végétalien expose à des carences nutritives

Pour des raisons éthiques, environnementales et des préoccupations de santé, un nombre croissant de personnes choisissent de suivre un régime végétalien. [...]. Ce serait le cas de 2 % de la population aux États-Unis et de 4 % en France. Mais ce mode d'alimentation peut s'avérer dangereux car il provoque des carences en nutriments essentiels au bon fonctionnement du corps s'il n'est pas bien mené [...]. Les chercheurs ont compilé les études les plus récentes sur le sujet et se sont intéressés aux taux de protéines, vitamine B12 et D, fer, calcium et oméga 3 des végétaliens. « Nous avons constaté que certaines de ces substances nutritives, qui peuvent avoir des implications dans des troubles neurologiques, l'anémie, la force osseuse et d'autres préoccupations de santé, peuvent être déficientes dans des régimes végétaliens mal menés » [...]. En cause, le choix de produits alimentaires transformés et le manque de fruits, de légumes variés et de graines entières [...].

Source : AFP, 22/03/2016.

7 À partir du **document E**,

7.1 **Nommer** l'aliment d'origine animale qui émet :

• le plus de CO_2 :

....

• le moins de CO_2 :

....

7.2 **Préciser** l'intérêt pour le consommateur de prendre connaissance de l'empreinte carbone des aliments.

....

....

....

....

8 **Nommer** l'aliment qui a l'empreinte eau :

• la plus importante :

....

• la moins importante :

....

9 À partir des **documents C** et **E**, **nommer** la ou les pratiques alimentaires qui limitent :

• l'impact carbone sur l'environnement.

....

....

• l'empreinte eau sur l'environnement :

....

DOC E Végan, végétarien, omnivore : quel est le meilleur régime pour la planète ?

Ressources nécessaires et pollution émise pour la production d'1 kg de nourriture

	Surface (en m²)	Émissions de CO_2[1]	Eau[2] (en litres)
Bœuf	214	46	550
Ovin	27	24	457
Porc	12	6	459
Poulet	7	5	313
Lait	2	3	86
Soja	3	5	70

1. Gaz responsable de l'effet de serre.
2. Cette quantité d'eau nécessaire pour fabriquer la nourriture est aussi appelée **empreinte eau**.

10 À partir du **document F**,

10.1 Surligner, dans chaque situation, le problème de santé évoqué.

10.2 Indiquer, pour chaque situation, les excès alimentaires pouvant favoriser les problèmes de santé.

Situations		Excès alimentaires favorisant les problèmes de santé
	Lily est en surpoids. Elle a décidé de consulter un médecin nutritionniste afin de l'aider à mettre en place un programme nutritionnel adapté à son rythme de vie.	....
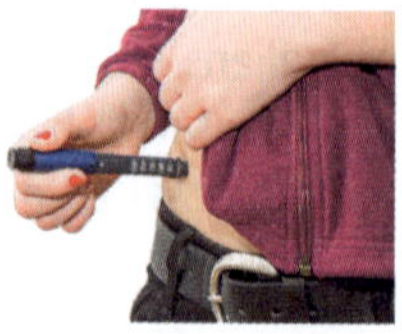	Marwa souffre de diabète. Elle contrôle régulièrement sa glycémie. Son ami l'aide à prévoir et préparer ses repas et se joint à elle pour faire de l'exercice.	....
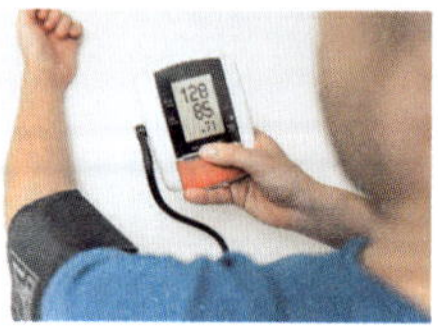	Karl est suivi par son médecin car il souffre d'hypertension artérielle. Il a fait l'acquisition d'un tensiomètre pour vérifier régulièrement sa tension à son domicile. Mais il sait aussi qu'il devrait modifier son hygiène de vie pour diminuer le risque d'accidents cardiovasculaires.	....

DOC F Des maladies liées à l'alimentation

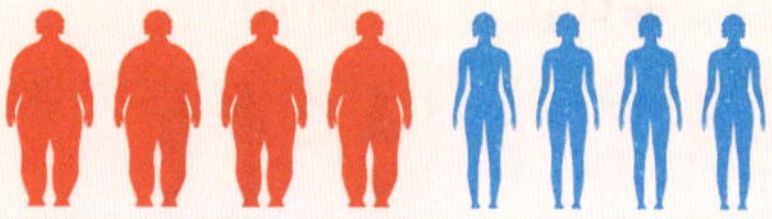

21 millions de Français sont **en surpoids** ou **obèses**, soit près d'un adulte sur deux.

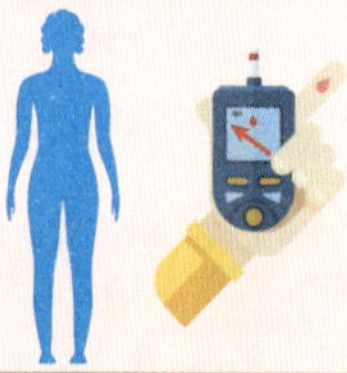

De plus en plus de Français sont touchés par le **diabète**.

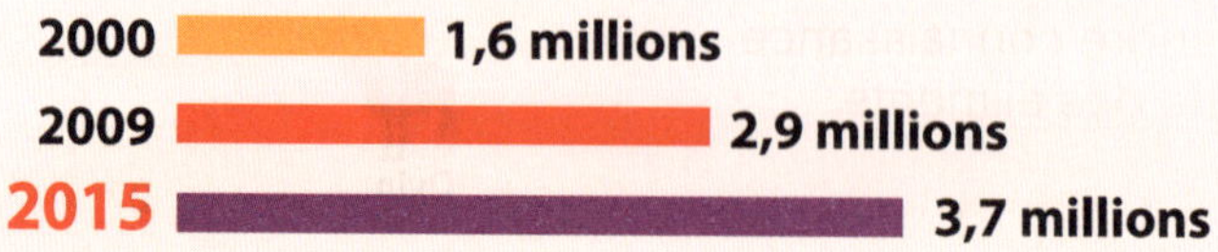

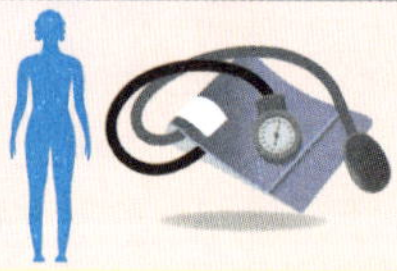

17,6 % des Français déclarent être traités pour l'**hypertension artérielle.**

▶ Les causes de mortalité en France

Cancers : 1re cause de mortalité
1/3 des cas seraient évitables par une alimentation plus équilibrée.

Maladies cardiovasculaires :
2e cause de mortalité

▶ Les liens de causalité en cas de surconsommation

Sucres simples + Acides gras saturés + Sel = Cancers | Obésité, surpoids | Diabète

Acides gras saturés + Sel = Maladies cardiovasculaires

Sel = Hypertension

ACTIVITÉ 3 Le choix d'un produit alimentaire

11 **Entourer**, sur l'étiquette n° 1, les ingrédients qui composent le plat cuisiné.

12 À partir de l'étiquette n° 1, **identifier** :
- la valeur énergétique pour 100 g : ....
- la provenance : ....

Étiquette n° 1

13 À partir des étiquettes n° 1 et n° 2 et du document G, **indiquer** et **justifier** la préparation culinaire ayant la meilleure qualité nutritionnelle.

....
....
....
....
....
....
....
....
....
....
....

Étiquette n° 2

DOC G Des indicateurs pour mieux manger

• **Le logo Nutri-Score** a été conçu par Santé publique France, à la demande de la Direction générale de la santé dans le cadre du Programme national de nutrition santé (PNNS). C'est un repère graphique. Placé sur la face avant de certains emballages alimentaires (les produits transformés), il classe chaque produit selon un score qui prend en compte la teneur en nutriments et aliments à favoriser et ceux à limiter. Son calcul consiste à faire la différence, pour 100 grammes de produit, entre les composantes négatives (sucres, sel, acides gras saturés…) et positives (vitamines, fibres, protéines…) d'un aliment et permet d'attribuer une note. Celle-ci est alors transcrite sur une **échelle de 5 couleurs** (du vert foncé au rouge), **associées à des lettres** allant de A (« meilleure qualité nutritionnelle ») à E (« moins bonne qualité nutritionnelle »).

• **Des applications mobiles**

Certaines applications mobiles permettent de scanner les produits alimentaires et d'obtenir des informations nutritionnelles sur les produits.
En voici des exemples :

Yuka

OPEN FOOD FACTS

Kwalito

14 **Surligner**, dans le **document H**, la définition d'un allergène.

15 À partir du **document H** et de la situation,

15.1 **Préciser** si Alexia peut consommer la soupe déshydratée et **justifier**.

....

....

....

....

15.2 **Identifier** les autres allergènes obligatoirement signalés dans la liste des ingrédients de cette soupe.

....

15.3 **Indiquer** la particularité qui permet au consommateur de repérer facilement la présence d'allergènes dans les produits préemballés.

....

....

Situation
Alexia est allergique au céleri. Lorsqu'elle effectue ses achats, elle consulte systématiquement les étiquettes.

Soupe instantanée

INGRÉDIENTS DE LA SOUPE DÉSHYDRATÉE :
nouilles 39 % (farine de **blé**, sel), fécule de pomme de terre, légumes 11 % (carotte, pomme de terre, poivron rouge, poireau, oignon, cerfeuil), dextrose, sel, sirop de glucose, arômes (contient : **blé**, **orge**, **lait**), exhausteurs de goût : E621, E627 et E631, champignons (bolets) 3,4 %, graisse de poule (antioxydant : E310), extrait de malt d'**orge**, épices et aromates (anis, ail, curcuma), **céleri**.
Peut contenir des traces d'**œuf** et de **soja**.

DOC H Les allergènes

Un **allergène** est une substance qui déclenche ou favorise une allergie, une intolérance ou des réactions du système immunitaire de l'organisme à la suite d'un contact, d'une inhalation ou d'une ingestion. [...] Une directive a établi une liste d'allergènes reconnus (arachides, céleri, lait de vache, œufs, blé, soja, noix, poissons et fruits de mer, céréales riches en gluten) devant figurer obligatoirement sur l'étiquetage dans la liste des ingrédients des produits préemballés. Le règlement européen prévoit la mise en évidence des ingrédients allergènes par une impression qui les distingue clairement du reste de la liste des ingrédients.

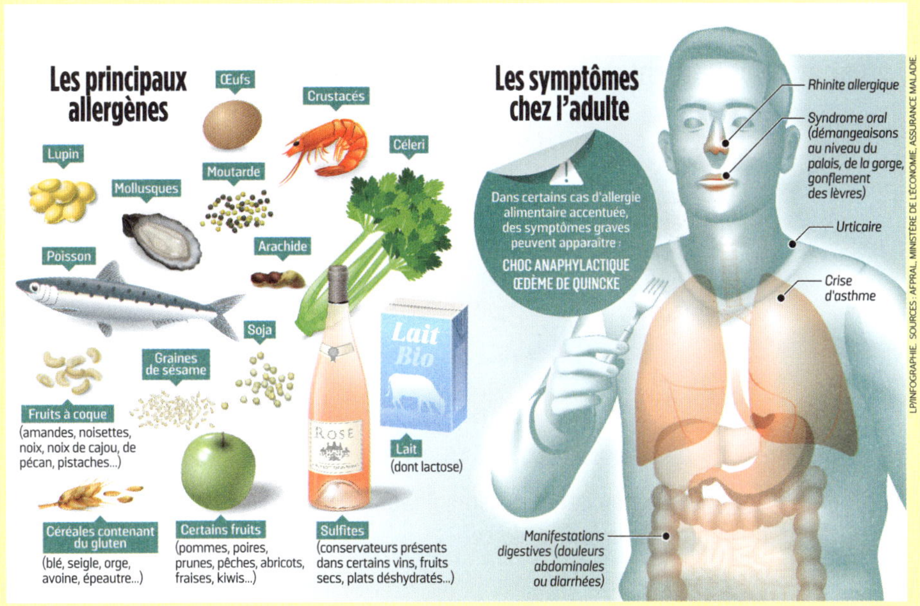

Source : LP/Infographie, 21/11/2019.

16 À partir du **document I** et de la **vidéo**, **définir** un additif alimentaire.

....

....

....

 # vidéo
Additifs alimentaires : ce qu'il faut savoir !
foucherconnect.fr/ 20p083

17 À partir du **site internet**, **indiquer** les risques possibles liés à la consommation de l'additif alimentaire E310.

....

 # site internet
Évaluation des additifs alimentaires.
foucherconnect.fr/ 20p013

DOC I Les additifs alimentaires

Plus de 300 additifs alimentaires sont autorisés dans l'Union européenne. Tous font l'objet d'une évaluation de l'Autorité européenne de sécurité alimentaire (Efsa).

Un **additif alimentaire** est une substance qui est ajoutée dans les produits pour leur apporter du goût, de la texture, ou encore une meilleure conservation. Ils sont généralement présents en faible quantité. Il y a deux types d'additifs :

- les additifs naturels (extraits de substances végétales ou animales que l'on trouve dans la nature) ;
- les additifs de synthèse (fabriqués par synthèse chimique).

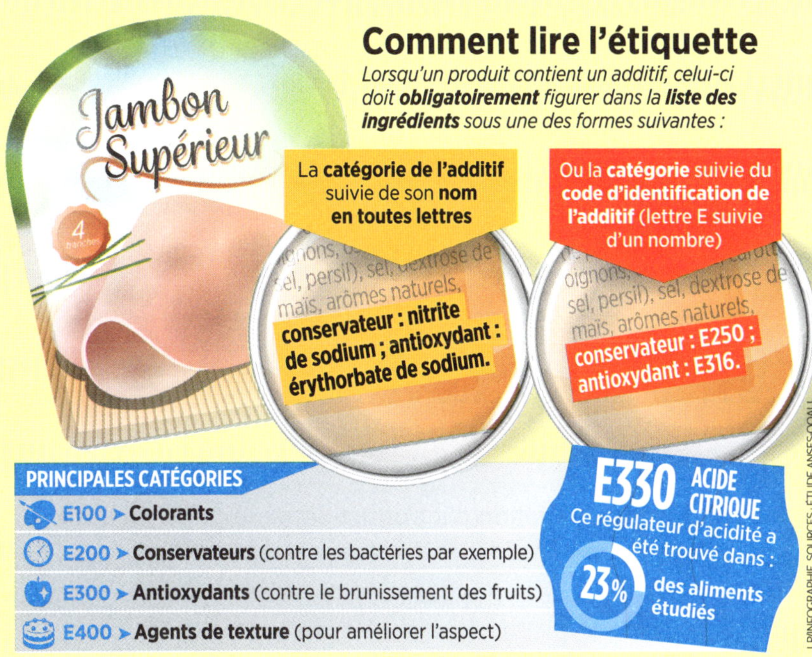

Source : LP/Infographie, 18/02/2019.

18 À partir du **document J** et des informations sur la composition des pâtes feuilletées,

18.1 **Surligner** les composants alimentaires :

- communs aux deux pâtes feuilletées, en rose ;
- présents uniquement dans la pâte feuilletée industrielle, en vert.

Composition d'une pâte feuilletée « faite maison »

Pour réaliser une pâte feuilletée maison, il faut de l'eau, du beurre, de la farine, du sel.

Composition d'une pâte feuilletée industrielle

Dans une pâte feuilletée industrielle, il y a de la farine, de l'eau, des graisses et huiles végétales de palme et de colza, du sel, de l'amidon de froment, le conservateur E202, l'acidifiant E330 et de la levure.

18.2 **Formuler** un commentaire.

....

19 **Surligner**, dans **document J**, la définition d'un aliment ultra-transformé.

20 À partir du **document J** et de la **vidéo**, **indiquer** les risques liés à une consommation régulière d'aliments ultra-transformés.

....

....

 # vidéo
Qu'est-ce qu'un aliment ultra-transformé ?
foucherconnect.fr/20p014

DOC J Que sont les aliments ultra-transformés ?

Il existe trois catégories d'aliments sur le marché.

• Les aliments **frais**, dans lesquels on n'ajoute rien (l'œuf par exemple).

• Les aliments **transformés**, dans lesquels on ajoute des produits habituellement utilisés en cuisine : du sel, du sucre, de l'huile (par exemple pain ou sardines en conserve).

• Enfin, les aliments **ultra-transformés** qui sont obtenus par des procédés industriels. Ce sont des aliments qui contiennent au moins cinq ingrédients, parfois plus de 20. Certains de ces ingrédients n'existent pas dans notre cuisine, comme les additifs ou les conservateurs.

Le but est de créer des aliments et boissons à plus ou moins longue durée de vie, pas chers, faciles à utiliser, attractifs et agréables au goût et qui sont prêts à être consommés ou chauffés.

L'abus de plats industriels ultra-transformés augmentent les risques d'obésité, d'hypertension artérielle, voire de cancers.

PROPOSER DES SOLUTIONS

21 **Proposer** à Patrick (situation d'introduction de la page 17) deux attitudes pour manger plus sain.

....

....

....

....

module A7

Les pratiques alimentaires

La digestion des aliments

- L'**appareil digestif** assure la transformation des aliments en **nutriments**.
  Il est composé :
  - du **tube digestif** qui comprend la bouche, le pharynx, l'œsophage, l'estomac, l'intestin grêle et le gros intestin (côlon) ;
  - des **glandes digestives** qui sécrètent des sucs digestifs, la **salive**, les **sucs gastrique**, **pancréatique** et **intestinal**. Le foie, quant à lui, produit la **bile**.
- La **digestion** est assurée par :
  - des phénomènes **mécaniques** qui permettent la réduction des aliments en petites particules, leur brassage avec les sucs digestifs, ainsi que leur progression le long du tube digestif ;
  - des phénomènes **chimiques** qui permettent, grâce aux sucs digestifs, la simplification des glucides en glucose, des protides en acides aminés et des lipides en acides gras et en glycérol.
- L'**absorption intestinale** est le passage des nutriments de l'intestin grêle vers le sang.

Les enjeux d'une pratique alimentaire

- Certains consommateurs soucieux de leur alimentation ont opté pour de **nouvelles pratiques alimentaires** (végan, végétalien, sans gluten...), tout en respectant leurs **besoins nutritionnels moyens** (BNM).
- Ces choix ont été faits :
  - soit par nécessité pour **préserver leur santé** (présence d'allergènes) ;
  - soit par choix personnels pour **limiter l'impact sur l'environnement** des émissions de CO_2 (gaz à effet de serre) et de l'empreinte eau ;
  - soit pour **limiter les excès alimentaires** (sel, produits gras, sucre...) à l'origine de maladies telles que l'obésité, le diabète, les maladies cardiovasculaires ou de cancers.

Le choix d'un produit alimentaire

- Les mentions **obligatoires** sur une **étiquette** de produit alimentaire permettent aux consommateurs de repérer :
  - la nature des ingrédients : parmi eux, les **allergènes** et les **additifs** présents notamment dans les **produits ultra-transformés** ;
  - la **valeur énergétique** du produit ;
  - la **provenance** du produit.
- D'autres informations **facultatives**, tel le logo Nutri-Score, permettent aux consommateurs de reconnaître la qualité nutritionnelle des aliments.

Mots-clés

Besoin nutritionnel moyen : indicateur mesuré et calculé à partir d'un groupe d'individus pour l'établissement des apports nutritionnels conseillés.

Nutriment : substance alimentaire assimilable par l'organisme.

mémo

le mémo audio
foucherconnect.fr/20p015

LE QCM INTERACTIF
foucherconnect.fr/20p016

En schéma

module A7 Les pratiques alimentaires

La digestion des aliments

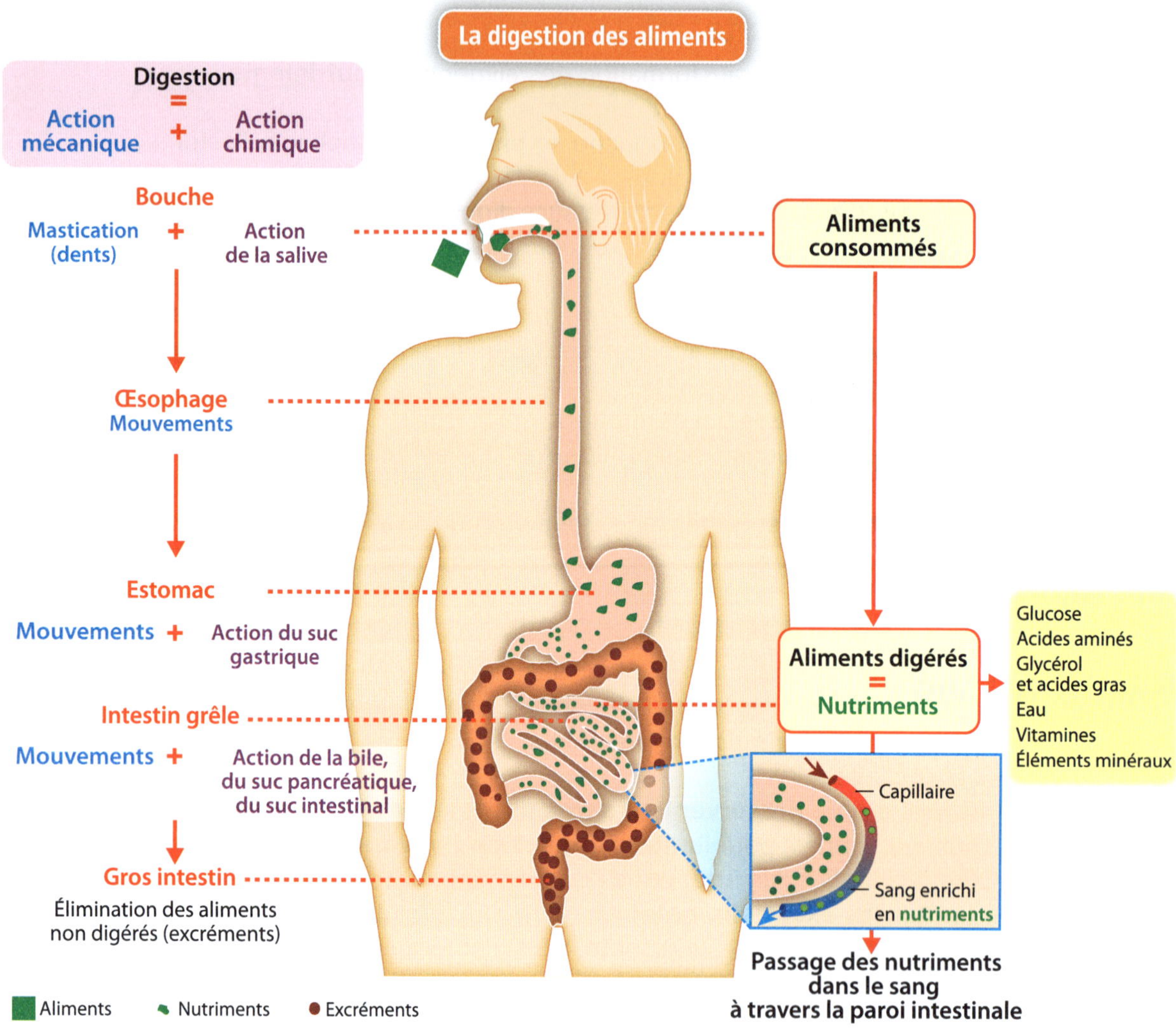

Les enjeux d'une pratique alimentaire

Pour l'environnement

- Choix de produits avec une faible empreinte carbone
- Choix de produits avec une faible empreinte eau

Pour la santé

- Diversification des pratiques alimentaires
  - Subies : régime sans sel, régime sans gluten
  - Choisies : végétalien, végétarien…
- Augmentation de la consommation de plats ultra-transformés
  - Risques accrus d'obésité, diabète, maladies cardiovasculaires

Évaluer ses compétences

Les allergies alimentaires sont en très forte augmentation en France. En cause, la modification des habitudes alimentaires, et notamment la consommation croissante de plats préparés, contenant des additifs (colorants, épaississants, exhausteurs de goût) susceptibles de causer des allergies si aucune mention sur la présence éventuelle d'allergènes n'est portée sur l'étiquette. Or, les allergies alimentaires peuvent provoquer des réactions physiologiques violentes de l'organisme.

Source : www.economie.gouv.fr, DGCCRF, « L'étiquetage des allergènes, un impératif de santé publique ».

C2 **1** **Formuler** le problème posé dans la situation. ... / 1

....

C2 **2** **Identifier** les éléments de la situation en renseignant le tableau. ... / 3

Quoi ? Quelle est la cause du problème ?	....
Qui ? Qui est concerné par le problème ?	....
Où ? Où se pose le problème ?	....
Quand ? Quand le problème apparaît-il ?	....
Pourquoi ? Pourquoi est-il important de régler le problème ?	....

C3 **3** Sur le schéma de l'appareil digestif, ... / 5

3.1 **Nommer** les organes identifiés par un chiffre.

3.2 **Entourer** le nom de l'organe dans lequel a lieu l'absorption intestinale.

C3 **4** **Définir** l'absorption intestinale. ... / 1

....

....

....

....

Schéma de l'appareil digestif

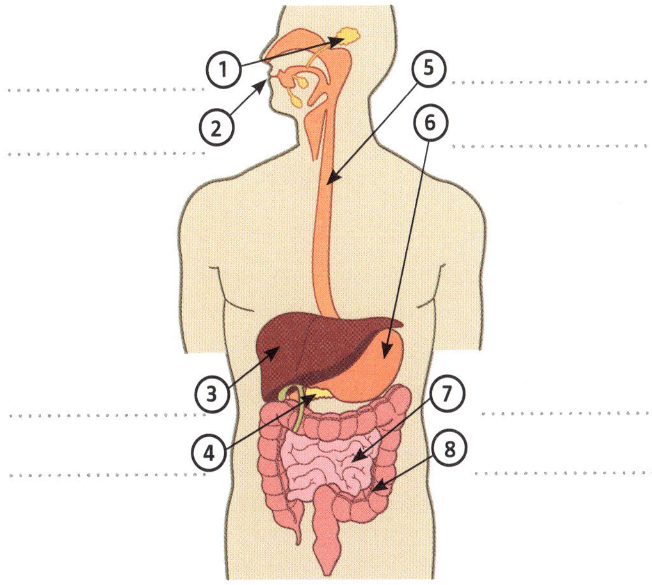

C3 **5** **Nommer** les nutriments obtenus à la fin de la digestion pour chaque constituant alimentaire énergétique en complétant le tableau. … / 4

Constituants alimentaires énergétiques	Nutriments obtenus à la fin de la digestion
Protides	………………………………………………
Glucides	………………………………………………
Lipides	………………………………………………

C3 **6** **Décoder** les informations identifiées par un numéro sur l'étiquette du produit alimentaire en renseignant le tableau. … / 1

1	………………………………
2	………………………………
3	………………………………
4	………………………………

C3 **7** À partir de l'étiquette, … / 3

7.1 **Identifier** la lettre du logo Nutri-Score accordée à ce produit : ………

C3 **7.2** **Préciser** l'intérêt du logo pour le consommateur.

……………………………………………
……………………………………………
……………………………………………
……………………………………………
……………………………………………

C5 **7.3** **Indiquer** si un consommateur allergique aux œufs peut consommer ce plat préparé et **justifier**.

……………………………………………
……………………………………………
……………………………………………

C4 **8** **Proposer** deux attitudes pour éviter le risque d'allergie alimentaire. … / 2

……………………………………………
……………………………………………
……………………………………………

Objectif
Prévenir les effets du stress.

module A8 Le stress au quotidien

Le stress, mal du siècle : il touche 89 % des Français

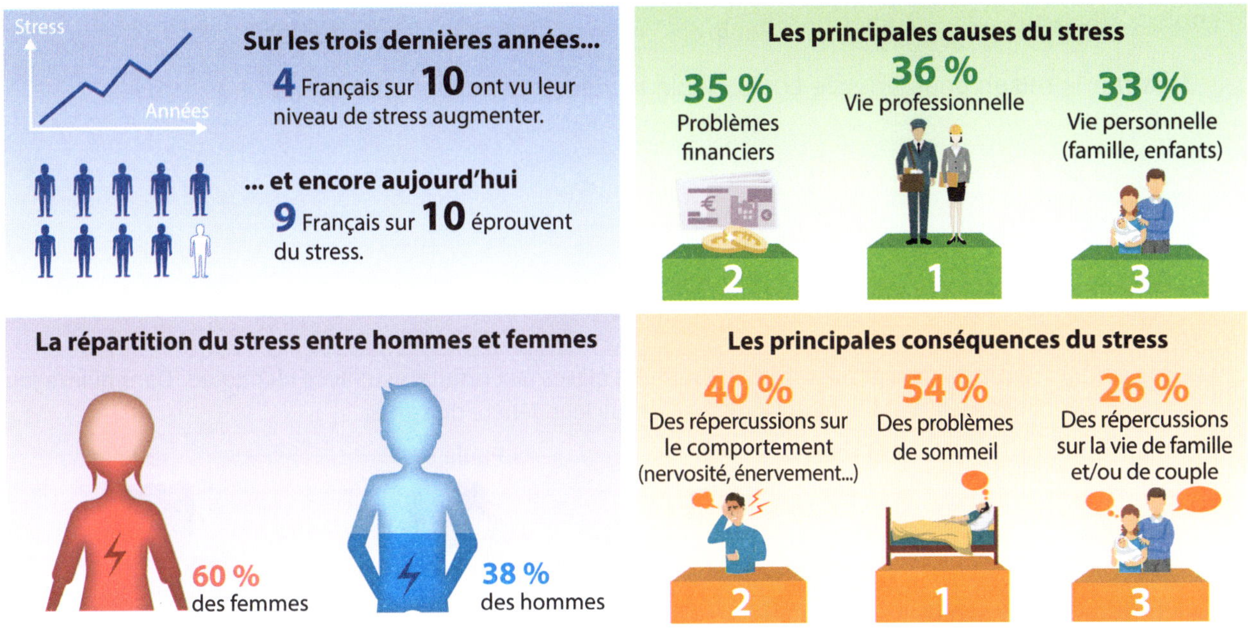

Source des chiffres : sondage réalisé avec OpinionWay en octobre 2017 sur un échantillon de 1 017 personnes représentatif de la population française âgée de 18 ans et plus.

ANALYSER LA SITUATION

1 **Formuler** le problème posé dans la situation (infographie).

....

2 **Identifier** les éléments de la situation en répondant aux questions suivantes.

Quoi ?	Quelles sont les causes du problème ?	....
Qui ?	Qui sont les personnes concernées par le problème ?	....
Où ?	Où le problème se pose-t-il ?	....
Quand ?	Quand le problème se pose-t-il ?	....
Pourquoi ?	Pourquoi faut-il régler le problème ?	....

Autre situation VIDÉO

foucherconnect.fr/20p017

MOBILISER LES CONNAISSANCES

ACTIVITÉ 1 Les caractéristiques et les facteurs de stress ....

3 À partir des **documents A** et **B**,

3.1 Indiquer le facteur de stress commun à Louis, Paula et Jules.

....

3.2 Préciser le niveau de stress de chacun.

• Louis : .... • Paula : .... • Jules : ....

3.3 Justifier la raison pour laquelle Louis, Paula et Jules réagissent différemment au stress.

....

....

....

DOC A Des lycéens stressés

Situation	Louis, Paula et Jules, lycéens, sont des élèves aux résultats scolaires identiques. Dans quinze jours, ils passeront les épreuves du bac, ce qui leur génère du stress.		
	① Louis 	② Paula 	③ Jules 
Niveau de stress	10 En crise 9 8 Très stressé 7 6 5 Stressé 4 3 Un peu stressé 2 1 0 Pas stressé	10 En crise 9 8 Très stressée 7 6 5 Stressée 4 3 Un peu stressée 2 1 0 Pas stressée	10 En crise 9 8 Très stressé 7 6 5 Stressé 4 3 Un peu stressé 2 1 0 Pas stressé

DOC B Les réactions face aux situations stressantes

Le mot *stress* désigne, de manière générale, toute situation vécue comme dangereuse pour notre équilibre personnel et qui semble difficile à éviter ou à supporter. Le terme *stress* est souvent employé à tort sans une réelle analyse de la situation. En réalité, le stress est une réponse face aux agressions physiques ou chimiques de notre organisme. Le physiologiste anglo-saxon Henry Seyle est le premier à avoir identifié le stress. Après avoir étudié les réactions de l'organisme, il leur a ensuite donné le nom de « **syndrome général d'adaptation** ».

Le stress se manifeste par une adaptation des systèmes physiologiques de régulation et de défense mais aussi des réactions psychologiques et comportementales. Il s'agit d'un phénomène **normal** et essentiel à notre survie.

Le stress peut néanmoins causer des **dommages** sur notre organisme si nos facultés d'adaptation sont dépassées. L'organisme peut subir de réels dysfonctionnements entraînant, si rien n'est fait, des problèmes de santé ou encore des maladies spécifiques (les maladies psychosomatiques par exemple). La fréquence et l'intensité auxquelles vous êtes soumis au stress peuvent vous amener à dépasser vos capacités d'adaptation et vous rendre donc plus vulnérable.

Source : « Comment gérer son stress au quotidien ? », mutuelle.fr

4 À partir du **document C**, **indiquer** les facteurs qui peuvent être à l'origine du stress de Romain.

....

....

DOC C La situation de Romain

Dernièrement, Romain a passé des examens médicaux. Dans l'attente des résultats, il doit consulter ce jour son médecin traitant à 9 heures. Avant ce rendez-vous, il doit gérer ses trois jeunes enfants et les conduire à l'école. Il est tendu et montre des signes d'impatience à leur égard. Après les avoir déposés à l'école, il prend la direction du cabinet médical. La circulation est très ralentie à l'entrée de la ville. Lorsqu'il arrive chez son médecin, il a quarante-cinq minutes de retard et est très stressé.

5 À partir du **document D**, **lister** d'autres facteurs de stress dans la vie quotidienne liés à l'environnement.

....

DOC D Les principaux facteurs de stress dans la vie quotidienne

La vie contemporaine est faite de petits phénomènes qui peuvent sembler insignifiants mais qui sont autant de sources éventuelles de stress pour l'individu : l'intendance (répartition des tâches ménagères...), les petits tracas, l'environnement bruyant, les conflits répétés familiaux ou professionnels, la longueur du temps de transport.
Plus globalement, les **facteurs de stress** ont pour origine de nombreux événements (des plus graves aux plus bénins) et évoluent avec le temps.
Les facteurs de stress peuvent se regrouper en fonction de différents événements de la vie et sont en interaction permanente les uns avec les autres.

Facteurs environnementaux
Catastrophes naturelles, attentats, actes de violence, guerre, pollution, bruit, climat rigoureux, logement inadéquat...

Facteurs professionnels
Perte d'emploi, changement, surcharge de travail ou sous charge, manque de reconnaissance, difficultés relationnelles avec l'employeur, ambiguïté des rôles, retraite...

Les facteurs de stress

Facteurs familiaux
Partage inéquitable des tâches, difficultés dans les relations avec la famille, décès, divorce...

Facteurs personnels
Image de soi négative, conflits avec ses valeurs, amour, amitié, maladie physique ou mentale, soucis pour l'avenir, perte d'autonomie liée au vieillissement, peur du vieillissement, solitude, divorce/séparation...

ACTIVITÉ 2 Le mécanisme physiologique du stress

 # vidéo
Comprendre les mécanismes du stress.
foucherconnect.fr/20p018

6 À partir du **document E** et de la **vidéo**, **renseigner** le tableau.

Phases de stress	Hormones secrétées	But	Modifications physiologiques
 Phase d'alarme	....	....	....
 Phase de résistance	....	....	....
 Phase d'épuisement	....	Essayer de maintenir le mécanisme de réaction au stress en secrétant du cortisol en très grande quantité.	....

DOC E Le stress : de l'alarme à l'épuisement

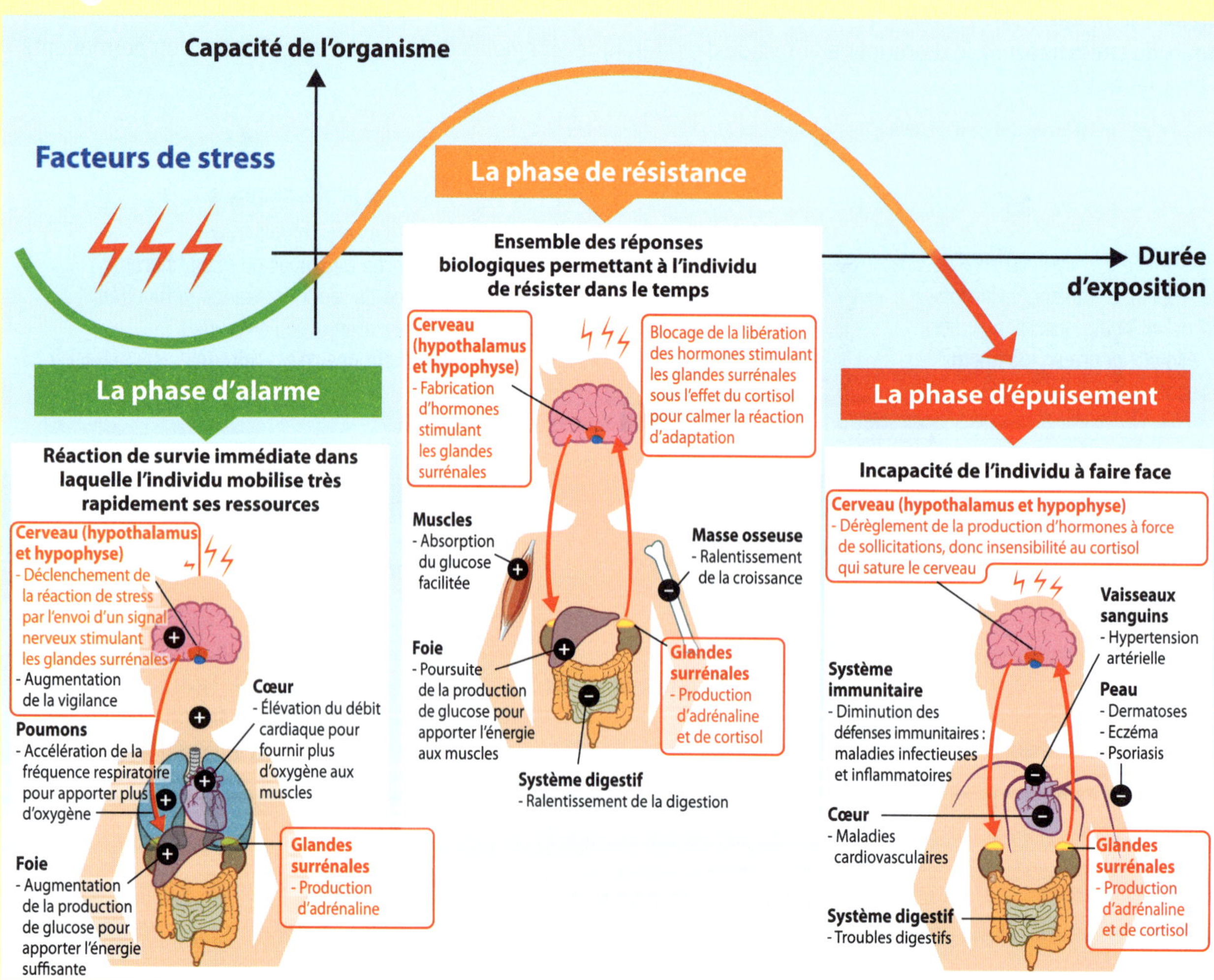

ACTIVITÉ 3 Les effets du stress aigu et du stress chronique sur la santé

7 À partir des **documents F** et **G**,

7.1 **Préciser** le facteur de stress de Michel.

....

7.2 **Nommer** le type de stress dont il s'agit et **justifier**.

....

....

7.3 **Indiquer** les effets de son stress sur l'organisme.

....

....

7.4 **Cocher** la phase du stress correspondant à la situation de Michel.

❑ Phase d'alarme. ❑ Phase de résistance. ❑ Phase d'épuisement.

DOC F La situation de Michel

Michel a toujours été émotif. À 70 ans, alors qu'il est marié depuis 35 ans, il découvre la relation extra-conjugale de son épouse. Il est très affecté. Quelques mois plus tard, ils décident de divorcer, mais continuent à vivre ensemble. La procédure se prolonge pendant plus de deux ans. La cohabitation est difficile avec des relations tendues. Michel en souffre beaucoup. Un jour, la sensation d'une barre le tétanise au niveau des épaules et du cou. La douleur se passe au bout de dix minutes et il n'en parle à personne. Deux semaines plus tard, il est chez lui quand une douleur fulgurante lui traverse la poitrine, d'une épaule à l'autre. Il manque d'air, ouvre la fenêtre et réussit à prévenir sa voisine. Elle appelle immédiatement le Samu qui intervient très vite. [...] La situation de stress [...] vécue par Michel a favorisé l'infarctus.

Source : Fédération française de cardiologie.

DOC G Le stress aigu ou chronique

• Le **stress aigu** est le plus souvent provoqué par un événement inhabituel, spécifique et déstabilisant (examen, déménagement, naissance d'un enfant...) ou par une situation particulièrement menaçante (perte d'un emploi, divorce, conflits...). Il est de courte durée et peut même avoir un effet positif sur l'organisme en décuplant les performances. Les symptômes liés au stress aigu (troubles digestifs, manque de concentration, agitation, euphorie, tristesse...) disparaissent une fois l'événement passé ou la situation stressante terminée. En survenant de façon occasionnelle dans notre vie quotidienne, ce type de stress aide l'organisme à maintenir et à améliorer l'efficacité du système de réponse au stress et ses mécanismes.

• Le **stress chronique** est la conséquence de l'exposition répétée ou continue à des agents et sources de stress. Il est associé à la phase de l'épuisement : l'organisme sécrète constamment les hormones du stress et puise beaucoup trop dans les réserves énergétiques. Donc les organes ainsi que les systèmes immunitaire, respiratoire, circulatoire et cardiaque s'affaiblissent.

Le stress chronique est dangereux pour la santé car il aggrave ou augmente le risque de développer certaines pathologies comme les maladies cardiovasculaires (hypertension artérielle, hypercholestérolémie, infarctus du myocarde...) et respiratoires (asthme), le diabète de type 2, les troubles musculo-squelettiques du membre supérieur, les troubles anxieux, la dépression...

Source : « Reconnaître les différentes formes de stress », Fédération française de cardiologie, www.fedecardio.org.

ACTIVITÉ 4 Des actions visant à gérer le stress au quotidien

8 À partir du **document H**,

8.1 Indiquer le pourcentage de Français qui ne font rien pour lutter contre le stress.

....

....

8.2 Nommer l'action mise en place par la majorité des Français pour faire face aux situations stressantes.

....

....

....

8.3 Indiquer une autre solution choisie par les Français les plus stressés pour gérer leur stress.

....

....

....

....

....

DOC H Gérer son stress au quotidien

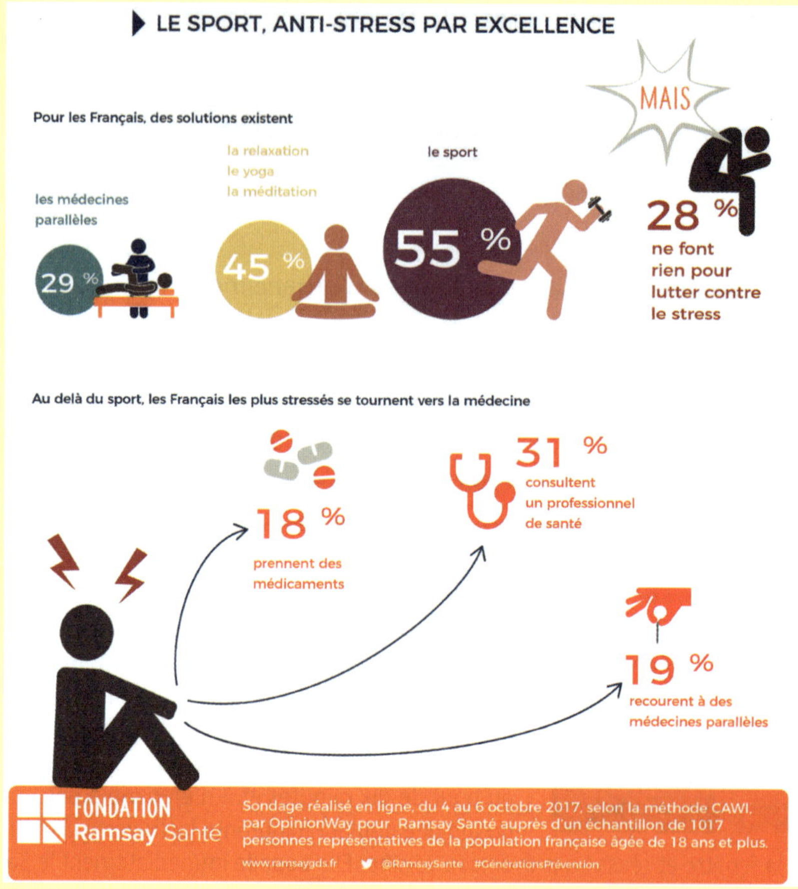

Source : Fondation Ramsay Santé.

 # vidéo
Comment gérer son stress.
foucherconnect.fr/20p019

9 À partir de vos connaissances et de la **vidéo**, **lister** quatre autres actions visant à gérer son stress au quotidien.

....

....

....

....

....

....

....

PROPOSER DES SOLUTIONS

10 Citer trois actions individuelles que vous mettez en œuvre pour vous aider à gérer des situations stressantes au quotidien.

....

....

module A8

Le stress au quotidien

Les caractéristiques et les facteurs de stress dans la vie quotidienne

- Le stress, également appelé « syndrome général d'adaptation », est une **réaction physiologique naturelle** qui permet à l'organisme de mobiliser ses ressources face aux agressions. Lorsque les capacités d'adaptation sont dépassées, l'individu devient plus **vulnérable**.
- Les facteurs de stress sont les suivants :
  - facteurs **environnementaux** : catastrophes naturelles, attentats, pollution…
  - facteurs **professionnels** : perte d'emploi, manque de reconnaissance…
  - facteurs **familiaux** : difficultés dans les relations avec la famille, décès, divorce…
  - facteurs **personnels** : image de soi négative, perte d'autonomie…

Ces facteurs de stress sont en interaction permanente les uns avec les autres.

Le mécanisme physiologique du stress

- Face au stress, la réponse de l'organisme se manifeste en trois phases.
  - La **phase d'alarme** : l'organisme est mis en alerte par l'hypothalamus qui déclenche la sécrétion d'hormones (adrénaline, noradrénaline) entraînant plusieurs réactions : accélération des rythmes respiratoire et cardiaque, augmentation du débit sanguin et afflux de sang vers les muscles et le cerveau. Ces ressources permettent une mobilisation intellectuelle et une augmentation de la force musculaire.
  - La **phase de résistance** : si la situation stressante se prolonge, l'organisme tente de résister le plus longtemps possible. De nouvelles hormones, dont le **cortisol**, sont libérées. Des douleurs musculaires, des spasmes, des maux de tête, des troubles du sommeil, des brûlures d'estomac… se manifestent.
  - La **phase d'épuisement** : lorsque la situation stressante dure trop longtemps ou s'intensifie, l'organisme finit par ne plus avoir la capacité de faire face. Une grande fatigue chronique s'installe, voire la survenue d'un état dépressif pouvant mener jusqu'au suicide.

Les effets du stress aigu et du stress chronique sur la santé

- Le **stress aigu** est de courte durée. Les symptômes sont donc temporaires et disparaissent une fois la situation stressante terminée. Il se manifeste par des céphalées (maux de tête), de l'anxiété, des difficultés de concentration…
- Le **stress chronique** est associé à la phase d'épuisement. À long terme, des pathologies s'installent : dépression, diabète, hypertension, risque d'infarctus.

Les actions visant à gérer le stress au quotidien

- La prévention s'appuie sur un **respect des règles de vie** : la pratique d'une activité sportive, un sommeil suffisant, une alimentation équilibrée, des temps de relaxation…

Mots-clés

Hormone : substance libérée dans le sang par certains organes du corps humain et agissant sur d'autres organes en modifiant leur fonctionnement.

Hypothalamus : petite région située dans le cerveau qui régule les fonctions vitales.

le mémo audio
foucherconnect.fr/20p020

LE QCM INTERACTIF
foucherconnect.fr/20p021

mémo

mémo

En schéma

module A8

Le stress au quotidien

Le stress au quotidien

- **Caractéristiques**
  - Vulnérabilité de l'individu
  - Adaptation de l'individu
- **Mécanisme physiologique**
  - Phase d'alarme … Hormone secrétée : adrénaline … Accélération des rythmes respiratoire et cardiaque, augmentation du débit sanguin…
  - Phase de résistance … Hormones secrétées : adrénaline, cortisol … Douleurs musculaires, maux de tête, troubles du sommeil…
  - Phase d'épuisement … Hormones secrétées : adrénaline, cortisol … Grande fatigue chronique, état dépressif…

- **Facteurs de stress**
  - Environnementaux
  - Professionnels
  - Familiaux
  - Personnels
- **Effets du stress**
  - Stress aigu : courte durée
    - Troubles digestifs, agitation…
  - Stress chronique : en permanence
    - Hypertension artérielle, infarctus…
- **Prévention du stress**
  - Faire du sport
  - Dormir suffisamment
  - Manger équilibré
  - Se relaxer
  - Faire des pauses
  - Avoir une aide psychologique

Évaluer ses compétences

Près de 9 étudiants sur 10 déclarent avoir subi au moins une fois dans l'année une période de stress et un tiers d'entre eux déclare être stressé en permanence.
L'enquête santé réalisée par Heyme en 2019 fait apparaître trois principales sources de stress. En premier lieu, les étudiants sont 84 % à déclarer être stressés par les périodes d'examens. En effet, celles-ci sont des moments importants dans la vie d'un étudiant, leur permettant de tester leurs connaissances et pouvant provoquer l'angoisse d'échouer.
Les études elles-mêmes représentent la deuxième source de stress pour 78 % des étudiants : il n'est pas toujours facile de trouver un équilibre et de jongler entre les cours et sa vie personnelle, voire pour certains, avec un job étudiant.
Enfin, la troisième source de stress est pour 61 % des étudiants leur orientation. Ce n'est pas nouveau, l'orientation cause bien des tracas. Choisir la bonne filière d'études puis le bon métier relève parfois du parcours du combattant.
Un tiers des étudiants déclare avoir des problèmes de sommeil liés à ce stress et 70 % affirment s'être déjà sentis submergés par leur quotidien.
Cependant, même si le constat est préoccupant, il n'y a pas de fatalité : gérer son stress, ça s'apprend !

Source : Enquête santé HEYME, juillet 2019. Étude réalisée auprès d'un échantillon de 841 étudiants de France âgés de 16 à 28 ans.

C2 **1** **Formuler** le problème posé dans la situation. ... / 1

....

C2 **2** **Identifier** les éléments de la situation en renseignant le tableau. ... / 3

Quoi ? Quelle est l'origine du problème ?	....
Qui ? Qui est concerné par le problème ?	....
Où ? Où se situe le problème ?	....
Quand ? En quelle année se pose le problème ?	....
Pourquoi ? Pourquoi est-ce important de régler le problème ?	....

C3 **3** À partir du **document A**,

3.1 Nommer : ... /2,5
- les glandes qui stimulent et déclenchent la production d'hormones par les glandes surrénales : ....
- l'hormone libérée par les glandes surrénales à la phase d'alarme : ....
- l'hormone libérée par les glandes surrénales qui permet à l'organisme de résister le plus longtemps possible à la situation de stress : ....

3.2 Indiquer l'action de cette hormone dans la phase de résistance du stress. ... / 2

....

Évaluer ses compétences

3.3 Nommer les trois phases du stress. … / 3

3.4 Citer deux manifestations physiques du stress qui préparent le corps à l'action. … / 2

3.5 Différencier les effets du stress aigu (bon stress) et du stress chronique. … / 2

3.6 Nommer la phase à laquelle appartient chaque type de stress. … /2
- Stress aigu :
- Stress chronique :

DOC A Le stress : de l'alarme à l'épuisement

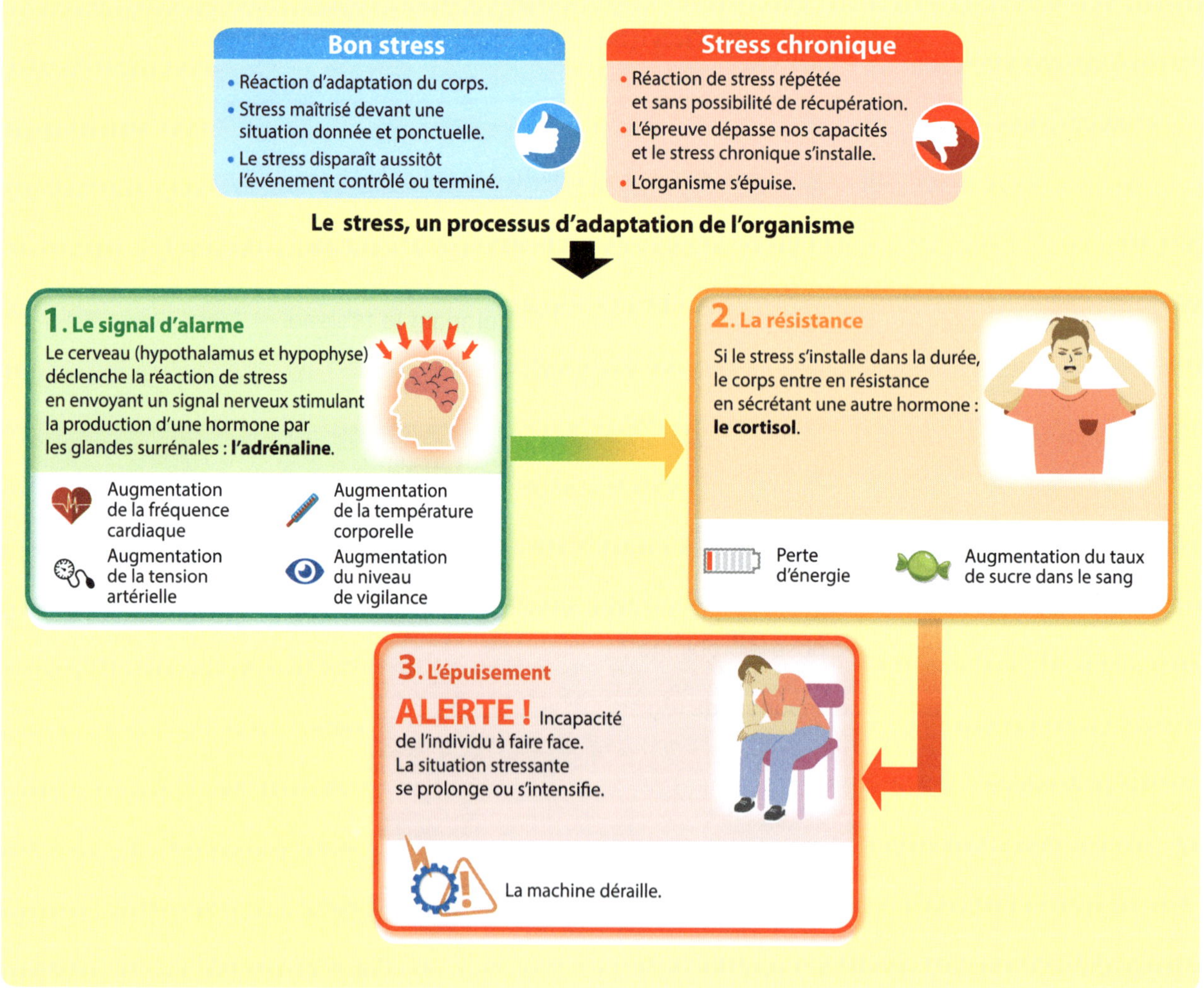

C4 **4 Proposer** cinq actions visant à gérer le stress des étudiants au quotidien. … /2,5

Objectif
Avoir un comportement responsable face aux risques liés au bruit.

module B3 Le bruit au quotidien

Ce dimanche 22 septembre, piétons, vélos et autres trottinettes ont pu circuler en liberté dans Paris. La ville leur a été réservée dans le cadre de la 5e journée sans voiture. Seuls les taxis, les véhicules d'urgence et les trajets des riverains ont été autorisés. Si une telle initiative permet aux Parisiens de se réapproprier l'espace urbain, elle contribue aussi à réduire le niveau sonore dans la capitale.
La lutte contre les décibels fait partie des objectifs de la municipalité, qui a mis en place des opérations de contrôle et de verbalisation pour les deux-roues motorisés. Les contrevenants s'exposent à une contravention de 90 euros si leur véhicule dépasse le niveau sonore indiqué sur la carte grise. [...] La conseillère de Paris déléguée à l'environnement, Aurélie Solans, justifie cette sévérité : « Le bruit, c'est jusqu'à 11 mois d'espérance de vie en moins à Paris. Le seuil de l'OMS[1], c'est 53 dB. Comme pour la qualité de l'air, on ne respecte pas ces seuils. »

1. Organisation mondiale de la santé.

Source : Thomas Deszpot, www.lci.fr, « Les seuils limites d'exposition au bruit sont-ils dépassés à Paris ? », 22/09/2019.

ANALYSER LA SITUATION

1 **Formuler** le problème posé dans la situation.

....

2 **Identifier** les éléments de la situation en répondant aux questions suivantes.

Quoi ?	**Quelle est la cause du problème ?**	....
Qui ?	**Quelles sont les personnes concernées ?**	....
Où ?	**Où le problème se pose-t-il ?**	....
Quand ?	**Quand le problème se pose-t-il ?**	....
Pourquoi ?	**Pourquoi cela pose-t-il problème ?**	....

Autre situation VIDÉO

foucherconnect.fr/20p022

MOBILISER LES CONNAISSANCES

ACTIVITÉ 1 Les caractéristiques physiques du son

 # vidéo
Qu'est-ce qu'un son ?
foucherconnect.fr/20p023

3 À partir du **document A** et de la **vidéo**,

3.1 Préciser la différence entre un son et un bruit.

3.2 Cocher les réponses exactes.

- Le niveau sonore perçu par l'oreille humaine s'exprime en :

❑ hertz (Hz) ❑ décibel (A) (dB(A)) ❑ watt/m^2

- La fréquence d'un son indique s'il est :

❑ fort ou faible ❑ aigu ou grave

- L'unité de mesure de la fréquence d'un bruit s'exprime en :

❑ hertz (Hz) ❑ décibel (A) (dB(A)) ❑ watt/m^2

DOC A Les caractéristiques physiques du bruit

Le **son** est un ensemble de vibrations de l'air qui se propagent sous forme d'ondes sonores.
Le son devient **bruit** lorsqu'il est perçu comme gênant.
Il se caractérise par :

Sa fréquence

La **fréquence** correspond au nombre de vibrations par seconde : s'il y en a peu on entend un son **grave** ; s'il y en a davantage on entend un son **aigu**.

Elle se mesure en **hertz** (Hz).

Échelle des fréquences (en hertz)

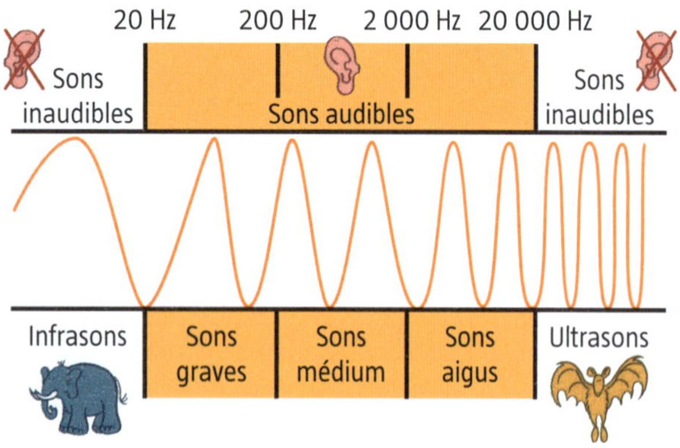

 # audio
Écouter un son aigu et un son grave.
foucherconnect.fr/20p024

Son intensité

L'**intensité** dépend de l'amplitude de la vibration : plus elle est importante, plus le son est **fort** ; plus l'amplitude est faible, plus le son est **faible**.

Elle se mesure en **décibel** (dB) à l'aide d'un sonomètre. Pour prendre en compte la sensibilité de l'oreille humaine par rapport aux fréquences, le **dB (A)** est utilisé.

Son faible

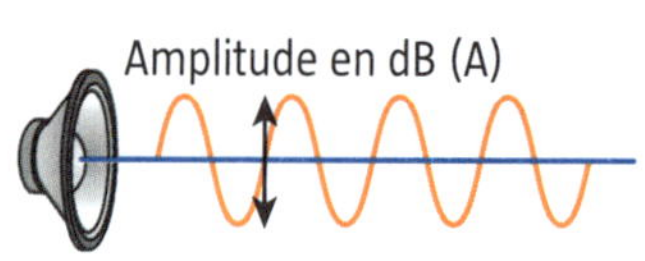

Son fort

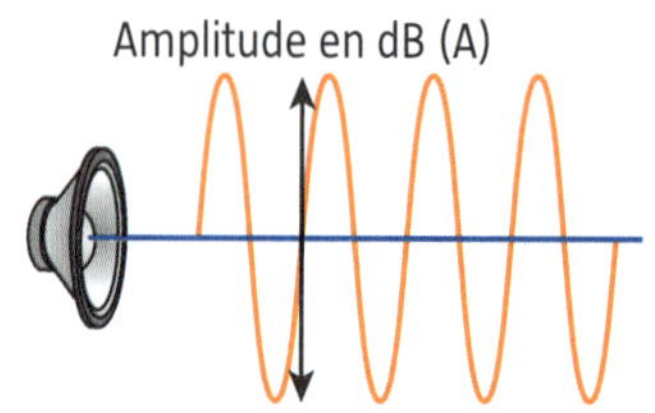

ACTIVITÉ 2 Les paramètres de dangerosité du son

4 Après avoir téléchargé l'application du sonomètre *via* le **site internet**, **mesurer** le niveau sonore du lieu où vous vous trouvez, puis le **reporter** sur l'échelle du bruit dans le **document B**.

 # site internet
Appli sonomètre
foucherconnect.fr/20p025

DOC B L'échelle du bruit en décibels (A)

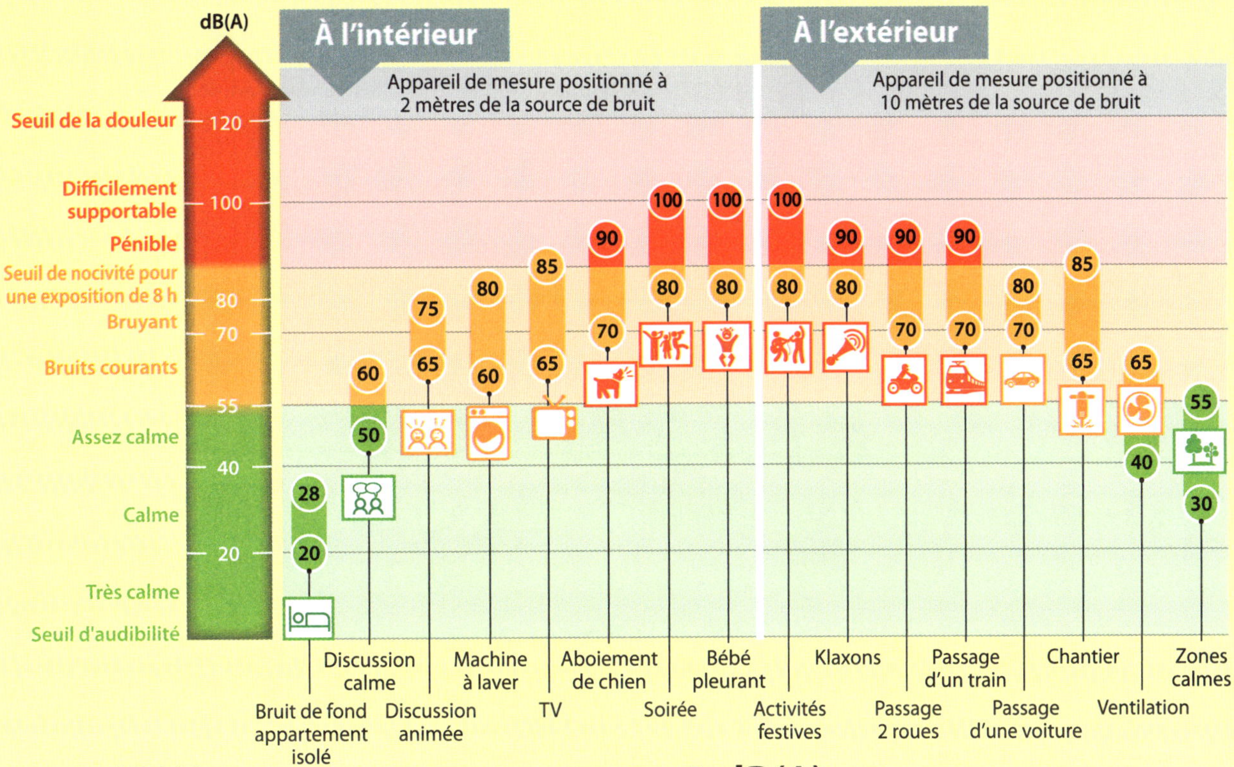

+ 10 dB(A)

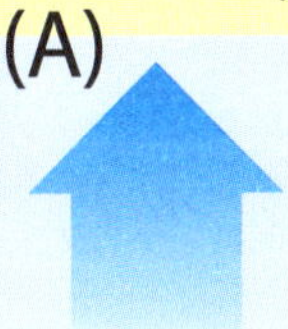

C'est l'augmentation du bruit qui provoque la sensation d'un son **deux fois** plus fort.

+ 3 dB(A)

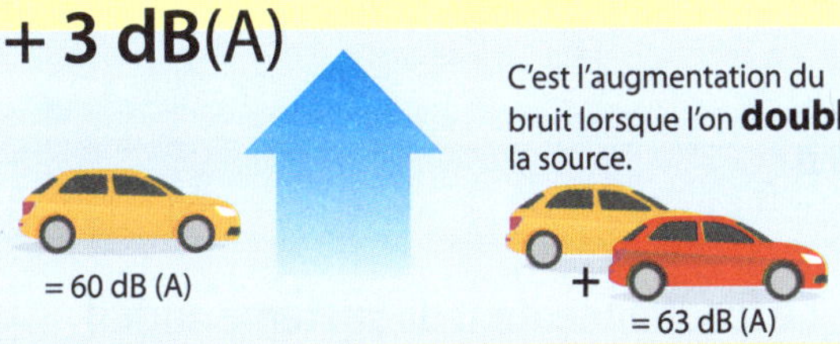

C'est l'augmentation du bruit lorsque l'on **double** la source.

5 À partir des **documents B** et **C**,

5.1 Nommer les deux paramètres à prendre en compte pour préserver l'audition.

....

....

....

5.2 Indiquer le seuil de nocivité.

....

....

....

DOC C La relation entre le niveau sonore et la durée d'exposition

Durée limite d'exposition (sans protection) avant dommages

- **De 120 à 140 dB(A)** : quelques secondes suffisent à provoquer des dégâts irréversibles.
- **107 dB(A)** : 1 min/jour.
- **101 dB(A)** : 4 min/jour.
- **95 dB(A)** : 15 min/jour.
- **92 dB(A)** : 30 min/jour.
- **89 dB(A)** : 1 h/jour.
- **86 dB(A)** : 2 h/jour.
- **83 dB(A)** : 4 h/jour.
- **80 dB(A)** : 8 h/jour.

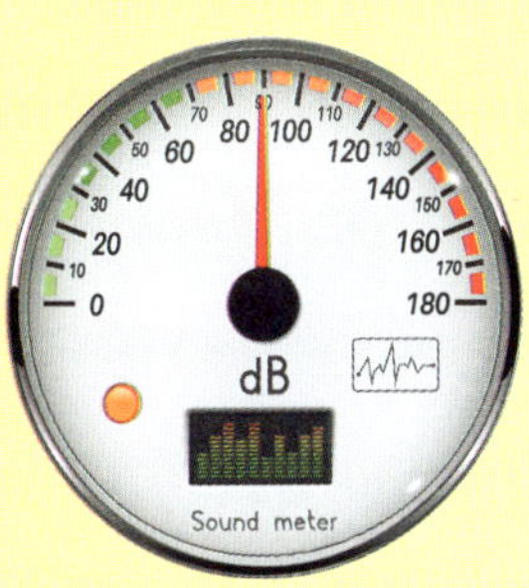

....

ACTIVITÉ 3 Le mécanisme de perception auditive

6 À partir du **document D** et/ou de la **vidéo**,

6.1 **Tracer**, sur le schéma de l'oreille, le trajet du son.

6.2 **Indiquer** le nom et le rôle des trois parties de l'oreille.

 # vidéo
Le fonctionnement de l'oreille.
foucherconnect.fr/20p026

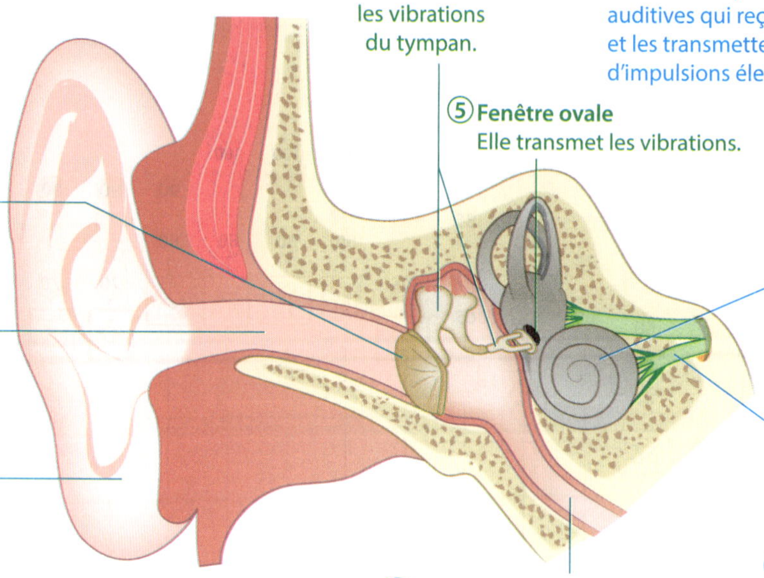

Oreille : ....
Rôle : ....
....

Oreille : ....
Rôle : ....
....

Oreille : ....
Rôle : ....
....

DOC D Le fonctionnement du système auditif

- Le son est entendu grâce à un mécanisme complexe assuré par le **système auditif**. En recevant des ondes sonores (ondes mécaniques) et en les transmettant au cerveau pour les analyser, il nous permet de communiquer avec l'environnement qui nous entoure.
- Le système auditif est **fragile** et il faut en prendre soin. Des dégradations sur celui-ci peuvent causer des pertes auditives allant jusqu'à la surdité, conséquence irréversible.
- L'oreille est composée de trois parties :

– L'**oreille externe** : elle correspond à la partie visible de l'oreille (le pavillon), mais aussi au conduit auditif et au tympan. Elle permet de capter les sons.
– L'**oreille moyenne** : elle est composée de trois osselets (marteau, étrier et enclume) qui transmettent les vibrations à l'oreille interne.
– L'**oreille interne** : elle comprend la cochlée riche en cellules sensorielles ciliées qui transforment les ondes sonores en **influx nerveux**. Celui-ci est ensuite transmis par le nerf auditif au cerveau qui décode et interprète les messages reçus.

7 À partir du **site internet**, **tester** l'âge de vos oreilles.

....
....

 # site internet
Testez l'âge de vos oreilles.
foucherconnect.fr/20p027

ACTIVITÉ 4 Les conséquences du bruit sur la santé et la vie sociale

8 À partir du **document E**,

8.1 **Renseigner** le tableau.

Situation		Effet auditif et justification
	**Éva, 16 ans** 4 jours après un concert, les sifflements continuaient et l'empêchaient gravement de se concentrer nuit et jour.	**Effet auditif :** .... **Justification :** ....
	**Romain, 19 ans** Après une soirée de concert, ses oreilles ont failli « se déchirer » en entendant le métro arriver.	**Effet auditif :** .... **Justification :** ....
	**Marion, 25 ans** Après avoir été assise à côté des enceintes lors d'un concert, elle n'entendait plus rien, les sons étaient totalement étouffés. L'ami avec qui elle était n'avait rien. Elle s'est dit que cela allait passer. Aujourd'hui, elle a une perte auditive de 25 décibels.	**Effet auditif :** .... **Justification :** ....

DOC E Des effets auditifs possibles d'une exposition au bruit

L'exposition au bruit peut avoir des **effets auditifs**.

- La **surdité** se traduit par une baisse de l'audition plus ou moins grave. Le niveau global de surdité est calculé sur l'oreille qui entend le mieux. La surdité est calculée en décibels de perte auditive. Ainsi on définit :
  – la surdité légère : de 20 à 39 décibels de perte auditive. La personne fait répéter son interlocuteur dès la perte de 30 décibels, sur les sons aigus ;
  – la surdité moyenne : de 40 à 69 décibels de perte auditive. Le niveau de 40 décibels est le premier niveau majeur de handicap. En effet, la personne ne comprend que si son interlocuteur élève la voix ;
  – la surdité sévère : de 70 à 89 décibels de perte auditive ;
  – la surdité profonde : de plus de 90 décibels de perte auditive. La personne n'entend plus du tout la parole.
- Les **acouphènes** sont des bruits que l'on entend dans une oreille (ou les deux) ou dans sa tête sans qu'ils aient été émis par une source extérieure.
- L'**hyperacousie** est la perception de sons à un niveau plus élevé que la normale qui rend douloureuse l'audition de sons courants.

Source : www.ameli.fr/

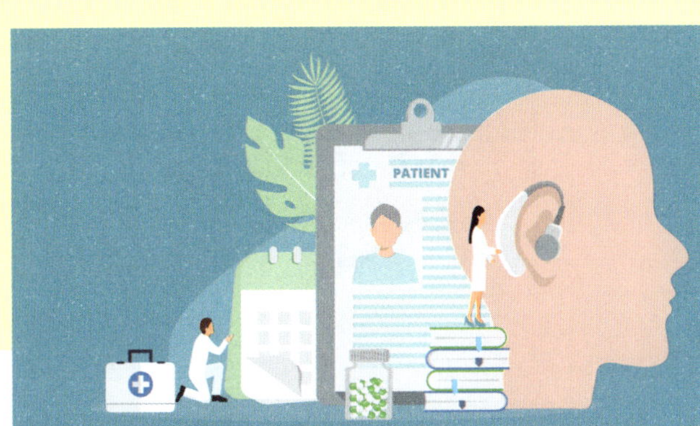

8.2 Surligner, sur la courbe de chaque audiogramme, les fréquences pour lesquelles il y a une perte auditive, puis **indiquer** le type de surdité dont il s'agit.

....

....

DOC F Les audiogrammes de Martin, 20 ans

L'**audiogramme** est un examen qui permet de mesurer les seuils de perception auditive de chaque oreille (en décibels) à différentes fréquences audibles (en hertz). Les résultats de cet examen auditif se présentent sous la forme d'un graphique.

- **Oreille gauche**

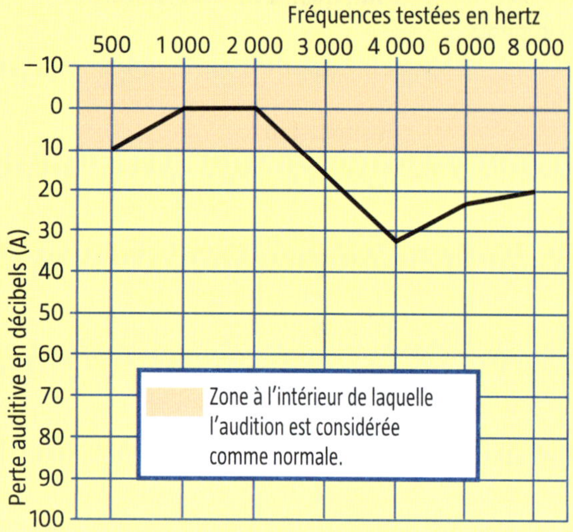

- **Oreille droite**

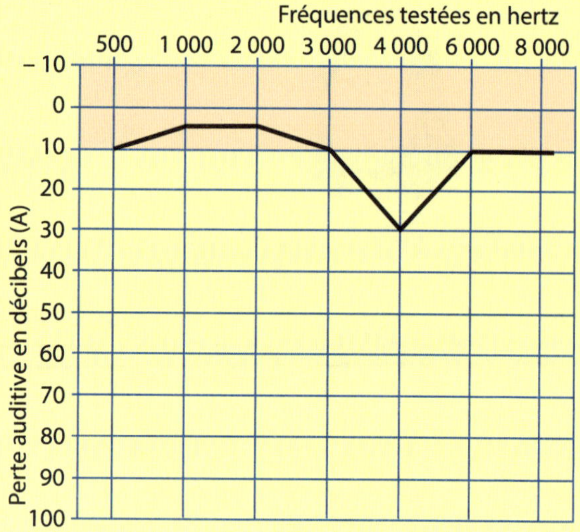

 # vidéo
Qu'est-ce qu'une surdité ?
foucherconnect.fr/20p028

9 À partir des illustrations et de la **vidéo**, **indiquer** les causes des deux types de surdité.

Les deux types de surdité	Les causes de la surdité
Surdité de transmission Elle est due à une **lésion de l'oreille externe ou moyenne**. Le déficit porte sur les sons graves. Elle est réversible. 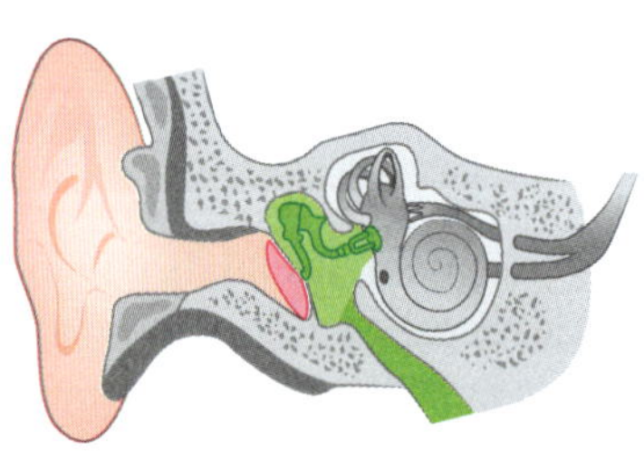	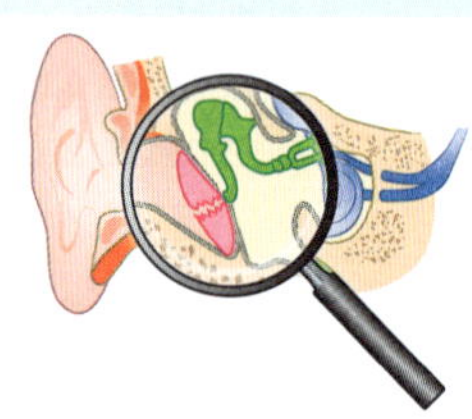 .... 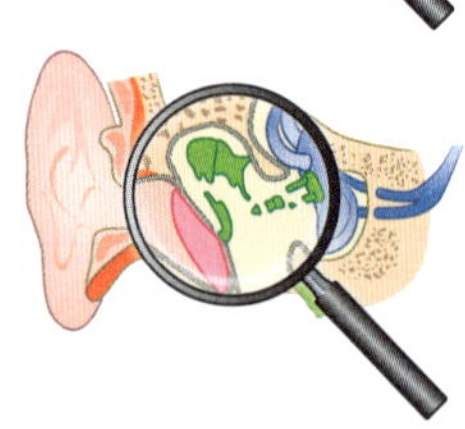 ....
Surdité de perception Elle est due à une **lésion de l'oreille interne**. Le déficit porte sur les sons aigus. Elle est irréversible. 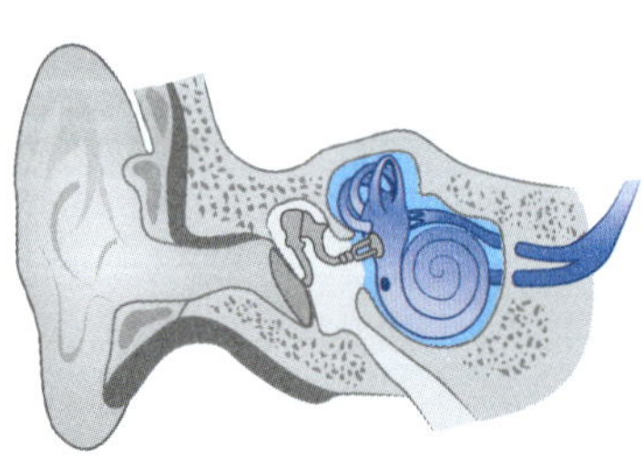	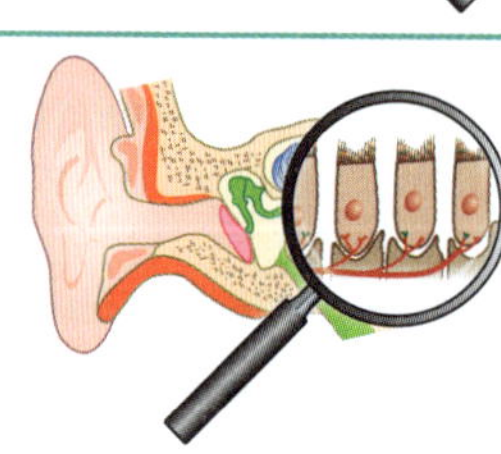 .... 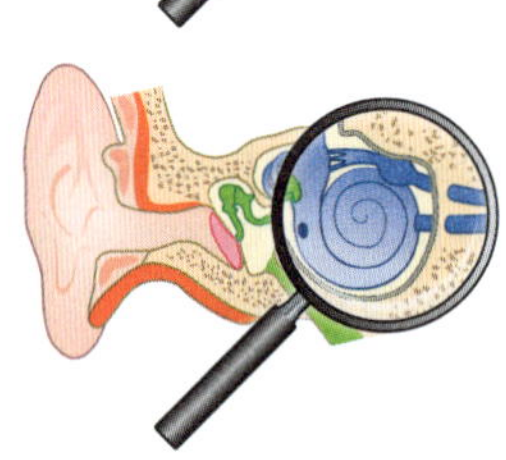 Tumeur du ....

10 **Nommer** les différents appareils, systèmes et organes concernés par les effets du bruit. Puis, à partir de la vidéo, **identifier** les conséquences du bruit sur l'appareil cardiovasculaire.

 # vidéo
L'impact du bruit sur notre santé.
foucherconnect.fr/20p029

....

- Diminution de la vision nocturne.
- Défaut d'appréciation des distances.
- Retard dans les perceptions des couleurs.

....

- Stress.
- Dégradation de la qualité du sommeil.
- Baisse de vigilance, difficultés d'apprentissage.

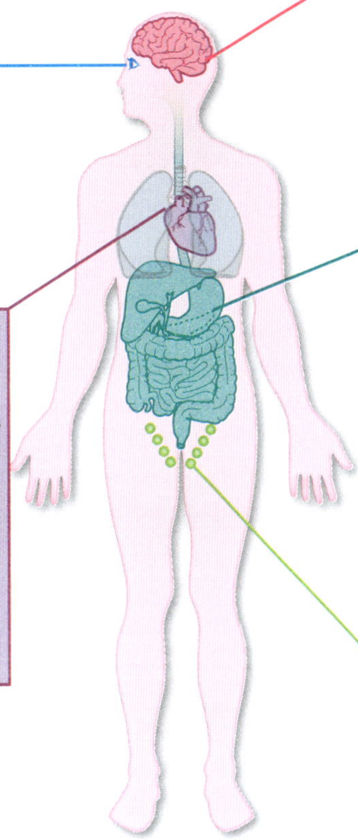

....

- Augmentation de la fréquence cardiaque.
- ....
....
- ....
....

....

- Ulcères.
- Colopathies, gastrites…

....

- Diminution des défenses immunitaires.

11 À partir du document G, **lister** des conséquences du bruit sur la vie sociale.

....
....
....

DOC G Un fait divers

Le responsable [...] d'une entreprise de couverture et zinguerie [...] a téléphoné au commissariat [...] pour signaler que l'un de ses couvreurs venait d'être la cible d'un tir de carabine à plomb. L'homme évoluait sur le toit d'un immeuble [...], quand il a reçu un plomb dans la cuisse tiré depuis un appartement du troisième étage. Les occupants du logement [...] ont été interrogés par la police peu de temps après les faits. L'un d'eux [...] a reconnu être l'auteur du tir [...]. Pendant sa garde à vue, le mis en cause, totalement inconnu de la justice jusque-là, a déclaré avoir fait usage de son arme à cause du bruit occasionné par les travaux. Il devra s'expliquer devant la justice [...].

Source : « Périgueux : excédé par le bruit du chantier, il tire sur le couvreur », *SudOuest*, Émilie Delpeyrat, 26/09/2019.

ACTIVITÉ 5 Des mesures pour lutter contre les nuisances sonores au niveau collectif

12 À partir du **document H**, **préciser** le niveau sonore continu équivalent à ne pas dépasser dans les lieux musicaux.

....

13 Sur le **document H**, **surligner** les autres mesures imposées par la réglementation pour limiter les effets du bruit en discothèque.

DOC H La réglementation applicable aux lieux musicaux

• Depuis 2017, en discothèques, en concerts clos ou ouverts et festivals, la réglementation limite le niveau sonore continu équivalent à **102 dB(A) sur 15 minutes**. Afin de tenir compte de la fragilité de l'oreille des enfants âgés de six ans et moins, ces niveaux de pression acoustique ne doivent pas dépasser 94 dB(A) sur 15 minutes.

• Les discothèques sont également tenues :

– d'**enregistrer en continu** les niveaux sonores auxquels le public est exposé et conserver ces enregistrements ;
– d'**afficher en continu** à proximité du système de contrôle de la sonorisation les niveaux sonores auxquels le public est exposé ;
– d'**informer le public** sur les risques auditifs ;
– de mettre à la disposition du public à titre gratuit des **protections auditives individuelles** adaptées au type de public accueilli dans les lieux ;
– de créer des **zones de repos auditif**.

14 À partir du **document I**, **indiquer** les trois mesures concernant la réglementation en matière de bruit pour les smartphones.

....

....

....

....

DOC I La réglementation applicable aux baladeurs MP3, tablettes, smartphones

• Les appareils (tout appareil portable – dont les baladeurs – permettant l'écoute de sons *via* un dispositif d'écoute) et les dispositifs d'écoute – tels que casques ou oreillettes – vendus seuls, doivent **satisfaire aux exigences de sécurité** posées par le Code de la santé publique ou le Code des postes et communications électroniques selon qu'il s'agit d'appareils non connectés ou d'appareils radioélectriques (smartphones, casques Bluetooth). [...]

• S'agissant des exigences de conception, la puissance sonore maximale de sortie d'un baladeur musical ne peut ainsi excéder **100 dB(A)** et l'utilisateur doit être informé lorsque le niveau sonore dépasse 85 dB(A).

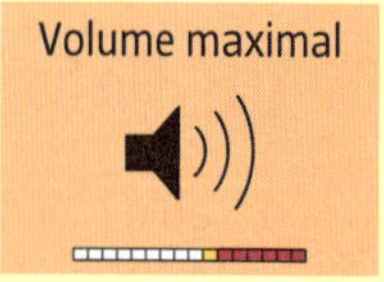

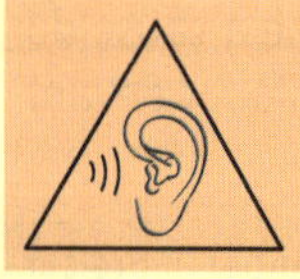

Afin d'éviter des dommages auditifs éventuels, ne pas écouter à un niveau sonore élevé pendant une longue durée.

• La réglementation prévoit également la présence de **mentions obligatoires** sur les appareils (et non sur les dispositifs d'écoute) : le pictogramme et l'avertissement ci-après doivent être apposés sur l'appareil, sur l'emballage ou dans la notice d'utilisation.

Source : www.economie.gouv.fr/dgccrf/Publications/Vie-pratique/Fiches-pratiques/Baladeur-numerique

15 À partir des **vidéos**, **indiquer**, sur l'illustration, les différents dispositifs contre le bruit en agglomération.

 # vidéo
L'impact des dispositifs d'échappement non homologués.
foucherconnect.fr/20p030

 # vidéo
Comment lutter contre le bruit qui pollue le quotidien ?
foucherconnect.fr/20p031

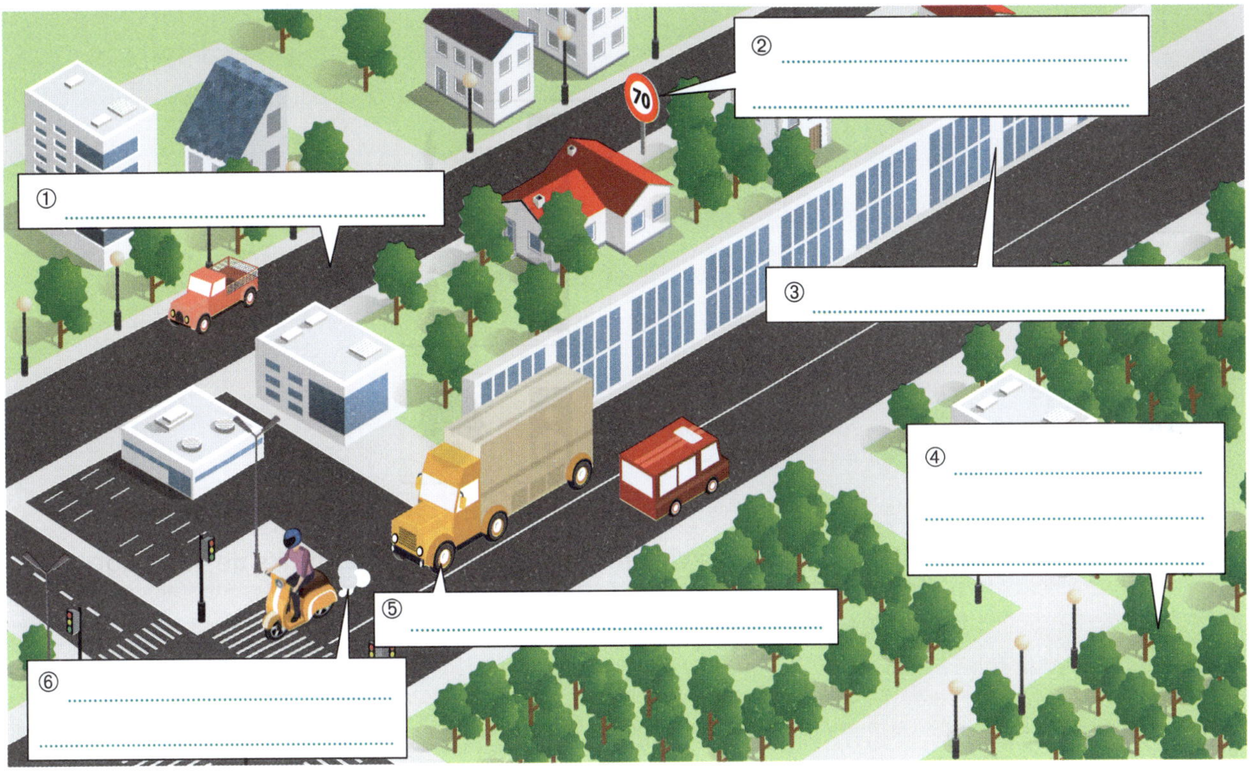

16 Dans le **document J**,

16.1 Surligner la personne responsable de la lutte contre le bruit au niveau de la commune.

16.2 Entourer le moyen dont dispose cette personne pour limiter l'utilisation d'appareils susceptibles de causer une gêne pour le voisinage du fait de leur intensité sonore.

17 À partir du **document J**, **préciser** à quoi s'exposent les personnes à l'origine de bruit.

....

DOC J La lutte contre les bruits de voisinage

La lutte contre les bruits de voisinage, tant au niveau préventif que répressif, est placée **sous la responsabilité du maire**. Ainsi, le maire peut :

- prendre en compte la problématique du bruit **au niveau du plan local d'urbanisme** ;
- engager des **actions d'information et de sensibilisation** des citoyens :
  – en leur rappelant leurs obligations réglementaires à l'occasion de l'édition des journaux locaux, gazettes ou d'une charte municipale de bon voisinage ;
  – en affichant les mesures préventives dans les locaux communaux (salles polyvalentes, piscines, gymnases…) ;
- prendre des **arrêtés municipaux** pour compléter la réglementation préfectorale ou renforcer cette dernière par des dispositions plus contraignantes (exemple : limiter l'utilisation de la tondeuse à certaines heures de la semaine).
- Le Code de la santé publique lui permet de **sanctionner** « les bruits portant atteinte à la tranquillité du voisinage ou à la santé de l'Homme à tout moment de la journée ». Au-delà du rappel à la loi, la **verbalisation** des infractions aux arrêtés municipaux est possible par une amende forfaitaire dont le montant est défini selon les dispositions en vigueur (68 euros[1]) ou par l'établissement de procès-verbaux et poursuites devant les tribunaux compétents.

1. Au 01/11/2019.

ACTIVITÉ 6 Des mesures de prévention et de protection individuelles

18 **Renseigner** le tableau.

Mesures de prévention individuelles pour l'écoute de la musique amplifiée			
Pour les utilisateurs de casques		En concerts, en discothèques	
	....		....
			....
	....	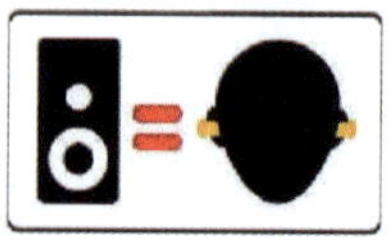	....

19 À partir des **documents J, K et L**, **proposer** cinq mesures pour limiter les bruits de voisinage.

....
....
....
....

DOC K Un comportement civique pour éviter les bruits de voisinage

Source : © herve.poudret/Val Touraine Habitat

DOC L L'étiquette énergie

La déclaration des émissions acoustiques est obligatoire pour les produits pour lesquels le bruit constitue un critère pertinent. Une nouvelle étiquette est en vigueur depuis le 1er mars 2021.

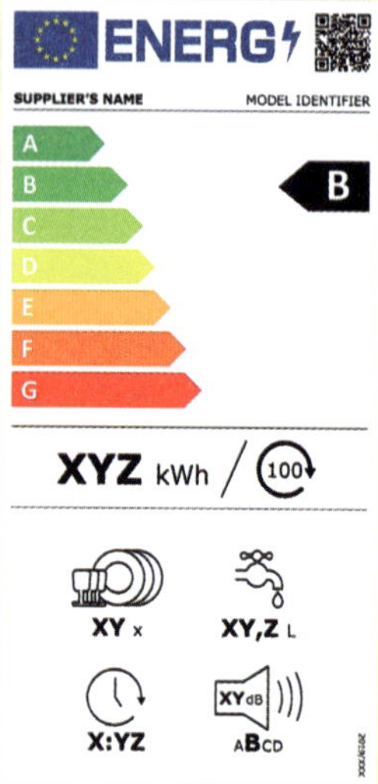

 # site internet
Plus d'infos sur la nouvelle étiquette énergie.
foucherconnect.fr/21p001

PROPOSER DES SOLUTIONS

20 **Indiquer** :

- deux mesures mises en place au niveau collectif pour limiter le bruit lié aux transports :

....
....
....

- deux actions individuelles possibles pour limiter le bruit émis par un deux-roues motorisé :

....
....
....

module B3

Le bruit au quotidien

mémo

Les caractéristiques physiques du son

- Le **son** est un ensemble de vibrations de l'air qui se propagent sous forme d'**ondes sonores**. Il devient **bruit** lorsqu'il est perçu comme gênant.
- Le son se caractérise par sa **fréquence** dont l'unité de mesure est le hertz (Hz) et son **intensité** dont l'unité de mesure est le décibel (dB). Pour prendre en compte la sensibilité de l'oreille humaine par rapport aux fréquences, le décibel A (dB(A)) est utilisé.

Les paramètres de dangerosité du son

- Pour préserver son audition, il faut prendre en compte l'intensité sonore et la durée d'exposition.
- On distingue certains seuils caractérisés par leur niveau sonore :
  - le **seuil de nocivité** : **80 dB(A)** pour une exposition de 8 heures par jour ;
  - le **seuil de la douleur** : **120 dB(A)**.

Le mécanisme de perception auditive

- L'appareil auditif est constitué de trois parties :
  - l'**oreille externe** qui capte les sons (ondes mécaniques) ;
  - l'**oreille moyenne** qui transmet les vibrations ;
  - l'**oreille interne** qui transforme les vibrations en signaux électriques et transmet l'influx nerveux au cerveau.

Les conséquences du bruit sur la santé et la vie sociale

- Le bruit a des **effets auditifs** : acouphènes, hyperacousie, baisse de l'acuité auditive allant jusqu'à une **surdité de transmission** ou une **surdité de perception**.
- Le bruit a également des **effets extra-auditifs** sur le système nerveux, l'appareil cardiovasculaire, l'appareil digestif et le système immunitaire.
- Au niveau de la vie sociale, il peut générer de l'agressivité.

Des mesures collectives

- La **réglementation** fixe des niveaux de bruit à ne pas dépasser (ex. : 100 dB(A) à la sortie d'un baladeur musical).
- Les **maires** peuvent prendre des mesures pour éviter les nuisances sonores et sanctionner.
- Pour réduire le bruit lié au **transport**, certaines mesures sont prises, telles que la réduction de la vitesse dans certains endroits, la pose de murs anti-bruit.

Des mesures individuelles

- Chaque citoyen peut contribuer à lutter contre le bruit en agissant à :
  - la **source** en réduisant les bruit émis et en modifiant son comportement ;
  - la **transmission** en isolant son logement, mettant des feutres sous les chaises... ;
  - la **réception** en portant des bouchons d'oreille.

Mots-clés

Surdité de transmission : lésion de l'oreille externe ou moyenne réversible.

Surdité de perception : lésion de l'oreille interne irréversible.

le mémo audio foucherconnect.fr/20p032

LE QCM INTERACTIF foucherconnect.fr/20p033

mémo

En schéma

module B3 Le bruit au quotidien

Le bruit au quotidien

Caractéristiques physiques du bruit
- Fort ou faible : **intensité** sonore en décibels (A)
- Grave ou aigu : **fréquence** en hertz

Paramètres de dangerosité du bruit
- Niveau sonore
  - Dangerosité : 120 dB(A)
- Durée d'exposition
  - Nocivité : 80 dB(A) pour 8 h

Mécanismes de perception auditive
- Oreille **externe** : capter les sons
- Oreille **moyenne** : transmettre les vibrations
- Oreille **interne** : transformer les vibrations en signaux électriques transmis au cerveau sous forme d'influx nerveux

Effets auditifs
- Acouphènes
- Hyperacousie
- Surdité de perception (réversible)
- Surdité de transmission (irréversible)

Effets extra-auditifs
- Sur l'appareil cardiovasculaire : augmentation de la fréquence cardiaque et de la tension artérielle
- Sur le système nerveux : stress, baisse de la vigilance, dégradation de la qualité du sommeil
- Sur le système digestif : ulcères, gastrites
- Sur le système immunitaire : diminution des défenses

La prévention et la protection contre le bruit au quotidien

Mesures individuelles
- À la source
  - Réduire les bruits émis et avoir un comportement citoyen
- À la transmission
  - Isoler son logement, s'éloigner des enceintes lors des concerts
- À la réception
  - Porter des bouchons d'oreille

Mesures collectives

- Réglementation
  - Limitation du niveau sonore continu à 102 dB(A) sur 15 min dans les lieux musicaux
  - Limitation à 100 dB(A) de la puissance maximale à la sortie d'un baladeur
  - Affichage des émissions de bruit de certains appareils (lave-linge…)
- Prévention
  - Écran acoustique le long des axes routiers
  - Limitation de la vitesse de circulation
  - Revêtement de chaussée plus silencieux
- Sanction
  - Verbalisation en cas de bruit portant atteinte à la tranquillité du voisinage ou à la santé

Évaluer ses compétences

Organisation mondiale de la Santé

Les dangers pour les adolescents d'écouter de la musique trop fort avec leurs iPod et autres baladeurs est confirmée.

Les baladeurs MP3 permettent d'écouter de la musique de bonne qualité pendant des heures et à des volumes souvent trop élevés. Ces pratiques ont des conséquences néfastes pour l'audition des adolescents avec l'apparition de plus en plus précoce de baisses sensibles de l'audition.
On parle d'une « épidémie de troubles auditifs » car un adolescent sur quatre risque une perte d'audition résultant directement de ses habitudes d'écoute avec son baladeur.
Les adolescents utiliseraient leur baladeur très régulièrement, 21 % d'entre eux l'écoutant de 1 à 4 heures, et 8 % s'en servant plus de 4 heures consécutivement.
Dans les dix ans qui viennent, toute une jeune génération souffrira de surdités partielles survenant plus précocement que celles attendues classiquement en fonction du vieillissement.

Source : © lefigaro.fr/Santé

Écouter sans risque

C2 **1** **Formuler** le problème posé dans la situation. ... / 1

....

C2 **2** **Identifier** les éléments de la situation en renseignant le tableau. ... / 4

Origine du problème	....
Public concerné	....
Conséquences	....

C3 **3** À partir des **documents A** et **B**, **indiquer** : ... / 3

- les deux paramètres de dangerosité du son : ....
- la puissance sonore d'un baladeur autorisée par la réglementation : ....
- la durée d'exposition avant dommage pour un jeune écoutant son baladeur au niveau sonore maximal : ....

DOC A Durée limite d'exposition (sans protection) avant dommages

- De 120 à 140 dB(A) : quelques secondes suffisent à provoquer des dégâts irréversibles.
- 107 dB(A) : 1 min/jour.
- 101 dB(A) : 4 min/jour.
- 95 dB(A) : 15 min/jour.
- 92 dB(A) : 30 min/jour.
- 86 dB(A) : 2 h/jour.
- 83 dB(A) : 4 h/jour.
- 80 dB(A) : 8 h/jour.

Évaluer ses compétences

C3 **4** À partir du **document C**, **décrire** le mécanisme de la perception auditive. ... / 4

....

....

....

....

....

....

....

DOC B La réglementation

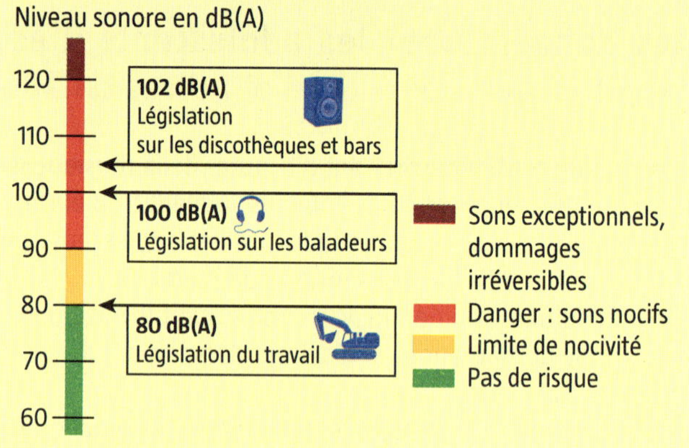

DOC C Le schéma de l'appareil auditif

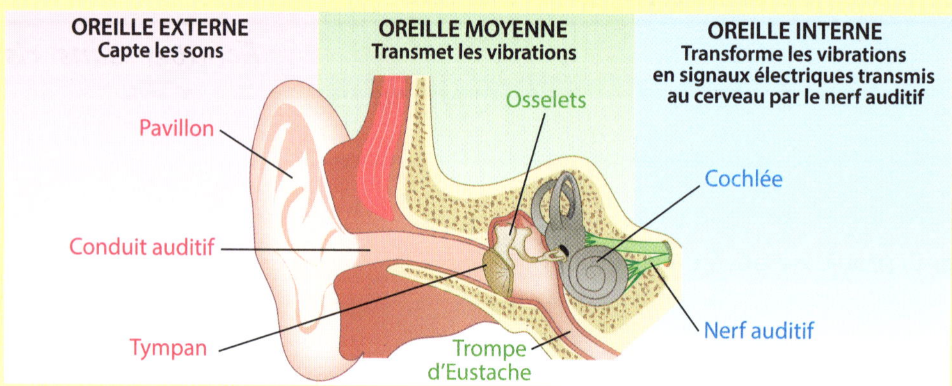

C3 **5** À partir du **document D**, **expliquer** la raison pour laquelle on préconise aux jeunes de s'éloigner de la source de bruit. ... / 4

....

....

DOC D La décroissance du niveau sonore en fonction de la distance en champ libre ou en l'absence d'obstacle

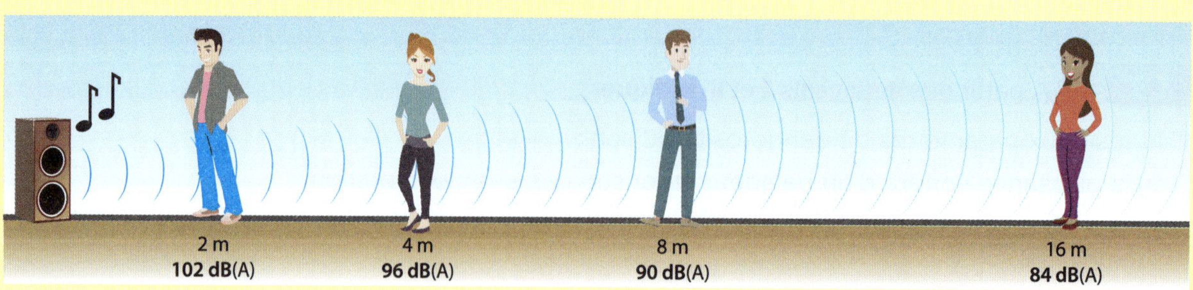

C4 **6** **Proposer** deux mesures individuelles de prévention qui permettent d'écouter de la musique avec un baladeur sans risque auditif. ... / 4

....

....

Objectif
Adopter un comportement responsable pour préserver les ressources en eau.

module B4 L'eau et le développement durable

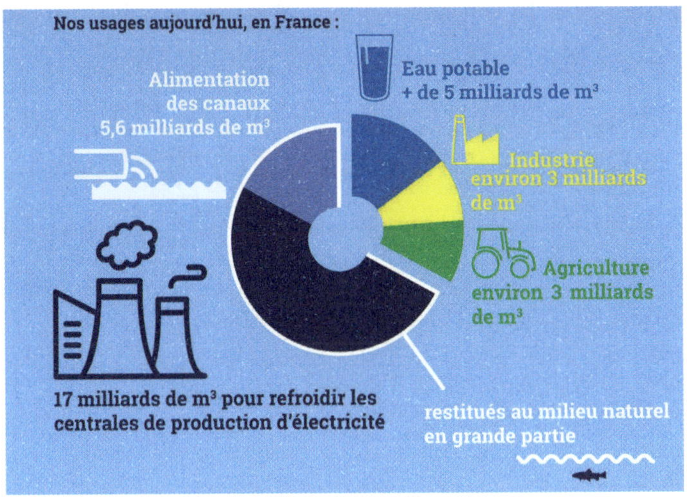

D'ici à 2070-2100, on annonce une raréfaction des ressources en eau disponibles :

10% à 50% de débit en moins pour les grands fleuves français

10% à 30% de volume disponible en moins dans les nappes phréatiques

Alors, pour préserver l'eau, nous pouvons tous agir dès maintenant en faisant des économies !

Source : Agences de l'eau (conception graphique : O Tempora).

ANALYSER LA SITUATION

1 **Formuler** le problème posé dans la situation (infographie).

....

2 **Identifier** les éléments de la situation en répondant aux questions suivantes.

Quoi ?	**Quelle est la nature du problème ?**	....
Qui ?	**Qui est concerné par le problème ?**	....
Où ?	**Où se situe le problème ?**	....
Quand ?	**À quel moment prend-on conscience du problème ?**	....
Comment ?	**Comment se manifeste le problème ?**	....
Pourquoi ?	**Pourquoi est-ce important de régler le problème ?**	....

Autre situation TEXTE

foucherconnect.fr/20p034

ACTIVITÉ 1 La diversité des ressources en eau

#vidéo
L'eau dans le monde.
foucherconnect.fr/20p035

3 À partir du **document A** et de la **vidéo**,

3.1 Citer le plus grand réservoir d'eau de la planète et sa particularité.

....
....
....
....

3.2 Indiquer :

- le pourcentage d'eau douce utilisable par l'homme :

....

- la provenance de cette eau douce :

....

DOC A La répartition de l'eau douce sur Terre

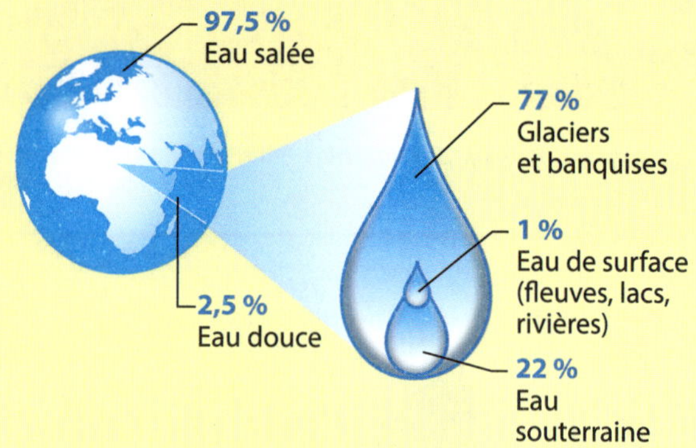

4 À partir du **document B**,

4.1 Différencier le stress hydrique de la pénurie d'eau.

....
....
....

4.2 Indiquer à l'échelle mondiale les pays concernés par la pénurie d'eau.

....
....
....

DOC B L'eau injustement répartie dans le monde

Les richesses en eau sont mal réparties sur la surface du globe : certains pays possèdent de grands réservoirs d'eau qui se renouvellent régulièrement, alors que d'autres ont des difficultés à s'approvisionner et retenir l'eau.
Aujourd'hui, 10 pays se partagent 60 % des réserves d'eau douce mondiale.

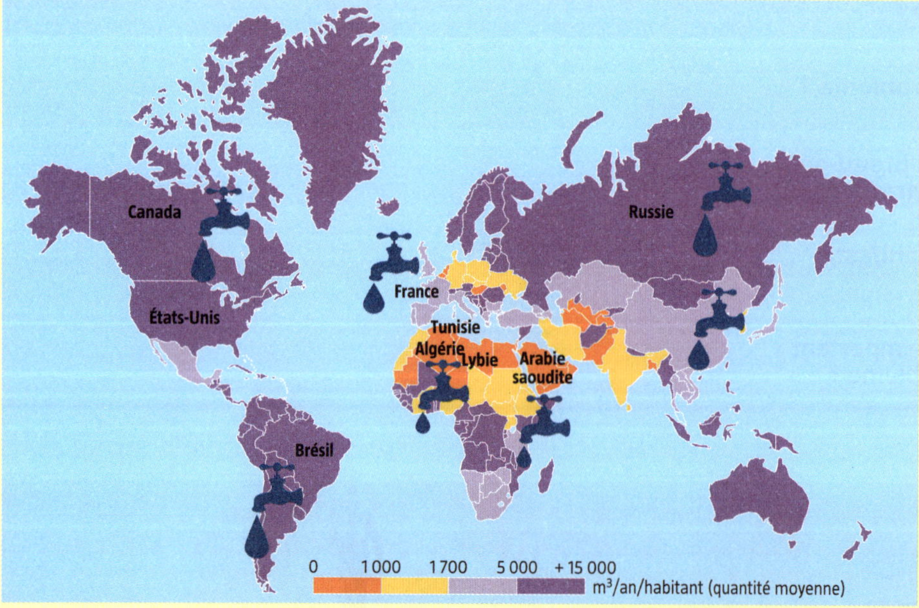

Rapport entre les besoins en eau et les ressources disponibles :

- **Au-dessus de 2 500 m³/pers./an** : aucun problème.

→ La France offre environ **3 000 m³/pers./an**.

- **Entre 2 500 et 1 700 m³/pers./an** : **vulnérabilité hydrique**.
- **Entre 1 700 et 1 000 m³/pers./an** : **stress hydrique**.
- **En-dessous de 1 000 m³/pers./an** : **pénurie** d'eau.

4.3. Justifier pourquoi la France n'est pas en stress hydrique.

....

....

5 Dans le **document C**, **surligner** les raisons pour lesquelles la France est actuellement à l'abri d'une pénurie d'eau.

6 À partir du **document C**, **indiquer** l'évolution des nappes phréatiques dans votre région entre mai, septembre et janvier.

....

DOC C La situation des nappes phréatiques en France en 2020

Les besoins en eau en France sont couverts par ses ressources. Le pays dispose en effet d'une capacité de stockage en eau élevée, du fait de sa pluviométrie, de ses montagnes, de son réseau hydrographique (fleuves, rivières, lacs) étendu et de ses importantes nappes phréatiques.
Cependant, on observe une répartition inégale en fonction des régions et des saisons.

• **Au 1er avril 2020**

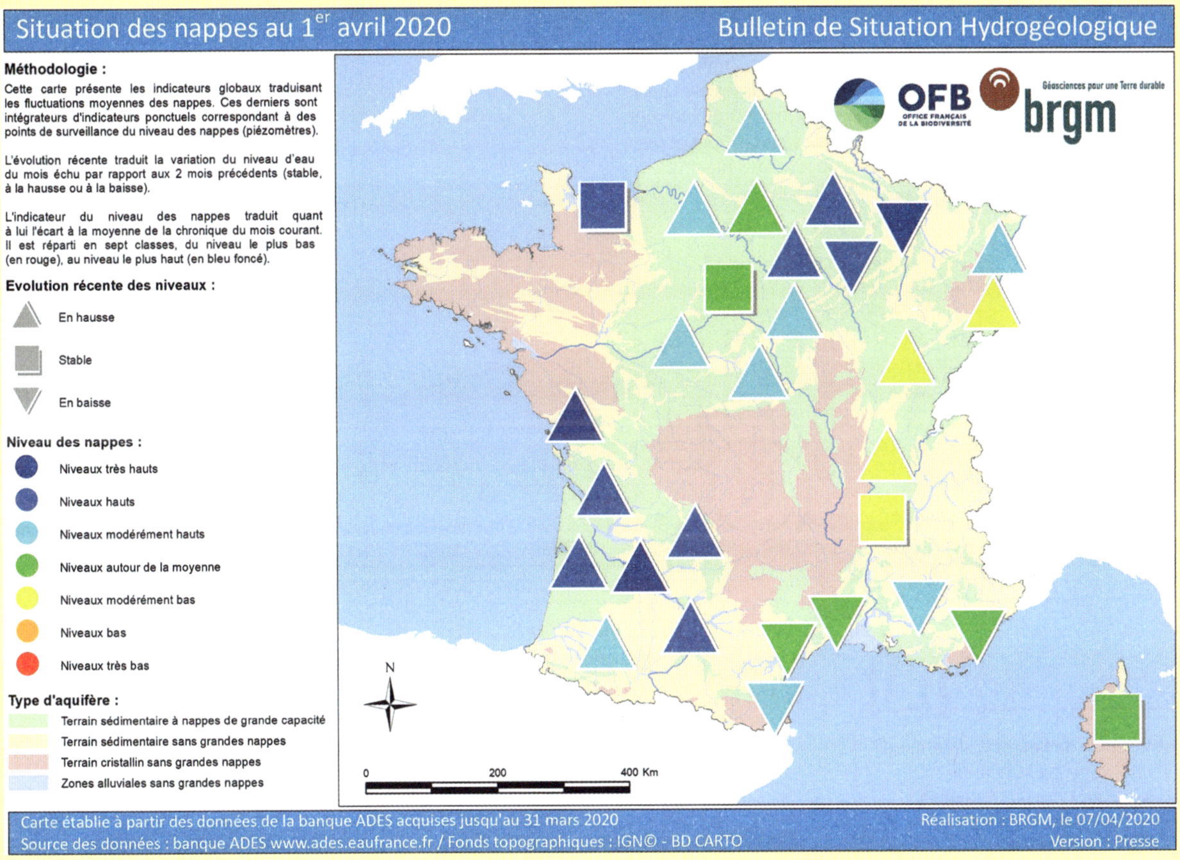

• **Au 1er août 2020**

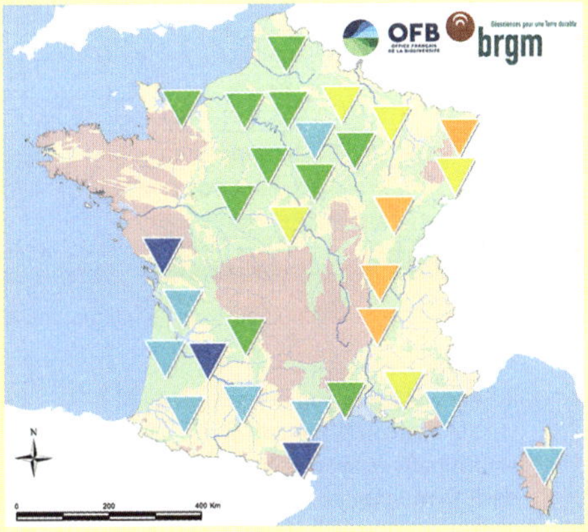

• **Au 1er octobre 2020**

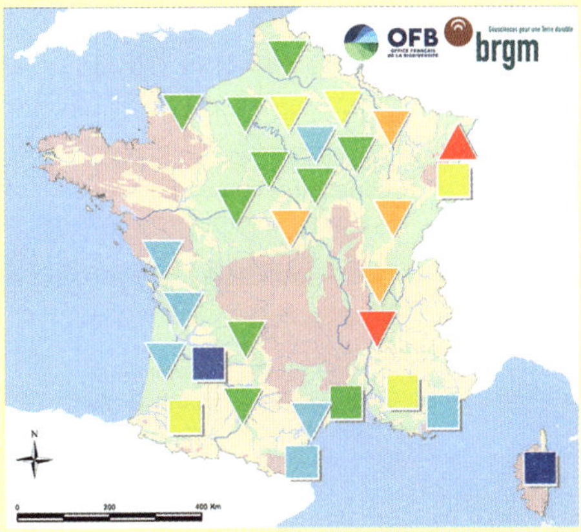

 # site internet
L'état des nappes d'eau souterraine de la France mois par mois.
foucherconnect.fr/20p036

Source : Brgm (service géologique national), www.brgm.fr

ACTIVITÉ 2 Le traitement de l'eau pour sa consommation

#vidéo
Comment est traitée l'eau du robinet ?
foucherconnect.fr/20p037

7 À partir du **document D** et/ou de la **vidéo**,

7.1 Nommer les lieux de prélèvements de l'eau pour la rendre potable.

....

7.2 Indiquer l'objectif visé par la dernière étape du traitement de potabilisation de l'eau.

....

DOC D Le cycle urbain de l'eau

1- Captage

L'eau est **prélevée** dans les cours d'eau ou captée en nappes souterraines. Puis elle est conduite dans des **canalisations** jusqu'à une **usine de potabilisation**.

2- Traitement

L'eau est acheminée dans une **station de traitement** afin de devenir potable. Elle est **filtrée** pour éliminer les gros déchets, puis les plus petits. Enfin, pour éliminer les résidus les plus fins, on ajoute un produit qui permet à ceux-ci de se regrouper et de tomber au fond des bassins.

3- Stockage

Une fois potable, l'eau est **stockée** dans un **château d'eau**. Elle est mise **sous pression** pour pouvoir desservir les habitations.

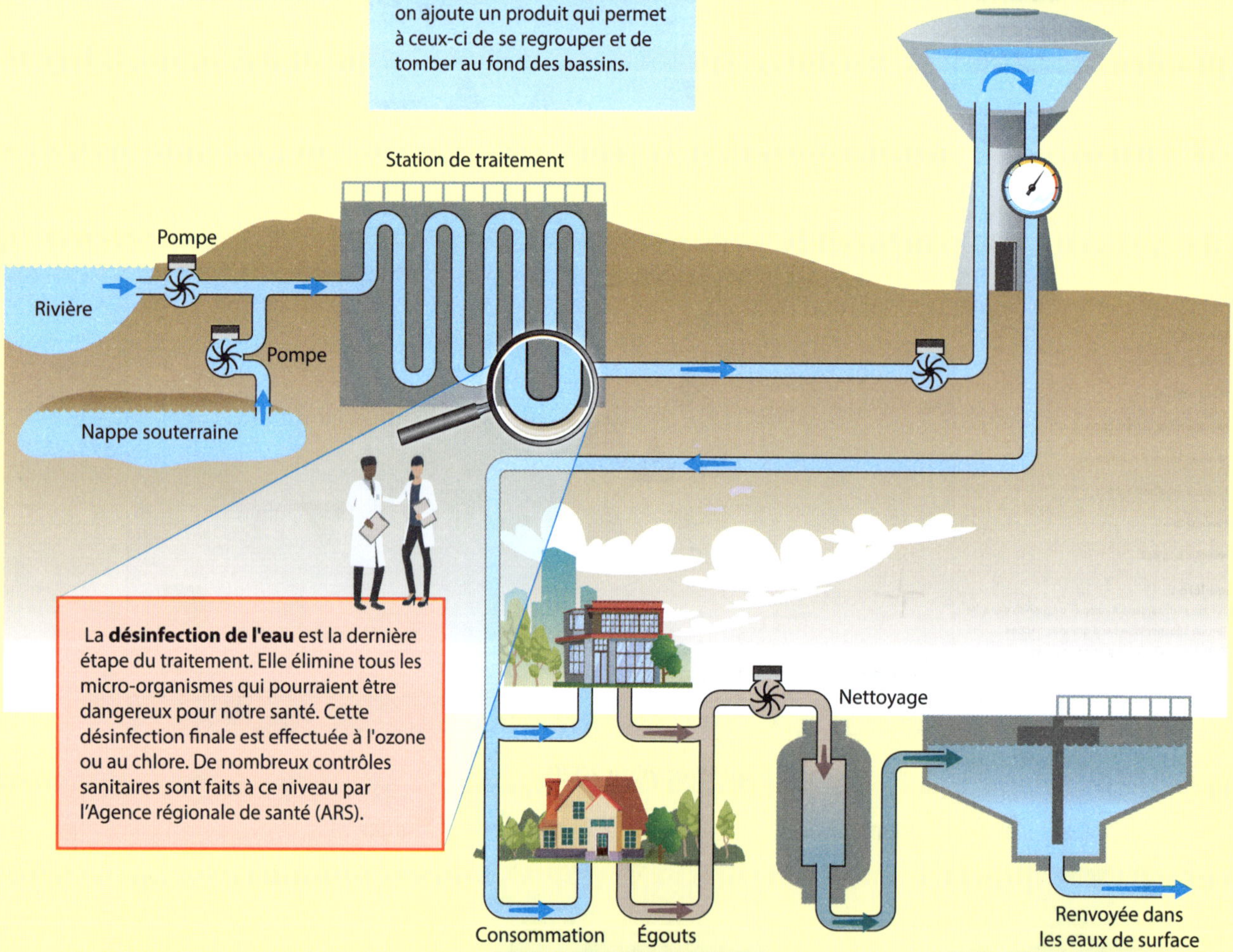

La **désinfection de l'eau** est la dernière étape du traitement. Elle élimine tous les micro-organismes qui pourraient être dangereux pour notre santé. Cette désinfection finale est effectuée à l'ozone ou au chlore. De nombreux contrôles sanitaires sont faits à ce niveau par l'Agence régionale de santé (ARS).

4- Consommation

L'eau est **distribuée**, puis **consommée** avant de partir dans le réseau d'**eaux usées**.

5- Nettoyage

Les eaux usées sont déversées dans les égouts pour être acheminées vers la **station d'épuration** où elles seront traitées avant d'être rejetées dans le milieu naturel.

8 À partir du **document E**, **définir** une eau potable.

....

9 À partir du **site internet**, **consulter** les résultats du contrôle sanitaire de la qualité de l'eau potable de votre commune, puis **indiquer** :
- la date de prélèvement : ....
- les conclusions sanitaires concernant le paramètre de la conformité biologique : ....

....

 # site internet
Contrôle sanitaire de la qualité de l'eau potable en ligne, commune par commune.
foucherconnect.fr/20p038

DOC E Les critères de qualité de l'eau

• Le **Code de la santé publique** impose que l'eau demeure potable jusqu'au robinet de l'usager. Les normes qu'il relaie sont issues de la **directive européenne** 98/83/CE, dite directive « eau potable ».

• L'eau « propre à la consommation humaine » doit répondre à environ **70 critères de qualité** répartis entre des limites de qualité et des références de qualité. Un critère donné est rempli lorsque la norme est respectée pour un paramètre (élément dont on va chercher la présence et la quantité) donné.

• Enfin, la **norme**, représentée par un chiffre, fixe une limite supérieure à ne pas dépasser (pour le fer : 200 microgrammes maximum par litre) ou une limite inférieure à respecter.

Paramètres	Exemples de critères pris en compte
Paramètres microbiologiques	Absence totale de micro-organismes pathogènes (bactéries : salmonelles, staphylocoques...).
Paramètres organoleptiques	Couleur, odeur, limpidité, saveur.
Paramètres physico-chimiques	Température, pH, dureté de l'eau, teneur en sels minéraux. Exemple : teneur en sulfate maximale ≤ 250 mg/L.
Paramètres des substances indésirables	Exemple : teneur en nitrates maximale < 50 mg/L.
Paramètres des substances toxiques	Exemple : teneur en arsenic maximale 0,01 mg/L.

10 À partir du **document F**, **renseigner** le tableau.

Situations	Type de pollution de l'eau	Origine de la pollution de l'eau
1	....	....
2	....	....
3	....	....

DOC F La pollution de l'eau

• **Situation 1 –** La préfecture de l'Oise a alerté ce samedi sur une « pollution microbiologique » détectée au sein d'un réseau alimentant en eau quinze petites communes situées dans le département, ainsi qu'en Seine-Maritime et dans la Somme.
Cette pollution, d'origine fécale, « rend l'eau distribuée impropre à la consommation humaine », annonce la préfecture dans un communiqué. Elle demande aux usagers de ne pas utiliser l'eau de ce réseau, même bouillie, « pour tout usage alimentaire ou brossage des dents ».

Source : « La Rédaction de LCI », www.lci.fr, 5/10/2019.

• **Situation 2 – La persistance des pollutions agricoles sur tout le territoire**
Alors que le problème des pollutions de l'eau d'origine domestique et industrielle est en passe d'être résolu, les pollutions agricoles sont quant à elles toujours aussi répandues. En deux décennies, les nitrates n'ont pas diminué dans les nappes phréatiques, quand les pesticides dépassent les seuils légaux de potabilité sur la moitié du territoire français pour les cours d'eau et sur le tiers pour les nappes phréatiques.

Source : *Que Choisir*, 28/03/2019.

• **Situation 3 – Contamination radioactive de l'eau de la Loire près de Saumur**
« Sur une vingtaine de prélèvements effectués en Loire en janvier dernier, en aval des cinq centrales nucléaires, nous avons décelé une concentration de tritium dans l'eau qui atteignait 310 Bq/L [becquerels par litre] à Saumur », assure le scientifique. En temps normal, les taux de tritium, cet hydrogène radioactif qui vient se fixer sur les molécules d'eau, avoisinent plus les 20 à 30 Bq/L. « Ce sont les conséquences des rejets des centrales dans les cours d'eau ».

Source : Benoît Robert, *Ouest-France*, 19/06/2019.

ACTIVITÉ 3 Le traitement des eaux usées

11 À partir du **document G** et de l'**animation**,

#animation
La dépollution des eaux usées.
foucherconnect.fr/20p039

11.1 Définir l'expression « eaux usées ».

....

11.2 Indiquer l'origine des eaux usées rejetées dans l'égout.

....

....

....

DOC G Les eaux usées qui arrivent à la station d'épuration

On distingue trois familles d'eaux usées.

Eaux domestiques
Débris organiques, détergents, graisses, solvants et germes.

Eaux industrielles[1]
Solvants, métaux lourds, micropolluants organiques, traces de radioactivité, hydrocarbures, matières organiques, azotées ou phosphorées.

Eaux pluviales et de ruissellement
Pollutions atmosphériques, résidus déposés sur les toits et les chaussées des villes (huile de vidange, résidus de pneus, carburants).

1. Certaines de ces eaux usées font l'objet d'un prétraitement de la part des industriels avant d'être rejetées dans les réseaux de collecte.

12 À partir du **document H**, **expliquer** l'intérêt d'assainir l'eau avant son rejet dans l'environnement.

....

....

....

....

DOC H Les impacts de la pollution de l'eau sur l'environnement

L'**évacuation d'eaux usées urbaines non traitées dans les eaux superficielles** entraîne une pollution visuelle (matières flottantes), une diminution de la transparence de l'eau et un envasement des lacs et cours d'eau. Les cours d'eau ont une capacité naturelle d'épuration. Mais cette capacité a pour effet de consommer l'oxygène de la rivière et n'est pas sans conséquences sur la faune et la flore aquatiques. Lorsque l'importance du rejet excède la capacité d'autoépuration de la rivière, la **détérioration de l'environnement** peut être durable. Les zones privées d'oxygène par la pollution entraînent la mort de la faune et de la flore ou créent des barrières infranchissables, empêchant notamment la migration des poissons.

La présence excessive de phosphates :

- favorise le phénomène d'**eutrophisation**, c'est-à-dire la prolifération d'algues qui nuit à la faune aquatique ;
- peut rendre la baignade dangereuse ;
- perturbe la production d'eau potable.

ACTIVITÉ 4 La consommation en eau d'un ménage

13 À partir du **document I** et/ou de la **vidéo**,

 # vidéo
Connaissez-vous votre empreinte eau ?
foucherconnect.fr/20p040

13.1 Indiquer par ordre décroissant les trois premiers postes les plus consommateurs en eau.

....

....

....

13.2 Différencier l'empreinte eau directe et l'empreinte eau indirecte.

Empreinte eau directe	Empreinte eau indirecte
....	....
....	....

13.3 En **déduire** la définition de l'empreinte eau d'un individu.

....

....

13.4 Préciser l'empreinte eau d'un Français.

....

13.5 Indiquer la quantité d'eau nécessaire (empreinte eau) pour produire 1 kg de :

- riz : .... - viande de bœuf : .... - tomates : ....

13.6 Formuler un commentaire.

....

14 À partir du **site internet**, **calculer** votre empreinte eau pour connaître votre consommation d'eau dans la vie de tous les jours.

....

 # site internet
Calculez votre empreinte eau.
foucherconnect.fr/20p041

DOC 1 L'empreinte eau

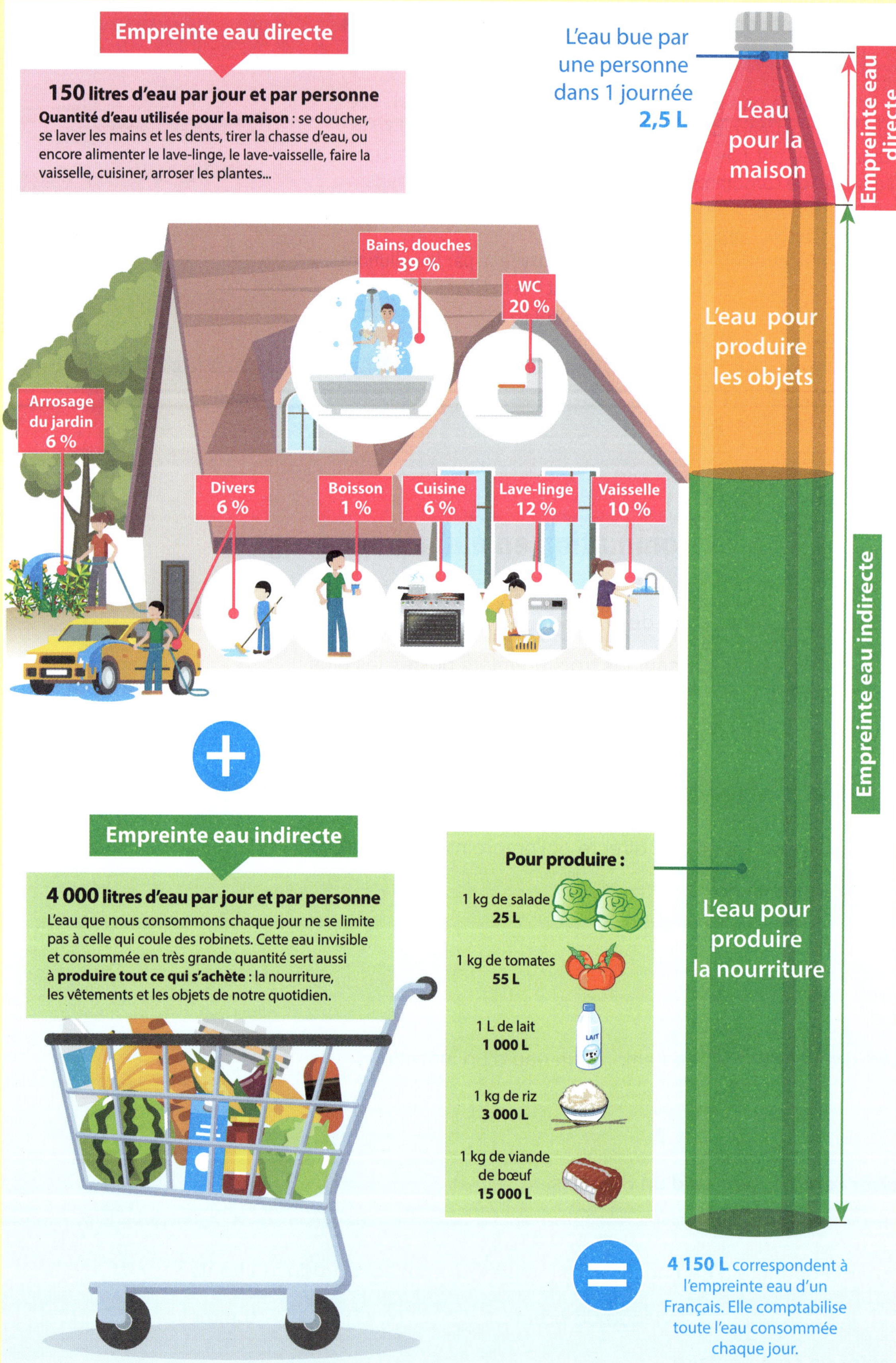

ACTIVITÉ 5 Des mesures pour préserver l'eau

 # vidéo
Les économies d'eau au quotidien.
foucherconnect.fr/20p042

15 À l'aide de vos connaissances et de la vidéo, **proposer** des gestes écocitoyens pour économiser l'eau.

Des sources de consommation	Des gestes écocitoyens pour économiser l'eau
La salle de bains 	
Les toilettes 	
La cuisine 	
Le jardin 	
L'entretien de la voiture 	

16 **Entourer**, dans le **document J**, les mesures collectives mises en place pour réduire la pollution de l'eau.

DOC J Des mesures collectives pour préserver la qualité de l'eau

Les six agences de l'eau françaises sont des établissements publics du ministère chargé du développement durable. Elles ont pour mission de réduire les pollutions de toutes origines et de protéger les ressources en eau et les milieux aquatiques.

1 Recyclage de l'eau dans les industries.

2 Mise en place par les industries d'une technologie moins gourmande en eau.

3 Mise en place de taxes fondées sur le principe « pollueur-payeur ».

4 Entretien et réfection des réseaux de distribution d'eau pour éviter les fuites.

5 Restauration des rivières et des zones humides.

6 Depuis 2017, interdiction d'utiliser des désherbants chimiques (glyphosate) sur la voie publique, dans les parcs et forêts.

7 Protection des captages d'eau potable.

8 Mises aux normes des stations d'épuration.

9 Réduction des pollutions agricoles.

PROPOSER DES SOLUTIONS

17 **Proposer** trois gestes écocitoyens pour économiser l'eau.

Pour la maison	Pour les extérieurs
....	....
....	....
....	....
....	....
....	....

module B4

L'eau et le développement durable

mémo

La diversité des ressources en eau

- Sur la planète, l'eau correspond à 97,5 % d'**eau salée** et 2,5 % d'**eau douce**.
- L'eau est **inégalement répartie** : 10 pays détiennent 60 % des ressources naturelles renouvelables d'eau douce dans le monde (Canada, Brésil), alors que d'autres (Pakistan, Tunisie...) vivent en état de stress hydrique ou de pénurie.
- En France, à ce jour, il n'y a pas de risque de **pénurie**.

Le traitement de l'eau pour sa consommation

- L'eau naturelle de surface ou souterraine n'est pas directement consommable. Elle est captée, puis acheminée vers une **usine de potabilisation** où elle subit des traitements pour éliminer les déchets et les micro-organismes.
- Une **eau potable** est donc une eau que l'homme peut boire sans risque de tomber malade à plus ou moins long terme. Les **critères de potabilité** doivent être conformes aux normes microbiologiques, organoleptiques (couleur, saveur, odeur), physico-chimiques.

Le traitement des eaux usées

- Les **eaux usées** sont des eaux altérées par l'activité humaine. Il peut également s'agir d'eaux usées industriellement ou d'eaux pluviales et de ruissellement.
- Elles sont évacuées par les **égouts** et acheminées vers une **station d'épuration**. Elles y subissent des traitements de **dépollution** afin de limiter le phénomène d'eutrophisation (prolifération d'algues) et protéger ainsi la **faune** et la **flore**.

La consommation en eau d'un ménage

- Le poste de consommation de l'eau utilisé par les ménages est essentiellement destiné à l'**hygiène** (bains, douches) et aux **sanitaires**.
- L'**empreinte eau** d'un consommateur est la somme de ses empreintes eau directe et indirecte. L'empreinte eau directe est la quantité d'eau consommée pour se laver, nettoyer, cuisiner, boire... alors que l'empreinte eau indirecte représente la quantité d'eau nécessaire à la production de biens ou de produits tels que la nourriture, les vêtements, les produits électroniques...

Des mesures pour préserver l'eau

- Les **mesures individuelles** consistent pour le citoyen à préférer les douches aux bains, opter pour des appareils économes, utiliser des régulateurs de débit et des chasses d'eau à double flux, acheter des produits ayant une empreinte eau très faible...
- Les **mesures collectives** mises en place visent à :
  - mettre aux normes les stations d'épuration ;
  - améliorer le réseau d'assainissement et de distribution ;
  - réduire les pollutions industrielles et agricoles ;
  - protéger les captages d'eau potable...

Mots-clés

Pénurie d'eau : moins de 1 000 m^3 par personne et par an.

Stress hydrique : moins de 1 700 m^3 par personne et par an.

le mémo audio
foucherconnect.fr/20p043

LE QCM INTERACTIF
foucherconnect.fr/20p044

mémo

En schéma

module B4

L'eau et le développement durable

L'eau et le développement durable

Répartition inégale de l'eau dans le monde

- Pays en situation de **stress hydrique** ou **pénurie**
  - Maghreb, Moyen-Orient…
- Pays fortement pourvus en eau
  - Canada, Brésil…

Empreinte eau d'un individu : quantité d'eau consommée par jour

- **Empreinte eau indirecte** : quantité d'eau nécessaire à la production de la nourriture et des biens de consommation
- **Empreinte eau directe** : quantité d'eau utilisée pour les besoins domestiques (ex. : boire, se laver…)

Cycle urbain de l'eau

- Pompage des eaux
  - Fleuves, nappes souterraines…
- Traitement des eaux
  - Critères de potabilisation conformes aux normes (microbiologiques, organoleptiques, chimiques)
- Stockage (château d'eau)
- Distribution
- Station d'épuration
  - Dépollution des eaux usées avant de les rejeter dans le milieu naturel

Préservation de l'eau

- Mesures individuelles
  - Préférer la douche au bain
  - Mettre en place des réducteurs de débit sur les robinets
  - Installer des doubles chasses d'eau sur les toilettes…
  - Acheter des produits ayant une empreinte eau très faible
- Mesures collectives
  - Recyclage de l'eau dans les industries
  - Protection des captages d'eau potable
  - Taxes fondées sur le principe « pollueur-payeur »
  - …

Évaluer ses compétences

Maintien de la surveillance des eaux souterraines dans le département du Rhône

Les mesures de restrictions des usages de l'eau, mises en place par l'arrêté préfectoral du 26 juillet 2019, sont levées au 31 octobre 2019, après un printemps et un été particulièrement chauds et secs. Si les pluies du mois d'octobre ont permis aux cours d'eau de retrouver une situation quasi-normale et un début de réalimentation des nappes d'eaux souterraines, cette réalimentation est encore insuffisante pour permettre aux nappes d'eaux souterraines de retrouver leur niveau normal. Leur situation reste préoccupante, du fait de quatre années de baisse continue sans recharge hivernale conséquente. Le préfet du Rhône assurera un suivi régulier des niveaux des nappes d'eaux souterraines pendant la saison hivernale. Il appelle l'ensemble des collectivités territoriales, les entreprises mais également chaque citoyen à maintenir des pratiques économes d'utilisation de la ressource en eau.

Source : Journal d'annonces légales et d'informations locales pour le département du Rhône, lessor69.fr, 14/11/2019.

C2 **1** **Formuler** le problème posé dans la situation. ... / 1

....

C2 **2** **Identifier** les éléments de la situation en renseignant le tableau. ... / 3

Quoi ? Quelle est l'origine du problème ?	....
Qui ? Qui est concerné par le problème ?	....
Où ? Où se situe le problème ?	....
Quand ? À quel moment se pose le problème ?	....
Pourquoi ? Pourquoi est-ce important de régler le problème ?	....

C3 **3** À partir du **document A**,

3.1 **Indiquer** la provenance de l'eau rendue potable. ... / 1

....

3.2 **Nommer** : ... / 5

- les étapes du traitement de l'eau permettant de tuer les micro-organismes :

....

- le paramètre visé par ces étapes : ....
- deux autres paramètres visés par le traitement de l'eau :

....

....

Évaluer ses compétences

DOC A Le schéma d'une station de potabilisation

L'eau du robinet doit répondre à des normes strictes de qualité définies par le Code de santé publique (qualités microbiologiques, physico-chimiques, organoleptiques...).

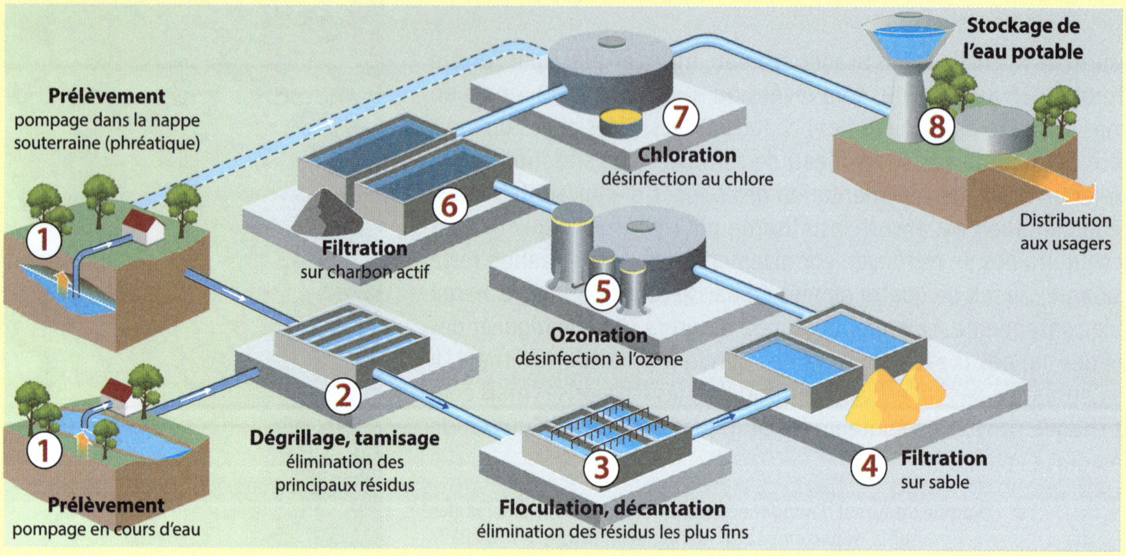

C3 **4** **Préciser** l'origine des eaux usées et **indiquer** l'intérêt de les dépolluer avant leur rejet dans le milieu naturel. ... / 3

....

....

....

C3 **5** À partir du **document B**,

5.1 **Définir** l'empreinte eau d'un individu. ... / 1

....

....

....

5.2 **Indiquer** la quantité d'eau utilisée chaque jour par personne, puis **justifier** le chiffre. ... / 2

....

....

....

....

....

DOC B L'empreinte eau

Connaissez-vous l'empreinte hydrique moyenne ? 4 150 litres d'eau par jour et par personne. 150 litres pour notre douche ou la cuisine (eau domestique) et tout le reste dans le chariot du supermarché : notre alimentation. Mais aussi tout ce que nous utilisons, de notre ordinateur à notre lampe, du jean que nous enfilons, à la voiture que nous conduisons.

Source : Valeurs mutualistes, n° 316, 2e trimestre 2019.

C4 **6** **Citer** quatre mesures pour économiser l'eau pour ce poste (WC) dans l'habitation. ... / 4

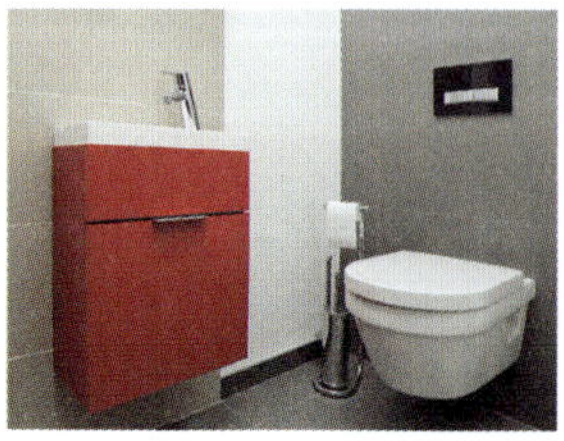

....

....

....

....

....

Objectif
Identifier les missions des acteurs de prévention internes et externes en milieu professionnel.

module C3 Les acteurs de prévention

Élève de baccalauréat professionnel, vous devez réaliser une Période de formation en milieu professionnel (PFMP).
À votre retour de PFMP, vous présenterez les acteurs de prévention que vous avez rencontrés, leurs rôles respectifs dans l'entreprise et des exemples d'actions mises en œuvre.

ANALYSER LA SITUATION

1 **Formuler** le problème posé dans la situation (PFMP).

....

....

2 **Identifier** les éléments de la situation (PFMP) en renseignant les rubriques suivantes.

Nom de l'entreprise	....
Secteur d'activité	....
Nombre de salariés	....
Poste de travail occupé durant la PFMP	....

Autre situation TEXTE

foucherconnect.fr/20p045

MOBILISER LES CONNAISSANCES

ACTIVITÉ 1 Les acteurs de prévention internes à l'entreprise

3 À partir du **document A**,

3.1 Indiquer les employeurs qui sont tenus de désigner un salarié compétent pour la Protection et la prévention des risques professionnels (PPRP).

....

3.2 Préciser à qui peut faire appel un employeur qui ne dispose pas au sein de son entreprise de salariés compétents pour la Protection et la prévention des risques professionnels (PPRP).

....

....

....

3.3 Indiquer le rôle du salarié compétent pour la Protection et la prévention des risques professionnels (PPRP).

....

DOC A Le salarié compétent pour la Protection et la prévention des risques professionnels (PPRP)

Depuis 2012, le Code du travail (article L. 4644-1) impose à tous les employeurs de désigner un ou plusieurs **salarié(s) compétent(s)**. Le salarié désigné compétent est chargé de faire vivre la démarche de prévention et assiste l'employeur dans la mise en place de la politique de santé et sécurité au travail. Sa désignation n'exonère cependant pas le chef d'entreprise de sa responsabilité d'assurer la sécurité et de protéger la santé des travailleurs.

En cas d'absence de ressource interne, l'employeur doit faire appel à des **Intervenants en prévention des risques professionnels (IPRP)** extérieurs, appartenant à son service de santé au travail interentreprises ou enregistrés auprès de la Direction régionale des entreprises de la concurrence, de la consommation, du travail et de l'emploi (DIRECCTE) ou à l'Organisme professionnel de prévention du bâtiment et des travaux publics (OPPBTP) ou à l'Agence nationale pour l'amélioration des conditions de travail (ANACT) ou encore à la Caisse d'assurance retraite et de la santé au travail (Carsat).

4 À partir du **document B**,

4.1 Nommer l'instance unique de représentation du personnel dans l'entreprise.

....

4.2 Indiquer :

- dans quelle entreprise cette instance est obligatoire :

....

- la composition de cette instance :

....

4.3 Cocher les missions de cette instance.

❑ Réaliser des enquêtes suite à un accident du travail ou une maladie professionnelle.
❑ Demander à l'employeur une augmentation pour un salarié.
❑ Organiser les visites médicales des salariés de l'entreprise.
❑ Contribuer à promouvoir la santé et la sécurité dans l'entreprise.
❑ Saisir l'inspection du travail pour vérifier le respect des dispositifs de sécurité d'un atelier.
❑ Donner son avis sur le projet de règlement intérieur d'une entreprise.

DOC B Le Comité social et économique (CSE)

• Obligatoire dans les entreprises d'au moins 11 salariés, le Comité social et économique constitue l'**unique instance de représentation du personnel** dans l'entreprise.

• Il est composé :
- de l'**employeur** ;
- d'une **délégation du personnel** élue pour un mandat de 4 ans, dont le nombre varie selon la taille de l'entreprise.

• **Les attributions du CSE** :

Dans les entreprises de 11 à 49 salariés :

• **Présenter à l'employeur les réclamations** individuelles et collectives relatives aux salaires, à l'application du Code du travail et des autres dispositions légales.

• **Promouvoir la santé, la sécurité et l'amélioration des conditions de travail** dans l'entreprise (réalisation des enquêtes en matière d'accident du travail ou de maladie professionnelle, contrôle des règles relatives à la prévention des risques professionnels, aux règles de sécurité, à la lutte contre le harcèlement ou les discriminations).

• **Donner son avis** sur le projet de règlement intérieur.

• **Exercer le droit d'alerte** en situation de danger grave et imminent.

• **Saisir l'inspection du travail.**

Dans les entreprises de 50 salariés et plus, s'ajoutent ces missions :

• **Assurer l'expression collective des salariés** permettant la prise en compte de leurs intérêts dans les décisions relatives à la gestion et à l'évolution économique et financière de l'entreprise, à l'organisation du travail, à la formation professionnelle et aux techniques de production.

• **Analyser les risques professionnels** auxquels peuvent être exposés les travailleurs.

• **Procéder**, à intervalles réguliers, **à des inspections** en matière de santé, sécurité et des conditions de travail.

5 À partir du **document C**, **indiquer** l'objectif principal des services de santé au travail.

DOC C Le service de santé au travail

- Le service de santé au travail est soit **propre à l'entreprise** (service autonome), soit **organisé en commun avec d'autres entreprises** (service interentreprises).
- Les missions des services de santé au travail sont exclusivement **préventives** et ont pour **objectif** principal d'éviter toute altération de la santé des travailleurs du fait de leur travail.

Elles sont assurées par une **équipe pluridisciplinaire** de santé animée et coordonnée par les médecins du travail : infirmier(e) en santé au travail, intervenant en prévention des risques professionnels, assistant de service de santé au travail...

→ **Exemple de suivi coordonné :**

Catherine, opératrice de production de 44 ans, vient en visite d'information et de prévention comme tous les trois ans. L'infirmier qui la reçoit estime qu'elle doit être vue par le médecin du travail en raison de ses tendinites. Le médecin du travail sollicite l'expertise d'un ergonome afin qu'il étudie le poste de travail de Catherine. Il suggère des aménagements du plan de travail et l'utilisation d'outils plus adaptés.
En conclusion, Catherine a fait l'expérience d'un travail d'équipe de santé coordonné qui lui permet d'être maintenue à son poste.

Source : *Alsace santé au travail*, www.ast67.org

6 À partir de la **vidéo**, **indiquer**, sous chaque illustration, la mission du service de santé au travail.

 # vidéo
SSTI : quelles missions ?
foucherconnect.fr/20p046

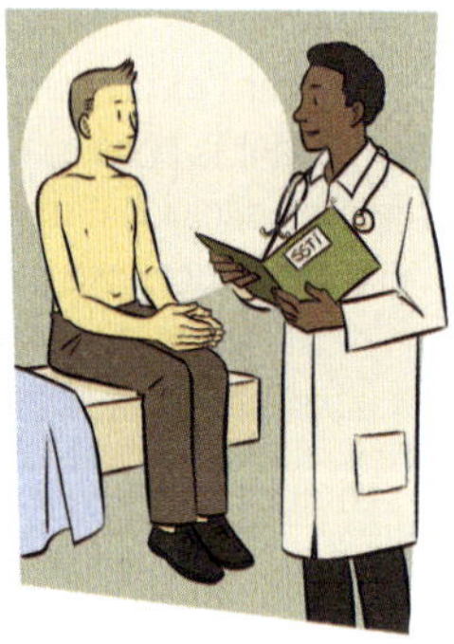

7 À partir du **document D** et/ou de la **vidéo**, **préciser** les deux missions du SST en entreprise.

....

....

....

....

DOC D Le Sauveteur secouriste du travail

Le **Sauveteur secouriste du travail (SST)** est un salarié de l'entreprise. Son rôle est de porter les premiers secours à toute victime d'un accident du travail ou d'un malaise, mais aussi d'être acteur de la prévention dans son entreprise. Pour cela, il doit être régulièrement formé.
L'article R. 4224-15 du Code du travail précise qu'un membre du personnel reçoit la formation de secouriste nécessaire pour donner les premiers secours en cas d'urgence dans :
- chaque atelier où sont accomplis des travaux dangereux ;
- chaque chantier employant vingt travailleurs au moins pendant plus de quinze jours, où sont réalisés des travaux dangereux.

 # vidéo
Sauveteur secouriste au travail.
Parole de professionnel.
foucherconnect.fr/20p047

ACTIVITÉ 2 Les acteurs de prévention externes à l'entreprise

8 À partir du **document E** et/ou de la **vidéo**, **cocher** les activités relevant de l'inspection du travail.

- ❑ Constater les infractions commises en matière de discrimination au travail.
- ❑ Enquêter suite à un accident grave.
- ❑ Valider le contenu du règlement intérieur.
- ❑ Intervenir dans un conflit opposant un employeur et un salarié.
- ❑ Assurer une médiation en cas de conflit individuel ou collectif au travail.
- ❑ Verbaliser en cas de non-respect de la législation.
- ❑ S'assurer de l'aptitude médicale des salariés.
- ❑ Pénétrer librement dans les entreprises soumises à son contrôle.
- ❑ Contrôler l'application du droit du travail.
- ❑ Proposer des changements de poste en cas de problème de santé.
- ❑ Veiller à l'application des dispositions du Code du travail.

 # vidéo
Le rôle de l'inspecteur du travail.
foucherconnect.fr/20p048

DOC E L'inspection du travail

L'inspection du travail, *via* ses agents (inspecteurs ou contrôleurs du travail), **contrôle l'application du droit du travail**.
Elle conseille et informe les employeurs, les salariés sur leurs droits et leurs obligations, facilite la conciliation amiable entre les parties, notamment lors des conflits collectifs. Elle constate également les infractions en matière de discrimination, les délits de harcèlement ou moral. Elle possède un pouvoir de décision car l'employeur doit, dans certaines situations, obtenir son autorisation avant d'agir (ex. : règlement intérieur).
Elle peut enquêter sur un accident grave, pénétrer dans l'entreprise et la visiter, sans avertissement préalable. Les constats d'inspection peuvent donner lieu à des observations rappelant les règles en vigueur, des mises en demeure de se conformer à la réglementation ou des procès-verbaux pour les infractions pénales.
Dans les situations prévues par la loi, l'inspection du travail peut prendre l'initiative d'arrêter une activité pour retirer un salarié ou des salariés d'une situation l'(ou les)exposant à un risque grave et imminent, pour que l'employeur prenne les dispositions nécessaires afin d'être conforme à la réglementation en vigueur.

9 **Souligner** dans le **document F** :
- en vert, les actions que peut conduire la Carsat dans les entreprises en matière de prévention des risques professionnels ;
- en bleu, les personnes chargées d'accompagner les entreprises dans le domaine de la prévention.

DOC F La Caisse d'assurance retraite et de la santé au travail (Carsat)

La Caisse d'assurance retraite et de la santé au travail (Carsat), par ses actions de conseil et de contrôle en entreprise, joue pleinement son rôle d'assureur des risques professionnels.
À travers cette mission, il s'agit de réduire le nombre et la gravité des accidents du travail et des maladies professionnelles, et de participer à l'amélioration des conditions de travail dans les entreprises.
Cela passe par des interventions directes sur les lieux de travail, des actions collectives auprès des branches professionnelles, la conception de dispositifs d'évaluation et de prévention, une offre de formation, mais également par la diffusion de bonnes pratiques. Elle propose également des aides financières pour soutenir le développement de la prévention dans les entreprises.
L'accompagnement des entreprises sur le thème de la prévention est assuré par des ingénieurs-conseils, des contrôleurs de sécurité. Pour ce faire, les ingénieurs et contrôleurs de la Carsat ont un droit d'entrée, de visite et d'enquête dans les établissements et sur les chantiers.

PROPOSER DES SOLUTIONS

10 À partir des informations recueillies lors de votre PFMP, **renseigner** le tableau.

	Noms	Rôles et exemples d'actions mises en œuvre
Acteurs de prévention internes à l'entreprise		
Acteurs de prévention externes à l'entreprise		

module C3

Les acteurs de prévention

mémo

Les acteurs de prévention internes à l'entreprise

- L'**employeur** met en œuvre la démarche de prévention dans son entreprise.
- Le **salarié compétent pour la Protection et la prévention des risques professionnels (PPRP)** est désigné par l'employeur, quelle que soit la taille de l'entreprise. Si l'employeur ne dispose pas de salarié compétent, il peut faire appel à un **Intervenant en prévention des risques professionnels (IPRP)** du service de santé au travail.
  Son rôle est de :
  - mettre en œuvre la politique de prévention définie par l'employeur ;
  - évaluer les risques professionnels et élaborer le document unique d'évaluation des risques professionnels (DUERP) ;
  - assurer la planification, l'organisation et la promotion des actions de prévention ;
  - tenir à jour les indicateurs santé et sécurité mis en place.
- Le **Sauveteur secouriste du travail (SST)** est formé pour alerter et réaliser les premiers secours en cas d'accident.
- Le **Comité social et économique (CSE)** est **obligatoire** dans les entreprises d'au moins 11 salariés. C'est l'instance unique de représentation du personnel dans l'entreprise. Exerçant des attributions différentes en fonction de l'effectif de l'entreprise, il est constitué de l'employeur et d'une délégation du personnel élue pour un mandat de quatre ans.
  Ses missions, liées à la santé et sécurité au travail, sont de :
  - transmettre les réclamations individuelles et collectives des salariés ;
  - veiller et faire respecter les règles sur la santé, la sécurité et les conditions de travail ;
  - enquêter suite à un accident du travail, une maladie professionnelle ;
  - donner son avis sur le projet de règlement intérieur.
- Le **service de santé au travail** est soit propre à l'entreprise (service autonome), soit organisé en commun avec d'autres entreprises (service interentreprises). Les services de santé au travail ont pour mission exclusive d'éviter toute altération de la santé des travailleurs du fait de leur travail.

Les acteurs de prévention externes à l'entreprise

- L'**inspecteur du travail** a pour missions de :
  - contrôler l'application de la législation du travail ;
  - informer et conseiller les salariés et les employeurs sur leurs droits et leurs obligations au travail ;
  - faciliter la conciliation amiable en cas de conflits collectifs.
- La **Caisse d'assurance retraite et de la santé au travail** (Carsat) contribue à la prévention des risques professionnels et à l'amélioration des conditions de travail par ses actions de conseil et de contrôle.

Mots-clés

Règlement intérieur : document obligatoire dans les entreprises d'au moins 20 salariés. Il est rédigé par l'employeur qui précise un certain nombre d'obligations, notamment en matière d'hygiène, de sécurité et de discipline.

Document unique d'évaluation des risques professionnels (DUERP) : document qui liste les risques professionnels d'une entreprise, ainsi que les mesures préconisées pour diminuer, voire supprimer ces risques.

le mémo audio
foucherconnect.fr/20p049

LE QCM INTERACTIF
foucherconnect.fr/20p050

En schéma

module C3 Les acteurs de prévention

Les acteurs de prévention internes à l'entreprise

L'employeur
- Mettre en œuvre la démarche de prévention dans l'entreprise

Le salarié compétent
- Mettre en œuvre la politique de prévention définie par l'employeur

Le Comité social et économique (CSE)
- Promouvoir la santé, la sécurité et les conditions de travail
- Transmettre les réclamations individuelles et collectives des salariés

Le sauveteur secouriste du travail (SST)
- Porter secours en cas d'accident
- Être acteur de prévention (identification des dangers, prévention)

Le service de santé au travail
- Suivre l'état de santé des salariés
- Conseiller en matière de prévention
- Suivre et contribuer à la traçabilité des expositions professionnelles et à la veille sanitaire

Les acteurs de prévention externes à l'entreprise

La Caisse d'assurance retraite et de santé au travail (Carsat)
- Prévenir les risques professionnels
- Améliorer les conditions de travail des salariés

L'inspection du travail
- Contrôler l'application de la législation du travail
- Informer et conseiller les salariés et employeurs
- Faciliter la conciliation amiable en cas de conflits collectifs
- Décider dans certaines situations (suspension d'activités, retrait de clauses du règlement intérieur…)

Évaluer ses compétences

Léa, titulaire d'un bac pro Métiers du commerce et de la vente, travaille dans un hypermarché employant 135 salariés. À 10 heures, le 4 novembre, elle se rend en salle de pause. Cette salle est située au sous-sol et accessible par un escalier interne en colimaçon. Lorsque Léa descend l'escalier, elle heurte des cartons stockés sur les deux dernières marches, perd l'équilibre et chute. Avant l'arrivée des secours, Léa est prise en charge par le SST. Elle présente une double fracture du tibia qui nécessite un arrêt de travail de 40 jours.

C2 **1** **Formuler** le problème posé dans la situation. ... / 1

....

C2 **2** **Repérer** les éléments de la situation en renseignant le tableau. ... / 3

Quoi ? Que s'est-il passé ?	....
Qui ? Qui est concerné ?	....
Où ? Où cela se passe-t-il ?	....
Quand ? Quand cela s'est-il passé ?	....
Comment ? De quelle manière cela s'est-il passé ?	....
Pourquoi ? Pourquoi est-il important de régler le problème ?	....

C2 **3** **Indiquer** le rôle du SST dans cette situation. ... / 1

....

....

....

C3 **4** **Préciser** les rôles de l'inspection du travail dans le cas de l'accident du travail décrit dans le **document A**. ... / 4

....

....

....

DOC A Enquête suite à un accident à la centrale nucléaire de Paluel

Bien que n'ayant pas fait de victime, la chute du générateur de vapeur, qui a eu lieu le 31 mars 2016 sur le site de Paluel, a donné lieu à une mobilisation immédiate de l'inspection du travail [...]. En effet, cet événement met en cause des équipements de travail et des appareils de levage soumis à la réglementation du Code du travail. L'inspection du travail a demandé la vérification de la conformité de ces appareils à la réglementation par des organismes accrédités, et mené parallèlement une enquête approfondie sur les causes de l'accident. [...] Une suite pénale est possible si les constats effectués par les inspecteurs du travail révèlent des infractions à la réglementation.

Source : Bilans et rapports l'inspection du travail en France 2016, édition 2017 (page 74)

Évaluer ses compétences

C2 **5** À partir du **document B**, … / 4

5.1 Justifier la présence du Comité social et économique (CSE) dans l'entreprise dans laquelle Léa est salariée.

....

....

....

....

....

5.2 Préciser le nombre de titulaires élus et le nombre d'heures dont ils disposent pour exercer leurs missions.

....

....

....

....

....

DOC B Le Comité social et économique (CSE)

Le **CSE** comprend l'employeur et une délégation du personnel. Celle-ci comporte un nombre de membres déterminé par décret compte tenu des effectifs de l'entreprise. Les membres de la délégation disposent d'heures de délégation.

Effectif (nombre de salariés)	Nombre de titulaire(s) élu(s)	Nombre mensuel d'heures de délégation/membre
11 à 24	1	10
25 à 49	2	10
50 à 74	4	18
75 à 99	5	19
100 à 124	6	21
125 à 149	7	21

C2 **6** À partir du **document C**, **expliquer** la raison pour laquelle Léa va bénéficier d'une visite de reprise et **préciser** le rôle du médecin du travail. … / 4

....

....

....

C4 **7** **Préciser** les acteurs qui peuvent intervenir pour faire de la prévention et éviter la survenue d'un nouvel accident dans l'entreprise dans laquelle Léa est salariée. … / 3

....

....

....

....

DOC C La visite de reprise assurée par le médecin du travail

Visite de reprise

À l'**initiative de l'employeur**, cette visite doit obligatoirement avoir lieu dans un délai de **8 jours** à partir du jour de la reprise du travail :

- après un **congé maternité** ;
- après une absence pour cause de **maladie professionnelle** (quelle que soit sa durée) ;
- après une absence d'au moins 30 jours pour cause d'**accident du travail**, pour **maladie** ou pour **accident non professionnel**.

CHAPITRE 7

Objectif
Agir de manière responsable face à une situation d'urgence.

module C4

L'assistance et le secours en milieu professionnel

Stephen, élève de première en bac pro Maintenance des équipements industriels (MEI), effectue sa PFMP dans l'entreprise Mécato. Le mardi 24 mars, vers 10 h 20, l'alarme incendie retentit. Avec le personnel de l'atelier, il évacue les lieux dans le respect des consignes et des procédures figurant sur le plan d'évacuation. Celui-ci a été porté à sa connaissance par le responsable sécurité lors de son accueil dans l'entreprise. En quelques minutes, tous les salariés de l'entreprise ont atteint les différents points de rassemblement et sont ainsi en sécurité. À ce moment-là, le responsable sécurité de l'entreprise les informe qu'il s'agit d'un exercice d'évacuation incendie.

ANALYSER LA SITUATION

1 **Formuler** le problème posé dans la situation.

....

2 **Identifier** les éléments de la situation en répondant aux questions suivantes.

Quoi ?	Quelle est l'origine du problème ?	....
Qui ?	Quelles sont les personnes concernées ?	....
Où ?	Où a lieu le problème ?	....
Quand ?	Quand le problème survient-il ?	....
Comment ?	Dans quelles conditions est géré le problème ?	....
Pourquoi ?	Pourquoi est-il nécessaire de réaliser cet exercice ?	....

Autre situation TEXTE

foucherconnect.fr/20p051

MOBILISER LES CONNAISSANCES

ACTIVITÉ 1 L'organisation des secours et des moyens d'alerte en milieu professionnel ....

3 À partir de la **vidéo**, sur le **document A**, **surligner** :
- en bleu, les obligations de l'employeur concernant l'organisation des secours ;
- en vert, la fréquence des exercices incendie.

 # vidéo
La prévention incendie, comment ça marche ?
foucherconnect.fr/20p052

4 À partir du **document A**, **indiquer** :
- l'objectif d'un plan d'évacuation :

....

....

- la procédure à suivre en cas d'incendie :

....

....

....

DOC A Le plan d'évacuation et la signalisation

• Le Code du travail fait obligation à l'employeur d'organiser dans son entreprise les **soins d'urgence à donner aux salariés accidentés et aux malades**.

• L'**organisation des secours** dans l'entreprise passe par la mise en place d'un plan d'évacuation, affiché dans les voies de circulation, d'un dispositif d'alerte efficace avec la rédaction de la procédure à suivre en cas d'incendie, de la présence de sauveteurs secouristes du travail et de la mise à disposition d'un matériel de premiers secours.

• Le Code du travail prévoit des **essais et visites périodiques du matériel** et des **exercices** au cours desquels les travailleurs apprennent à reconnaître les caractéristiques du signal sonore d'alarme générale, à se servir des moyens de premiers secours et à exécuter les diverses manœuvres nécessaires.

Ces exercices et essais périodiques ont lieu au moins tous les six mois. Leur date et les observations auxquelles ils peuvent avoir donné lieu sont consignées sur un registre tenu à la disposition de l'inspection du travail (article R. 4227-39).

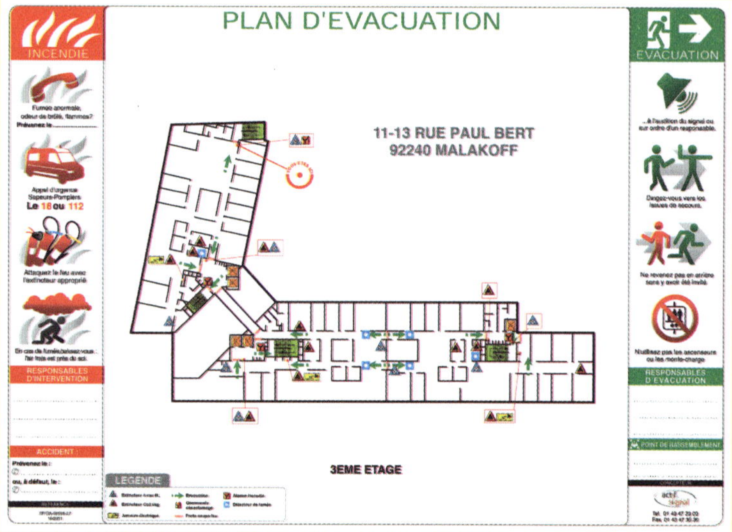

• Le **plan d'évacuation** doit être bien visible et placé à une hauteur de 1,5 m. On le trouve à des endroits stratégiques correspondant au chemin d'évacuation :
- à l'entrée principale des locaux ;
- à proximité des escaliers et des ascenseurs ;
- dans les lieux de rassemblement empruntés par les occupants, tels que les salles de réunion et la cafétéria...

On peut identifier sur ce plan d'évacuation :
- des **panneaux de sauvetage et de secours :** carrés ou rectangulaires et pictogrammes blancs sur fond vert.
→ Exemples :

Sortie de secours

Premiers secours

- des **panneaux concernant le matériel ou l'équipement de lutte contre l'incendie :** carrés ou rectangulaires et pictogrammes blancs sur fond rouge.
→ Exemples :

Numéro de secours à appeler en cas d'incendie

Robinet d'incendie armé

Source : d'après le site de l'INRS.

5 Sur le plan d'évacuation,

5.1 Entourer les différents points de rassemblement ;

5.2 Tracer l'itinéraire le plus court pour accéder à l'issue de secours la plus proche.

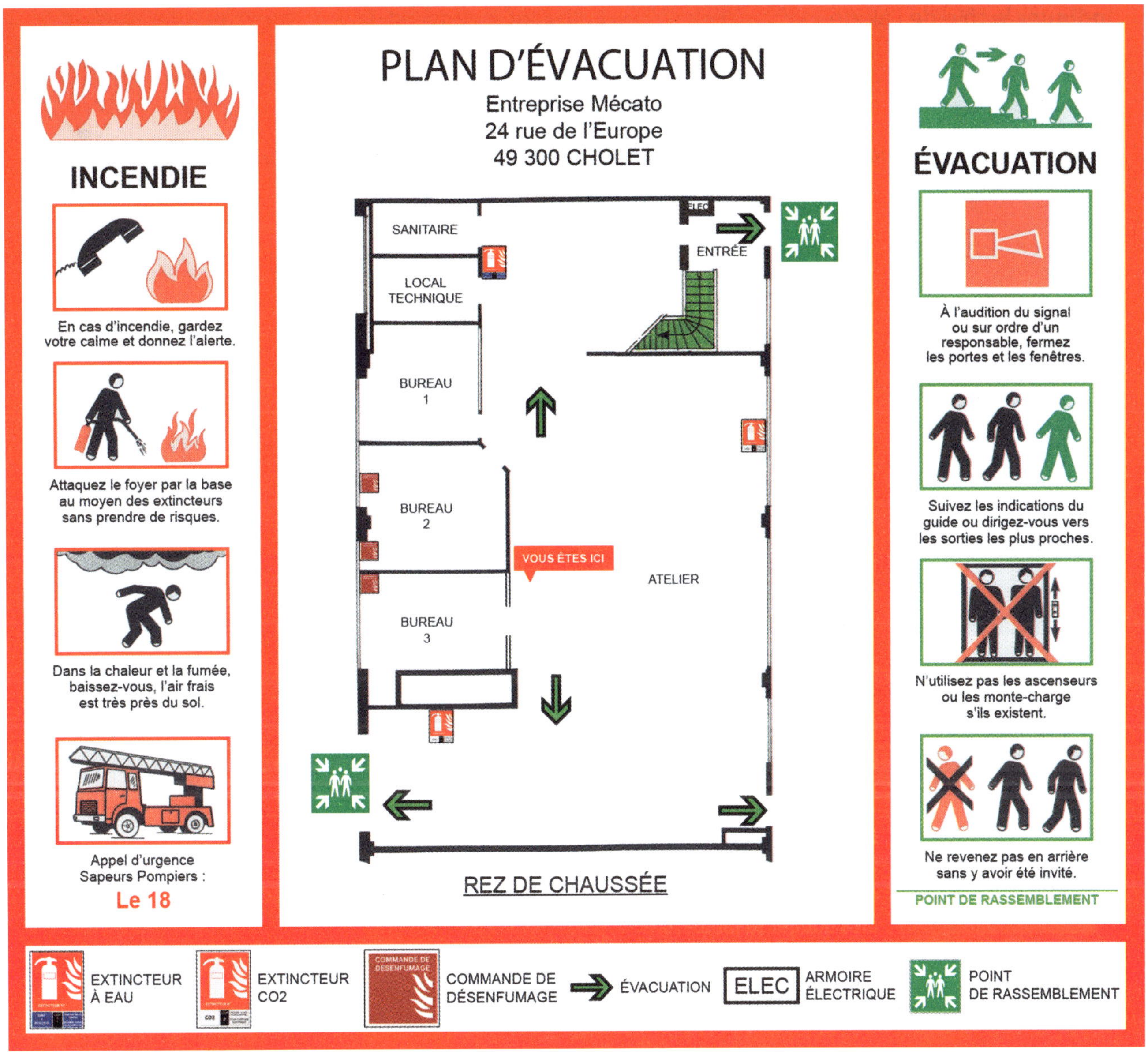

6 À partir du plan d'évacuation, **indiquer** les recommandations à respecter :

- à l'audition de l'alarme :

....

....

....

- lors de l'évacuation :

....

....

....

....

ACTIVITÉ 2 L'alerte ....

 # vidéo
Donner l'alerte – premiers secours.
foucherconnect.fr/20p053

7 À partir de la **vidéo** et des **documents B** et **C**,

7.1 Indiquer le rôle de l'alerte.

....

....

7.2 Préciser, pour chaque situation d'accident décrite, le numéro d'urgence à composer et **justifier** ce choix.

Situations d'accident		Numéros d'urgence	Justifications
	Lors de la manutention de colis, Hugo ressent une douleur vive à la poitrine.	....	....
	Dans l'entreprise Stomac, un incendie s'est déclaré dans le local de stockage des produits chimiques.	....	....
	Matteo, chauffeur routier italien, achemine sa marchandise dans le nord de la France. Il est témoin d'un accident de la circulation. Il ne parle pas français.	....	....
	En quittant le travail, Léa est victime d'une chute sur le parking de son entreprise. Elle ne peut plus bouger sa jambe.	....	....

7.3 Formuler le message d'alerte pour la situation d'accident décrite.

Situation d'accident de M. Maco

M. Maco, 38 ans, salarié de l'entreprise Batitout, est victime d'une chute d'échafaudage sur le chantier d'un bâtiment en construction se situant au 12 rue Lucie Aubrac, à Nantes. Il a chuté d'une hauteur d'un mètre. Il se plaint de vives douleurs au niveau de la jambe droite qu'il ne peut plus bouger.

Numéro d'urgence : ......
Message d'alerte :

....

....

DOC B Qui alerter ?

Suivant le lieu où je me trouve, je fais alerter ou j'alerte :
- les personnes prévues dans l'organisation des secours de l'entreprise ;
- les moyens de secours externes à l'entreprise :

• le **SAMU** (Service d'aide médicale urgente) : en charge de la réponse médicale, des problèmes urgents de santé et du conseil médical ;

15

• les **pompiers** : en charge notamment des secours d'urgence aux personnes, des secours sur accidents, des incendies...

18

• le **numéro d'appel d'urgence européen** : numéro d'appel unique des urgences sur le territoire européen.

112

• le **numéro d'appel d'urgence pour sourds et malentendants** : numéro d'urgence au service des personnes ayant des difficultés à entendre ou parler, même temporairement.

114

 # site internet
Plus d'informations sur le site du 114.
foucherconnect.fr/21p002

DOC C Quel message d'alerte transmettre ?

Le message d'alerte

Gardez votre calme et repondez aux questions.

Qui ? Donnez votre nom et votre numéro de téléphone.

Où ? Localisez le plus précisément possible le lieu de l'événement : adresse, bâtiment, étage, code d'entrée…

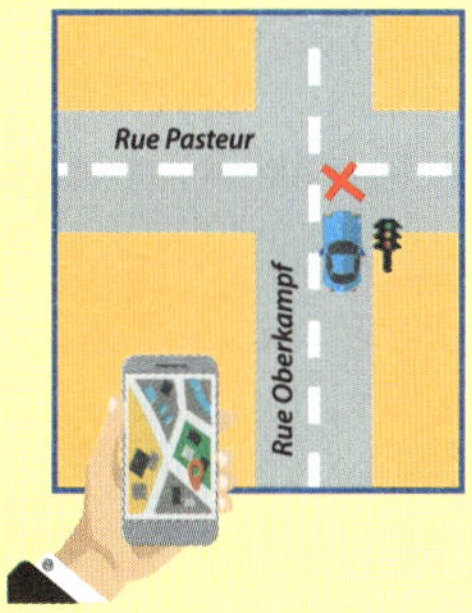

Quoi ? Indiquez la nature du problème : malaise, accident.
Décrivez l'événement.

Comment ? Relevez le nombre de victimes, leur état apparent et les premiers gestes réalisés.

Pour une bonne transmission du message :
- répondez aux questions posées par les services de secours ;
- ne raccrochez jamais le premier.
Envoyez un témoin, si nécessaire, pour guider les secours.

ACTIVITÉ 3 L'obligation de porter assistance à toute personne en danger

8 À partir du **document D**,

8.1 Relever la responsabilité du témoin face à un accident.

....

....

8.2 Renseigner le tableau.

Situations d'accident		Justification des moyens mis en œuvre pour porter assistance
	Un incendie s'est déclaré dans une entreprise. Une personne est restée à l'intérieur. Un mur de feu sépare la victime du témoin.	....
	Un agent des espaces verts est témoin d'un accident : un livreur de pizzas perd le contrôle de son scooter et chute violemment sur le trottoir. Il ne se relève pas.	....

9 Sur le **document D**, **surligner** les peines encourues pour non-assistance à personne en danger.

DOC D La non-assistance à personne en danger

La non-assistance à personne en danger consiste à s'abstenir de porter secours à quelqu'un qui est en détresse. Cette abstention est punie par la loi[1]. L'auteur de la non-assistance à personne en danger peut être poursuivi en justice au pénal et au civil.

Elle est caractérisée lorsque deux éléments sont réunis :

1 La personne en danger est celle qui fait face à un **péril grave et imminent**. Ce péril doit menacer sa vie ou son intégrité physique et doit être connu des personnes susceptibles d'être accusées de non-assistance à personne en danger [...].

2 Une **abstention de porter secours**. La non-assistance est constituée par l'abstention d'aider la victime ou d'alerter les secours, alors qu'on était en mesure de le faire. Il faut que cette aide soit nécessaire pour sauver la victime et qu'elle n'expose pas le sauveteur lui-même à un danger [...].

L'auteur de non-assistance à personne en danger peut faire l'objet de sanctions pénales et civiles. La victime peut porter plainte contre l'auteur de cette infraction et réclamer des dommages et intérêts en cas de préjudice.

La personne coupable de non-assistance à personne en danger peut être condamnée à une peine pouvant aller jusqu'à 5 ans d'emprisonnement et 75 000 € d'amende.

1. Article 223-6 du Code pénal.

Source : www.service-public.fr/particuliers/vosdroits/F34551, © DILA

PROPOSER DES SOLUTIONS

10 Indiquer la procédure à suivre en cas d'incendie survenu sur votre plateau technique.

....

....

....

module C4

L'assistance et le secours en milieu professionnel

L'organisation des secours et des moyens d'alerte en milieu professionnel

- Le Code du travail donne obligation à l'employeur d'organiser dans son entreprise les soins d'urgence à prodiguer aux salariés accidentés et aux malades.
- L'organisation des secours dans l'entreprise passe par :
  - la mise en place d'un **plan d'évacuation** affiché dans les voies de circulation ;
  - un dispositif d'alerte efficace avec la rédaction de la **procédure à tenir** ;
  - la mise à disposition d'un **matériel de premiers secours** adapté et accessible dans l'entreprise ;
  - la présence de **sauveteurs secouristes du travail**.

L'alerte

- L'alerte consiste à **transmettre les informations** nécessaires et suffisantes pour la bonne réalisation des secours.
- Suivant le lieu, la personne alerte :
  - les personnes prévues dans l'organisation des secours de l'entreprise ;
  - les moyens de secours externes à l'entreprise :
    - le **SAMU** (15),
    - les **pompiers** (18),
    - le **numéro d'appel d'urgence européen** (112),
    - le **numéro d'appel d'urgence pour les sourds et malentendants** (114).
- Les **éléments du message d'alerte** à transmettre sont :
  - l'identité de l'appelant ;
  - le numéro d'appel ;
  - le lieu de l'accident (adresse, atelier, étage...) ;
  - la nature de l'accident (explosion, électrisation...) ;
  - le nombre de victimes ;
  - l'état de la ou des victimes ;
  - les actions déjà engagées.

L'obligation de porter assistance à toute personne en danger

- Dans une situation d'accident, le témoin a l'obligation légale de porter assistance en :
  - **prévenant les secours** ;
  - **portant secours** aux victimes dans la limite de ses capacités, et sans risque pour lui et autrui.
- En cas de non-respect de cette obligation, le témoin peut être poursuivi en justice pour **non-assistance à personne en danger** (article 223-6 du Code pénal).

Mots-clés

SAMU : acronyme de « Service d'aide médicale urgente ».

Code pénal : ensemble de textes qui définissent les infractions (violation de la loi pénale) et fixent les sanctions prévues pour ceux qui les commettent.

le mémo audio
foucherconnect.fr/20p054

LE QCM INTERACTIF
foucherconnect.fr/20p055

mémo

En schéma

module C4

L'assistance et le secours en milieu professionnel

L'assistance et le secours en milieu professionnel

- **Responsabilité et cadre législatif**
  - Obligation de porter assistance à toute personne en danger
    - Appeler les secours
    - Porter secours à la victime
- **Organisation des secours**
  - Plan d'évacuation
  - Signalisation
  - Procédure
  - Matériel de secours
  - Formation aux gestes de secours
- **Alerte**
  - Contenu du message
    - Identité de l'appelant et numéro d'appel
    - Lieu de l'accident
    - Nature de l'accident
    - Nombre de victimes
    - État de la ou des victimes
    - Actions déjà engagées
  - Numéros d'appel d'urgence
    - Samu 15
    - Pompiers 18
    - Appel d'urgence européen 112
    - Appel d'urgence au service des sourds et des malentendants 114

Évaluer ses compétences

Sacha Robin, 25 ans, est cuisinier dans l'entreprise de restauration collective Restocol, située au 12 rue des sapins à Niort (05 79 36 47 2X).
Aujourd'hui, jeudi 14 mai vers 10 h, il fait frire du poisson dans une sauteuse.
Tout à coup, l'huile bouillante s'enflamme. Paniqué, Sacha crie « Au secours ! ». Un début d'incendie se déclare dans la cuisine.

C2 **1** **Formuler** le problème posé dans la situation. ... / 1

....

....

C2 **2** **Identifier** les éléments de la situation en renseignant le tableau. ... / 6

Quoi ? Quelle est l'origine du problème ?	....
Qui ? Qui est concerné par le problème ?	....
Où ? Où se situe le problème ?	....
Quand ? À quel moment le problème arrive-t-il ?	....
Pourquoi ? Pourquoi est-ce important de régler le problème ?	....

C2 **3** Sur l'extrait du plan d'évacuation de l'entreprise Restocol (**document A**), **entourer** le lieu de rassemblement suite à l'incendie. ... / 1

C3 **4** À partir du **document A**, **indiquer** l'objectif d'un plan d'évacuation. ... / 2

....

....

Évaluer ses compétences

DOC A Extrait du plan d'évacuation de l'entreprise Restocol

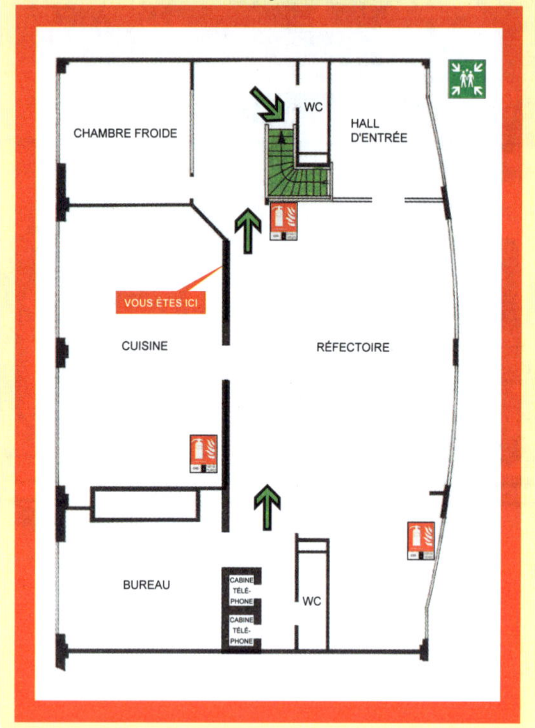

DOC B Extrait du Code pénal

Quiconque pouvant empêcher par son action immédiate, sans risque pour lui ou pour les tiers, soit un crime, soit un délit contre l'intégrité corporelle de la personne et qui s'abstient volontairement de le faire est puni de cinq ans d'emprisonnement et de 75 000 euros d'amende.
Sera puni des mêmes peines quiconque s'abstient volontairement de porter à une personne en péril l'assistance que, sans risque pour lui ou pour les tiers, il pouvait lui prêter soit par son action personnelle, soit en provoquant un secours.

Source : article 223-6 du Code pénal.

C3 **5** À partir du **document B**, **indiquer** si Martin et Paul ont porté assistance à la personne en danger et **justifier** la réponse. … /3

Situations	Assistance à personne en danger	Justifications
Martin travaille dans une entreprise de produits chimiques. Une explosion a lieu dans l'entrepôt où se trouve son collègue. Martin est témoin de l'explosion et appelle les secours.	Oui ❑ Non ❑	…………………………………… …………………………………… ……………………………………
Paul constate qu'une bourrasque de vent a déstabilisé l'échafaudage sur lequel se trouve son collègue. Cependant, il regagne l'abri de chantier pour prendre sa pause.	Oui ❑ Non ❑	…………………………………… …………………………………… ……………………………………

C2 **6** À partir de la situation d'introduction (page 87), **formuler** le message d'alerte. … /4

…………………………………………………………………………………………
…………………………………………………………………………………………
…………………………………………………………………………………………
…………………………………………………………………………………………
…………………………………………………………………………………………

C4 **7** **Indiquer** la procédure à suivre en cas d'incendie. … /3

…………………………………………………………………………………………
…………………………………………………………………………………………
…………………………………………………………………………………………

Objectif
Analyser et évaluer les risques professionnels pour proposer des mesures de prévention adaptées.

module C5 L'analyse des risques professionnels

Les accidents du travail chez les jeunes

En France, la fréquence annuelle des accidents du travail pour l'ensemble des salariés, tous secteurs d'activité confondus, est d'environ 4 %. Chez les jeunes de moins de 25 ans, cette fréquence est de 10 %, soit 2,5 fois plus importante. C'est lors de la période de transition de l'école vers la vie active que cette population est la plus vulnérable car elle est à la fois jeune et nouvelle dans l'emploi. [...] En outre, les accidents rapportés surviennent en moyenne six mois après l'entrée dans l'emploi. Les métiers les plus concernés par la survenue d'accident sont les ouvriers du BTP, les agents de maintenance, les cuisiniers, les bouchers, les charcutiers et les boulangers.

Source : communiqué de presse d'une étude épidémiologique de l'INRS, 8 février 2018.

ANALYSER LA SITUATION

1 **Formuler** le problème posé dans la situation.

....

2 **Identifier** les éléments de la situation en répondant aux questions suivantes.

Quoi ?	Quelle est la cause du problème ?	....
Qui ?	Quelles sont les personnes concernées ?	....
Où ?	Où le problème se pose-t-il ?	....
Quand ?	Quand le problème se pose-t-il ?	....
Pourquoi ?	Pourquoi cela pose-t-il problème ?	....

Autre situation VIDÉO

foucherconnect.fr/20p056

MOBILISER LES CONNAISSANCES

ACTIVITÉ 1 Les composantes d'une activité de travail

3 **Repérer** les composantes de l'activité de travail de Maxence, à partir de l'outil d'analyse des 5M décrit dans le **document A**.

L'activité de travail de Maxence, boucher

Maxence, 35 ans, travaille depuis quatre ans dans une boucherie. Tous les jours, avant de regagner l'espace de vente, il est chargé de désosser et de découper des pièces de viande qui seront ensuite mises en vente au détail. Cette activité occupe environ 70 % de son temps de travail. Pour cela, il dispose d'une scie à os électrique, de couteaux et d'un plan de travail réglable en hauteur.
Durant cette activité, il est amené à se déplacer sur un sol gras et humide pour prendre les pièces de viande à préparer et ensuite les acheminer vers l'espace de vente.

Main-d'œuvre

....

....

....

....

Milieu

....

....

....

....

Méthodes

....

....

....

....

Matériel

....

....

....

....

Matière

....

....

....

....

DOC A Des outils d'analyse

Pour observer et analyser les composantes d'une activité de travail, il existe différents outils.

- **La méthode ITAMaMi :**

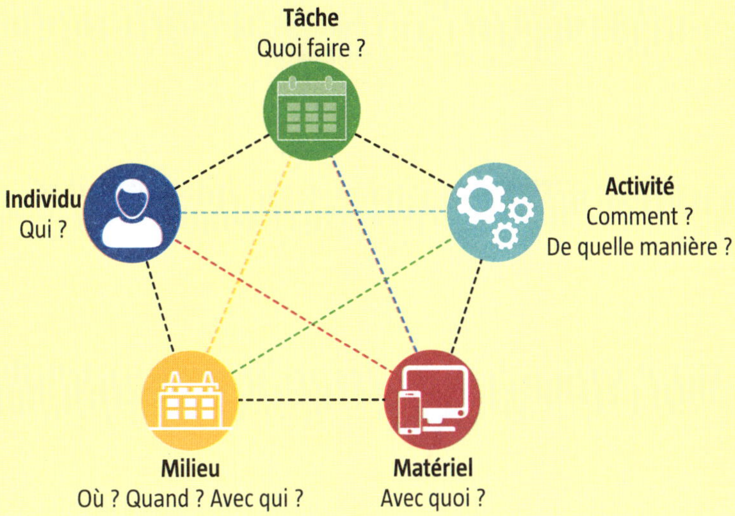

- **La méthode des 5M :**

Main-d'œuvre	Les ressources humaines, les qualifications du personnel.
Milieu	Le lieu de travail, son aspect, son organisation physique...
Méthodes	Les procédures, le flux d'information, les modes opératoires, les protocoles...
Matériel	Les équipements, machines, outillages, logiciels...
Matière	Les matières premières, les différents consommables utilisés...

- **Le QQOQCP :**

QQOQCP

- **Pourquoi ?** Description des causes, des objectifs.
- **Quoi ?** Description de l'activité, de la tâche ou du problème.
- **Comment ?** Description de la manière ou de la méthode.
- **Qui ?** Description des exécutants, acteurs ou personnes concernées.
- **Quand ?** Description de la durée, du moment, de la fréquence.
- **Où ?** Description des lieux, de l'environnement.

ACTIVITÉ 2 Le processus d'apparition d'un dommage dans une activité de travail

4 À partir du **document B**,

4.1 Identifier, dans l'activité de travail de Maxence (page 90), les différents éléments qui peuvent contribuer à l'amputation d'un doigt, puis **renseigner** le schéma du processus d'apparition pour ce dommage.

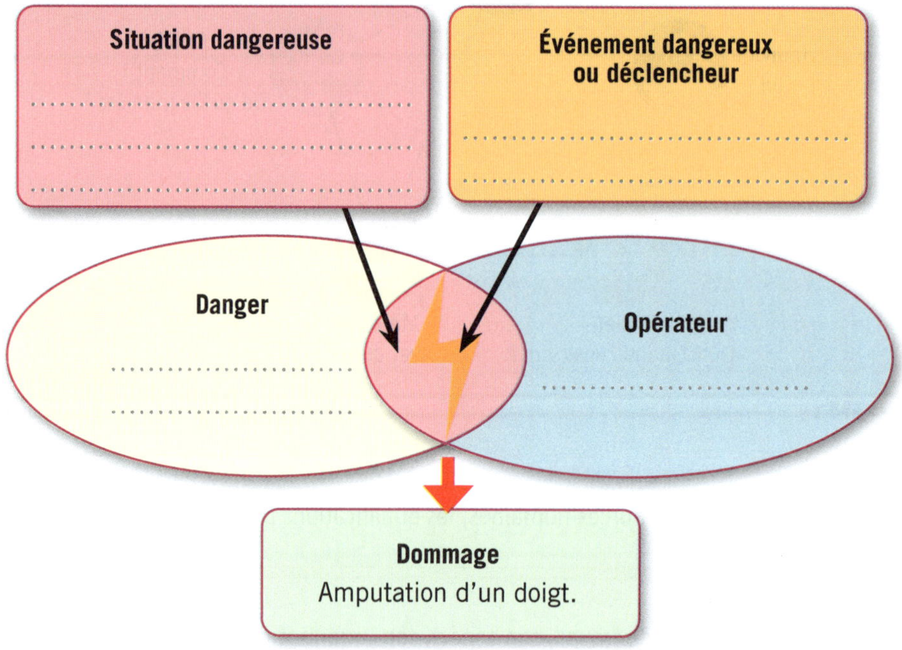

4.2 Identifier, dans l'activité de travail de Maxence (page 90), un danger pouvant occasionner une chute.

Danger : ....

4.3 Proposer une représentation mettant en lien les éléments du processus d'apparition d'un dommage pour le danger identifié précédemment (*cf.* question 4.2).

DOC B Les éléments d'apparition d'un dommage dans une activité de travail

Pour assurer notre sécurité et préserver notre santé, mais aussi celles des personnes qui nous entourent, chacun doit être en capacité de **maîtriser les risques auxquels il est exposé**. Pour cela, il est nécessaire de mettre en œuvre une démarche de maîtrise des risques. La première étape consiste à identifier dans une activité de travail les différents éléments qui la composent.

• Les dangers Causes capables de provoquer une lésion et/ou une atteinte à la santé.	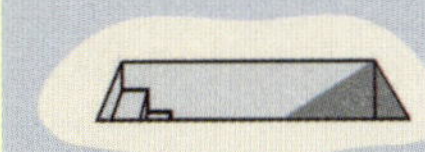 Une fosse.	 Produit chimique corrosif.
• Les situations dangereuses Situations dans lesquelles une personne est exposée à un ou plusieurs dangers.	 L'opérateur se déplace à proximité de la fosse.	 L'opérateur verse du produit chimique corrosif dans un seau.
• Les événements dangereux ou déclencheurs Événements susceptibles de causer un dommage pour la santé.	 L'opérateur perd l'équilibre.	 L'opérateur reçoit des projections de produit chimique corrosif sur les mains.
• Les dommages Lésions et/ou atteintes à la santé.	 Fractures multiples.	 Brûlures.

Les éléments de l'activité de travail (danger, situation dangereuse, événement dangereux ou déclencheur, dommage) sont mis en relation dans un **schéma** qui permet de mieux visualiser le processus d'apparition d'un dommage. Lorsqu'une activité de travail présente plusieurs dangers, il convient de faire un schéma par danger. Ce schéma peut prendre différentes formes.

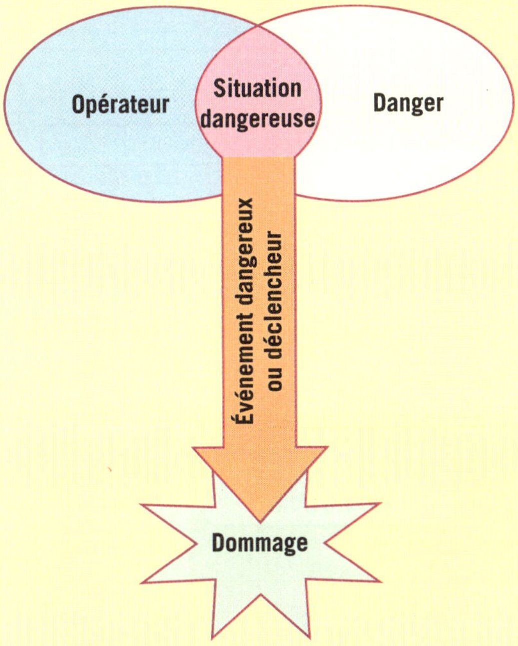

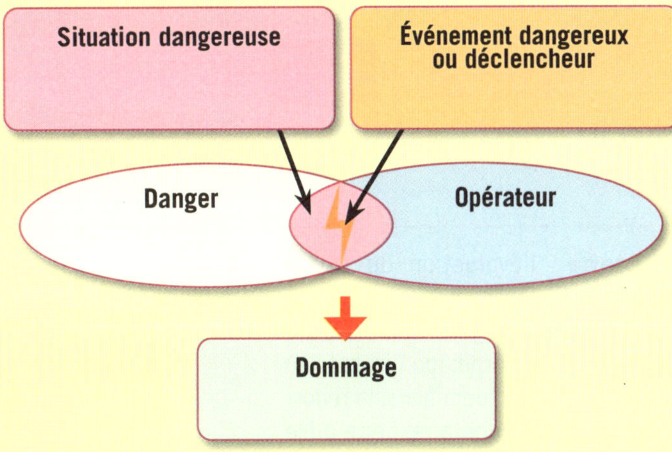

ACTIVITÉ 3 L'évaluation du risque ....

5 À partir du **document C** et des dommages identifiés dans les questions 4.1 et 4.3, **évaluer** ces deux risques en renseignant le tableau.

		L'activité de travail de Maxence, boucher	
		Question 4.1	Question 4.3
Estimation du risque	Niveau de gravité du dommage	....	....
	Niveau de probabilité d'apparition du dommage	....	....
Évaluation du risque		....	....

DOC C L'évaluation des risques

L'évaluation des risques est une **obligation** pour toutes les entreprises. Elle fait partie des neuf principes généraux de prévention. Elle doit être formalisée dans un document appelé **DUERP** (Document unique d'évaluation des risques professionnels). Une activité de travail peut comporter plusieurs dangers : il est donc essentiel de les évaluer afin d'identifier lequel devra être traité en priorité. Elle comporte deux étapes.

• **1re étape** : l'estimation du risque d'atteinte à la santé qui prend en compte la gravité du dommage et sa probabilité d'occurrence (probabilité d'apparition).

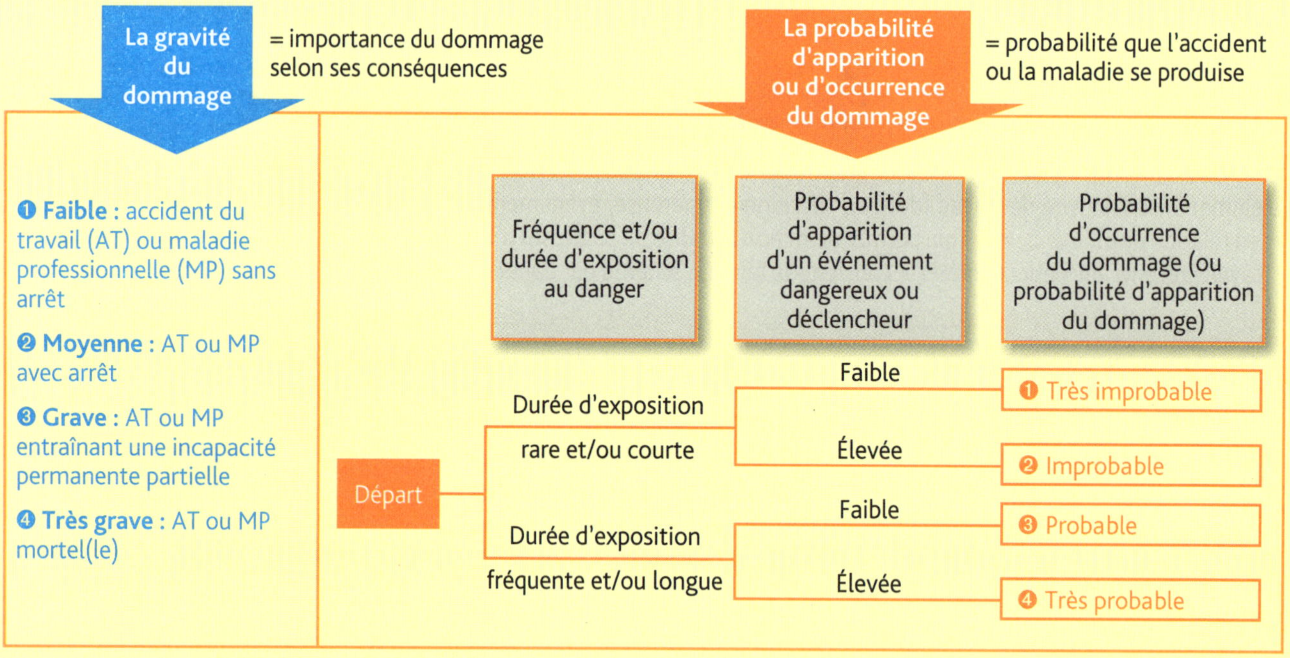

• **2e étape** : l'évaluation du risque d'atteinte à la santé consiste à croiser la gravité du dommage et la probabilité d'apparition d'un dommage (probabilité d'occurrence) afin d'identifier si la réduction du risque est prioritaire. Cette grille est spécifique à l'entreprise.
En voici un exemple.

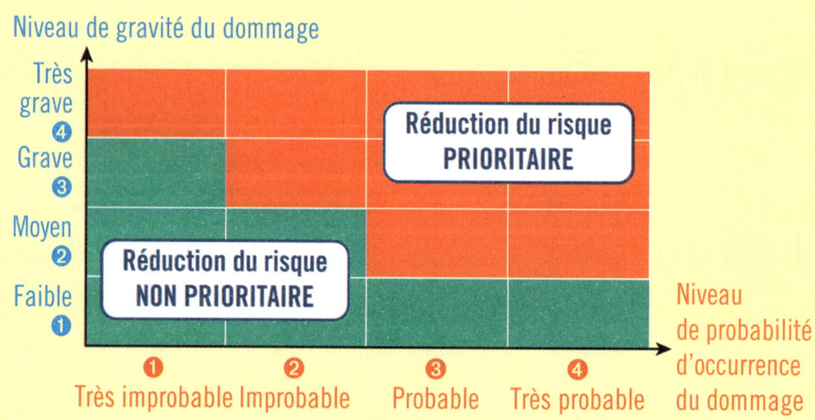

ACTIVITÉ 4 Les mesures de prévention, protection et formation/information

 # vidéo
Les 9 principes généraux de prévention.
foucherconnect.fr/20p057

6 À partir du **document D** et de la **vidéo**, **proposer** des mesures de prévention.

Mesures		L'activité de travail de Maxence, boucher	
		Scie à os électrique (question 4.1)	Sol glissant (question 4.3)
Prévention visant à	supprimer le risque	....	....
	réduire le risque	....	....
Protection	collective	....	....
	individuelle	....	....
Formation et information		....	....

DOC D Les mesures de prévention

Pour mettre en place les mesures de prévention, il est nécessaire de s'appuyer sur les **neuf grands principes généraux** de prévention (L. 4121-2 du Code du travail). Les mesures les plus efficaces devront être privilégiées.

Du plus efficace au moins efficace

Prévention visant à supprimer ou réduire le risque		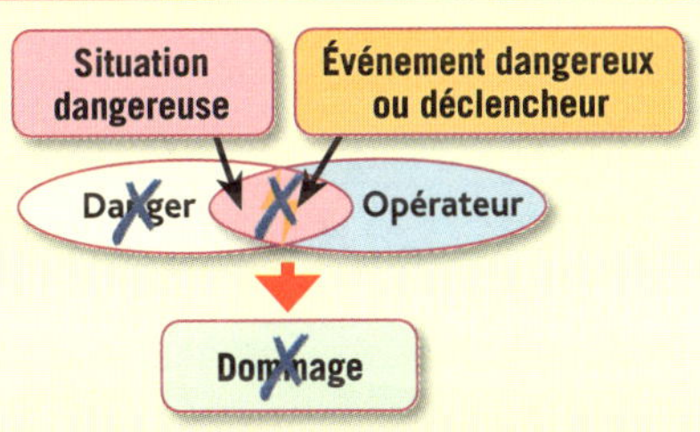	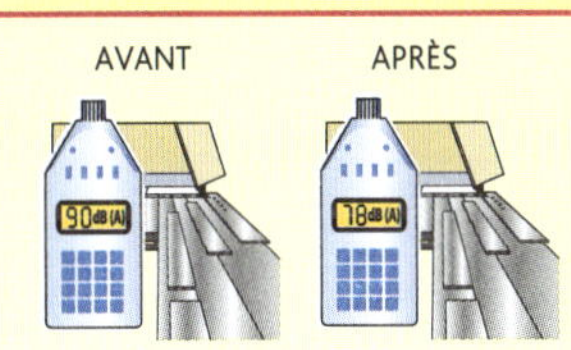 Machine ayant un niveau sonore moins élevé.
Protection	collective	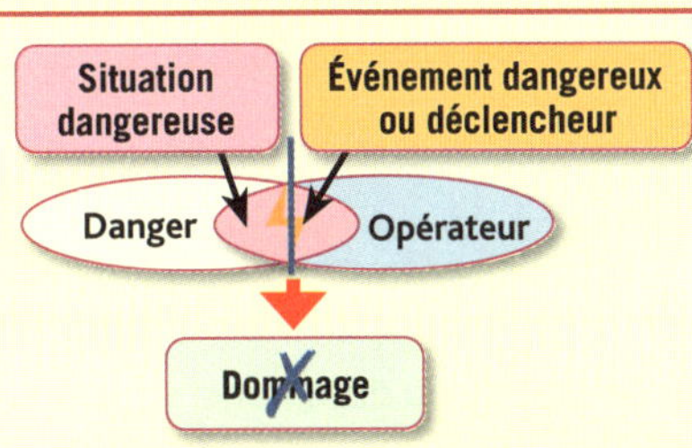	 Écran acoustique
	individuelle	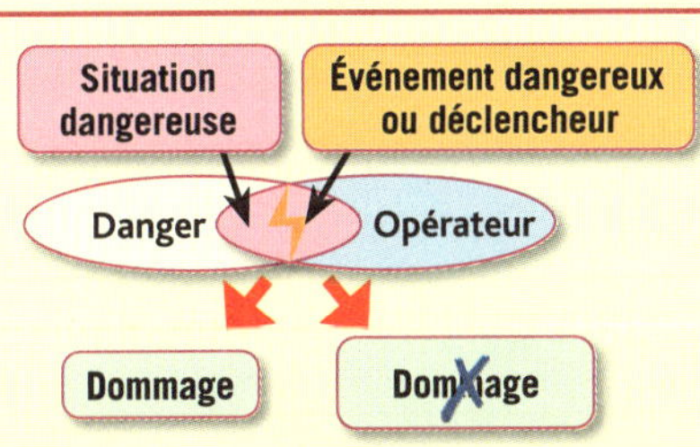	 Casque antibruit
Formation et information		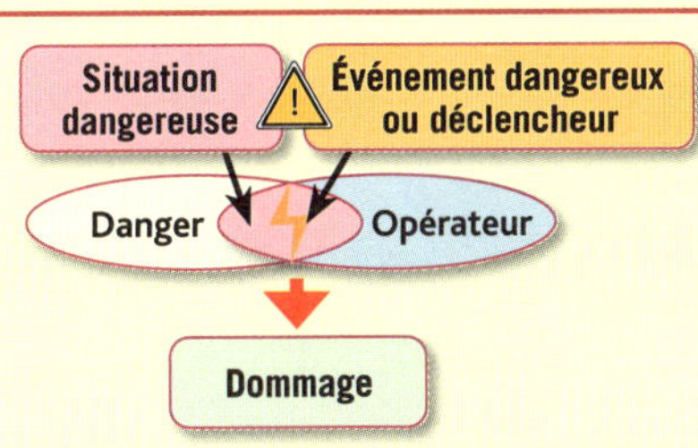	 Panneau informant du port du casque

PROPOSER DES SOLUTIONS

7 À partir de l'analyse d'une activité de travail dans votre secteur professionnel, **renseigner** le document.

Composantes d'une activité de travail	
Main-d'œuvre	....
Milieu	....
Méthodes	....
Matériel	....
Matière	....

Risque identifié : ....

Schéma du processus d'apparition d'un dommage pour le risque identifié

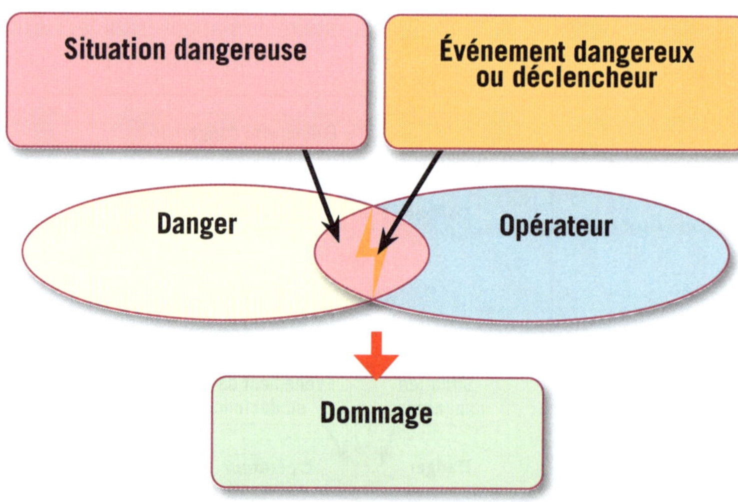

Estimation du risque	Niveau de gravité du dommage	....
	Niveau de probabilité d'apparition du dommage	....
Évaluation du risque	....	

Du plus efficace au moins efficace

Prévention visant à	supprimer le risque	....
	réduire le risque	....
Protection	collective	....
	individuelle	....
Formation et information	....	

module C5

L'analyse des risques professionnels

mémo

Les composantes d'une activité de travail

- Il convient de délimiter l'activité de travail observée et d'utiliser des outils d'analyse pour recueillir ses composantes : **5M** (Main d'œuvre, Milieu, Méthodes, Matériel, Matière) ; **ITAMaMi** (Individu, Tâche, Activité, Matériel, Milieu) ; **QQOQCP** (Quoi ? Qui ? Où ? Quand ? Comment ? Pourquoi ?).

Le processus d'apparition d'un dommage

- Dans l'activité de travail sont identifiés :
  - le **danger** : cause capable de provoquer une lésion et/ou une atteinte à la santé ;
  - la **situation dangereuse** : situation dans laquelle une personne est exposée à un ou plusieurs dangers ;
  - l'**événement dangereux ou déclencheur** : événement susceptible de causer un dommage pour la santé ;
  - le **dommage** : lésion et/ou atteinte à la santé.
- Pour comprendre le processus d'apparition d'un dommage, il est possible d'utiliser un **schéma** pour chaque danger identifié.

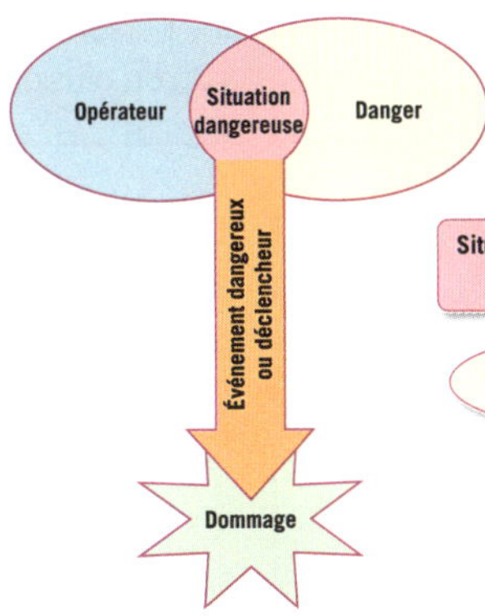

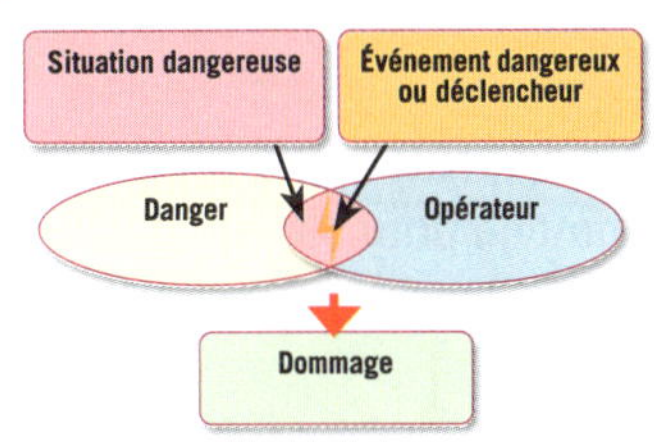

L'évaluation du risque

- Dans un premier temps, il s'agit d'estimer le risque à partir de deux critères :
  - la **gravité du dommage** allant de l'accident sans arrêt au décès de l'opérateur ;
  - la **probabilité d'occurrence d'un dommage** déterminée en fonction de la durée et de la fréquence de l'exposition au danger.
- Dans un deuxième temps, il faut mettre en relation la gravité du dommage et la probabilité d'occurrence du dommage. L'entreprise détermine ensuite la **zone où la réduction du risque est prioritaire**.
- L'évaluation des risques est obligatoire dans toute entreprise et est consignée dans le DUERP (Document unique d'évaluation des risques professionnels).
- Les mesures de prévention s'appuient sur les **neuf grands principes généraux de prévention**. Les mesures les plus efficaces sont privilégiées selon l'ordre suivant :
  - Prévention visant à supprimer le risque.
  - Prévention visant à réduire le risque.
  - Protection collective.
  - Protection individuelle.
  - Formation et information.

Mots-clés

Probabilité d'occurrence d'un dommage : probabilité pour que l'accident se produise ou que la maladie se déclare.

Principes généraux de prévention : base de la mise en place de la prévention des risques professionnels en entreprise.

le mémo audio foucherconnect.fr/20p058

LE QCM INTERACTIF foucherconnect.fr/20p059

mémo

En schéma

module C5

L'analyse des risques professionnels

L'analyse d'un risque professionnel

1. Identifier les composantes de l'activité de travail à partir d'outils

- ITAMaMi
- 5M
- QQOQCP

2. Identifier le ou les dangers auxquels peut être exposé le salarié et proposer une présentation mettant en lien les éléments du processus d'apparition d'un dommage pour chacun d'eux

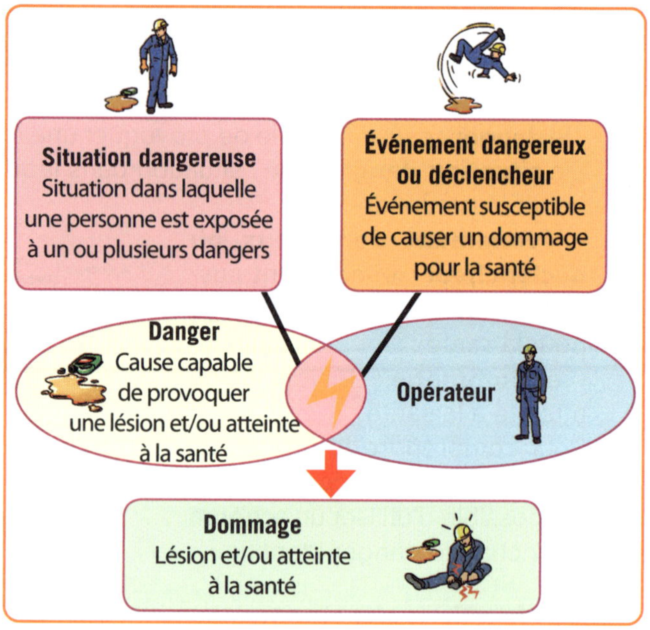

3. Évaluer le risque d'atteinte à la santé

Estimer la **gravité du dommage**
- ❶ Faible
- ❷ Moyenne
- ❸ Grave
- ❹ Très grave

Estimer la **probabilité d'occurrence du dommage**
- ❶ Très improbable
- ❷ Improbable
- ❸ Probable
- ❹ Très probable

Mettre en relation **gravité** et **probabilité** pour déterminer le niveau de prise de risque

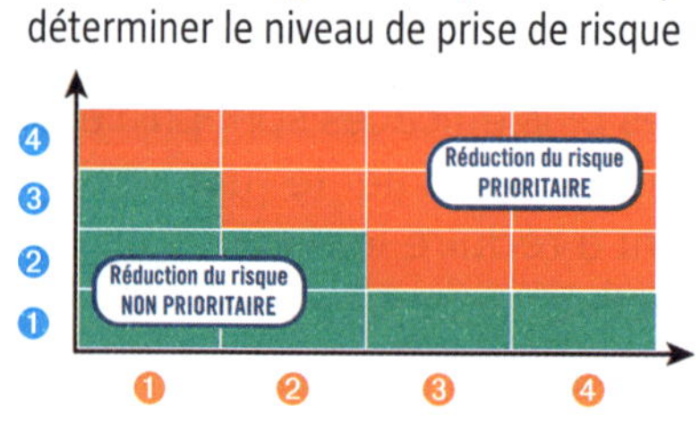

4. Proposer des mesures de prévention

- Prévention visant à supprimer ou réduire le risque
- Protection collective
- Protection individuelle
- Formation et information

Évaluer ses compétences

Alizée, coiffeuse coloriste permanentiste, travaille depuis six ans dans un salon de coiffure.
Dans ce salon, elle est la spécialiste des colorations et des permanentes. Chaque jour, elle réalise des mèches, des dégradés de couleurs, des éclaircissements, des colorations selon les demandes de la clientèle. Pour cela, elle a à sa disposition divers produits pour le traitement des cheveux : des produits de coloration et de décoloration, de permanente, de lissage et des shampooings. Certains d'entre eux nécessitent une préparation en amont de leur application sur les cheveux.

C2 **1** **Repérer** les composantes de l'activité de travail d'Alizée à partir de l'outil d'analyse des 5M. ... / 7

Main-d'œuvre	....
Milieu	....
Méthodes	....
Matériel	....
Matière	....

C2 **2** **Proposer** une représentation schématique du processus d'apparition d'un dommage en lien avec les risques liés aux produits. ... / 5

Évaluer ses compétences

C2 **3** À partir du **document A**, **évaluer** le risque en renseignant le tableau. ... / 3

Estimation du risque	Niveau de gravité du dommage	....
	Niveau de probabilité d'occurrence du dommage	....
Évaluation du risque		....

DOC A Un exemple d'outil pour évaluer les risques professionnels

La **fréquence** d'exposition →
1 = faible : de l'ordre de 1 fois par an
2 = moyenne : de l'ordre de 1 fois par mois
3 = fréquente : de l'ordre de 1 fois par semaine
4 = très fréquente : tous les jours ou en permanence

La **gravité** des accidents ou maladies potentielles →
1 = faible : sans arrêt de travail
2 = moyenne : avec arrêt de travail
3 = grave : avec incapacité permanente partielle
4 = très grave : accident ou maladie mortel(le)

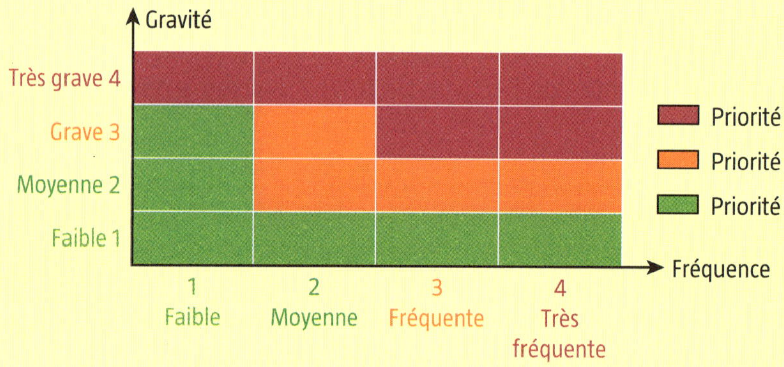

Source : d'après le Guide d'évaluation des risques en EHPAD, édition 2018, Carsat Pays de la Loire.

C4 **4** **Proposer** des mesures de prévention pour le danger identifié. ... / 5

Du plus efficace au moins efficace

Prévention visant à supprimer ou réduire le risque	....
Protection collective	....
Protection individuelle	....
Formation et information	....

Objectif
Prévenir les risques liés aux agents biologiques.

module C6 Les risques liés aux agents biologiques

Malvina, titulaire du bac pro ASSP, s'occupe d'enfants dans une crèche. Mathéo, 3 mois, lui est confié ce matin par son papa. Durant la matinée, il régurgite son biberon. Malvina effectue un change toutes les demi-heures, car Mathéo a des selles liquides. Sans prendre le temps de se laver les mains, elle prend une pause à 10 heures pour manger un gâteau.

ANALYSER LA SITUATION

1 **Repérer** les composantes de l'activité de travail de Malvina à partir de l'outil d'analyse QQOQCP.

Qui ? ....

Quoi ? ....

Où ? ....

Quand ? ....

Comment ? ....

Pourquoi ? ....

2 À partir l'activité de travail de Malvina et de la fiche « L'analyse des risques professionnels »,

2.1 **Proposer** une représentation mettant en lien les éléments du processus d'apparition d'un dommage.

2.2 **Évaluer** le risque en renseignant le tableau.

Estimation du risque	Niveau de gravité du dommage	N° ..
	Niveau de probabilité d'apparition du dommage	N° ..
Évaluation du risque	....	

Autre situation TEXTE

foucherconnect.fr/20p060

ACTIVITÉ 1 Les agents biologiques

3 À partir du **document A**,

3.1 Indiquer une caractéristique des agents biologiques qui justifie la dangerosité de certains d'entre eux pour l'homme.

....

....

3.2 Surligner, pour chaque situation professionnelle, l'agent biologique responsable.

Situations professionnelles

❶ Max effectue la collecte et le ramassage des ordures ménagères, des déchets ou des résidus urbains depuis 10 ans. Il est en arrêt de travail car il a contracté la leptospirose, une maladie due à la bactérie *Leptospira inegorans*.

❷ Louis assure l'entretien des locaux à l'hôpital. Il se pique accidentellement avec une seringue abandonnée sur un plan de travail. Quelques mois plus tard, une prise de sang révèle une infection par le virus de l'hépatite B.

DOC A Les agents biologiques

Les **agents biologiques** sont des êtres vivants, microscopiques, que l'on trouve sur l'homme, dans l'environnement et les milieux de travail.

Ce sont des **micro-organismes** (bactéries, virus, moisissures...) qui regroupent également les micro-organismes génétiquement modifiés, les cultures cellulaires (résultats de la croissance *in vitro* de cellules isolées d'organismes multicellulaires) ou les endoparasites humains (parasites vivant à l'intérieur de leur hôte). La plupart du temps inoffensifs, souvent indispensables à la vie, certains d'entre eux sont **pathogènes** (qui provoquent des maladies chez l'homme) et s'avèrent donc dangereux pour la santé. Les agents biologiques peuvent déclencher chez l'être humain une **infection**, une **allergie**, une **intoxication** ou avoir un caractère **cancérogène**.

4 À partir du **document B**, **cocher**, pour chaque situation professionnelle, s'il s'agit d'une situation d'utilisation délibérée ou d'une situation d'exposition potentielle.

Situations professionnelles

Métiers de la santé	Métiers de laboratoire	Métiers du traitement de l'eau
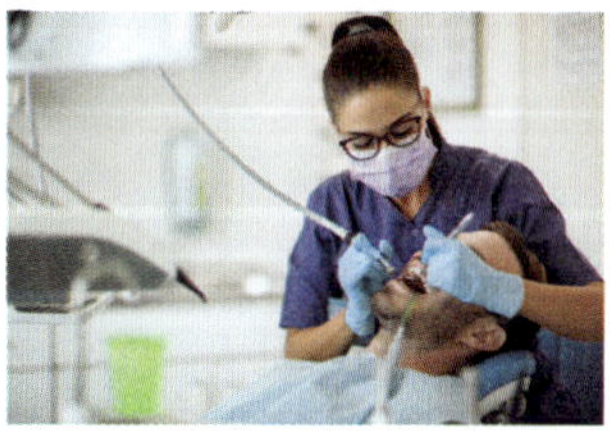	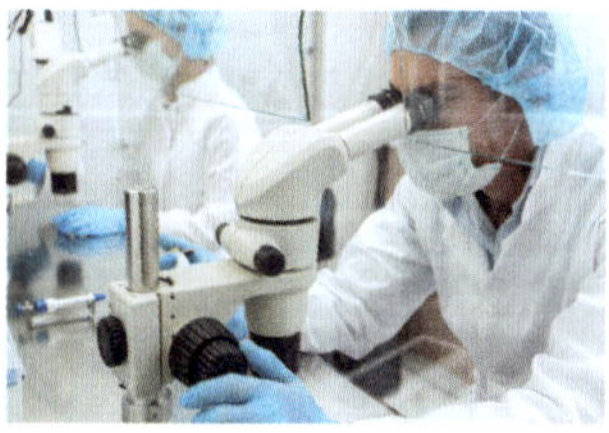	
❑ Situation d'utilisation délibérée. ❑ Situation d'exposition potentielle.	❑ Situation d'utilisation délibérée. ❑ Situation d'exposition potentielle.	❑ Situation d'utilisation délibérée. ❑ Situation d'exposition potentielle.

DOC B L'exposition des salariés à des agents biologiques

Dans de nombreux secteurs d'activité, les salariés peuvent être exposés à des agents biologiques dans deux types de situations.

Situation d'utilisation délibérée	Situation d'exposition potentielle
Les agents biologiques mis en œuvre sont **connus**, ainsi que les quantités utilisées et les étapes du procédé où leur présence est nécessaire. Les situations concernent notamment les laboratoires de recherche et de développement, les industries pharmaceutiques fabriquant des produits au moyen de micro-organismes, les entreprises utilisant des micro-organismes pour assurer le nettoyage industriel (fontaine de dégraissage) ou la dépollution (effluents de cabines de peinture).	Les agents biologiques peuvent être présents soit **du fait de l'activité elle-même** (métiers de la santé...), soit **du fait des caractéristiques environnementales de l'activité** : chaleur, humidité et présence de nutriments favorisant l'installation et le développement d'agents biologiques (traitement des déchets, papeteries, industrie du coton...).

ACTIVITÉ 2 La chaîne de transmission des agents biologiques

 # vidéo
Comment se transmettent les agents biologiques ?
foucherconnect.fr/20p061

5 À partir du **document C** et de la **vidéo**, **compléter** les différents maillons de la chaîne de transmission pour la situation professionnelle.

Situation professionnelle d'Oscar

Oscar élève des canards. Il est en contact direct avec la volaille vivante.
Suite à l'inhalation d'aérosols de fiente contaminée par la bactérie *Chlamydophila*, il est atteint d'une ornithose-psittacose.

Maillons de la chaîne de transmission	
❶ Réservoir	....
❷ Porte de sortie	....
❸ Transmission	....
❹ Porte d'entrée	....
❺ Hôte	....

DOC C Les différents maillons de la chaîne de transmission

Les agents biologiques se transmettent en suivant une chaîne de transmission. Cette chaîne part du **réservoir** d'agents biologiques. Le réservoir est un lieu où s'accumulent les agents biologiques. Il peut être vivant (peau, salive, cuir, laine...) ou inanimé (sol, eau, objet contaminé). Pour qu'il y ait contamination, les agents biologiques doivent pouvoir sortir du réservoir ou le salarié doit avoir accès à ce réservoir. La transmission peut se faire par **voie respiratoire** (inhalation), par **contact** avec la peau ou les muqueuses, par **inoculation** (blessure, morsure ou piqûre d'insecte) ou plus rarement par **voie digestive**.

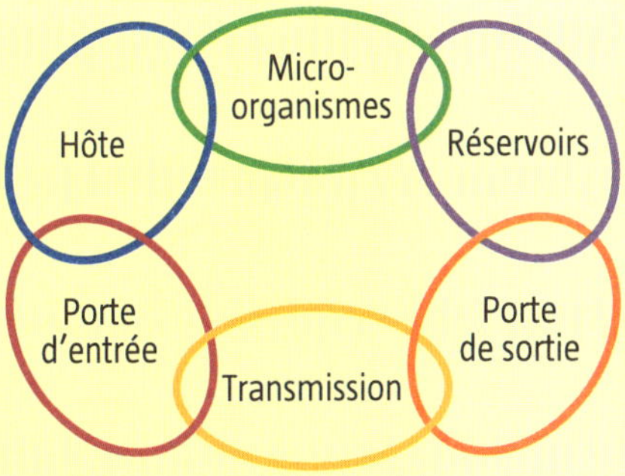

ACTIVITÉ 3 Les effets sur la santé

6 À partir de la situation professionnelle de Théo, **indiquer** le dommage causé par l'agent biologique.

....

Situation professionnelle de Théo

Suite à une période de formation dans une clinique au service pneumologie, où le risque de contagion dû aux patients qui toussent est élevé, Théo a contracté la tuberculose, maladie liée à une infection bactérienne.

7 À partir du **document D**,

7.1 **Indiquer** le rôle de la phagocytose dans la défense de l'organisme lors d'une infection microbienne.

....

....

7.2 **Nommer** les cellules fabriquées par les lymphocytes B qui neutralisent l'agent infectieux, après l'échec de la phagocytose.

....

DOC D Les défenses de l'organisme

Réaction non spécifique du système immunitaire	Réaction spécifique du système immunitaire
Elle est assurée par : • les **défenses naturelles** (peau, muqueuses, cils…) ; • l'**inflammation localisée** caractérisée par une rougeur, de la chaleur, une douleur et un gonflement. Elle prend fin grâce à la **phagocytose** qui se déroule ainsi :	Elle est assurée par les **lymphocytes** (globules blancs) si la phagocytose est inefficace : • les **lymphocytes T** tuent les cellules étrangères ; • les **lymphocytes B** fabriquent des anticorps adaptés aux micro-organismes qu'ils neutralisent.
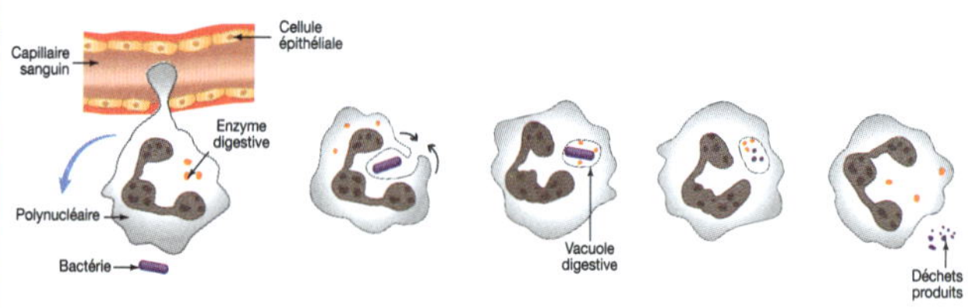	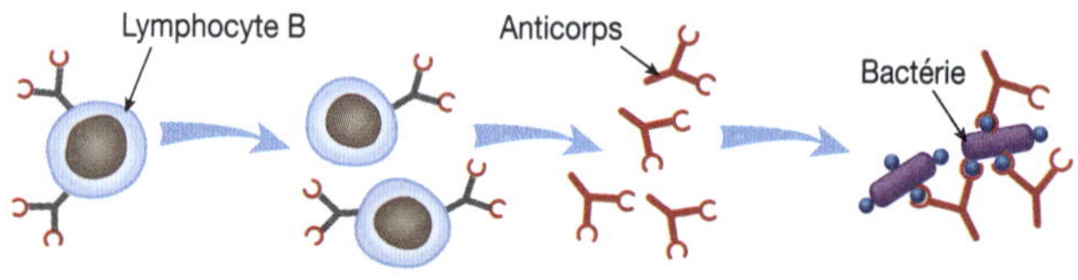

8 À partir de la situation professionnelle de Lucas, **indiquer** le dommage causé par l'agent biologique.

....

Situation professionnelle de Lucas

Lucas, boulanger, souffre d'asthme. Les examens médicaux ont confirmé une allergie due à la présence d'une moisissure dans les poussières de farine.

9 À partir du **document E**, de la **vidéo** et du **schéma**, **expliquer** les effets de la réaction allergique sur l'organisme lors d'un deuxième contact avec l'allergène.

....

....

....

....

 # vidéo
Mécanisme d'une réaction allergique.
foucherconnect.fr/20p062

DOC E La réaction allergique

schéma
La réaction allergique.
foucherconnect.fr/21p003

L'**allergie** est une réaction de type inflammatoire exagérée, présentée par certaines personnes lors du second contact avec un allergène.

1 – Phase de sensibilisation : 1er contact	2 – Phase de déclenchement : 2e contact
A Des agresseurs, les **antigènes** (encore appelés **allergènes**) pénètrent dans le corps. Au contact des allergènes, les lymphocytes produisent des **anticorps**. **B** Les anticorps se fixent **à la surface des cellules** (mastocytes) au lieu de se fixer sur les agresseurs.	**A** Lors d'une **nouvelle invasion**, les allergènes s'attachent aux anticorps fixés sur les mastocytes et **modifient la perméabilité de la cellule**. **B** Les granules des mastocytes libèrent l'**histamine**, responsable des symptômes de l'allergie.

10 À partir du **document F**, **expliquer** comment la bactérie à l'origine du tétanos provoque une intoxication chez l'homme.

....

DOC F L'intoxication : un dommage causé par les agents biologiques

L'**intoxication** est un ensemble de troubles résultant de l'action exercée par une ou plusieurs toxines issues d'agents pathogènes. Par exemple, le tétanos est une maladie causée par la bactérie *Clostridium tetani*. Elle peut être contractée à la suite d'une piqûre de rose contaminante chez un paysagiste. La toxine fabriquée par cette bactérie passe dans le sang jusqu'au système nerveux et provoque des paralysies musculaires douloureuses, voire mortelles.

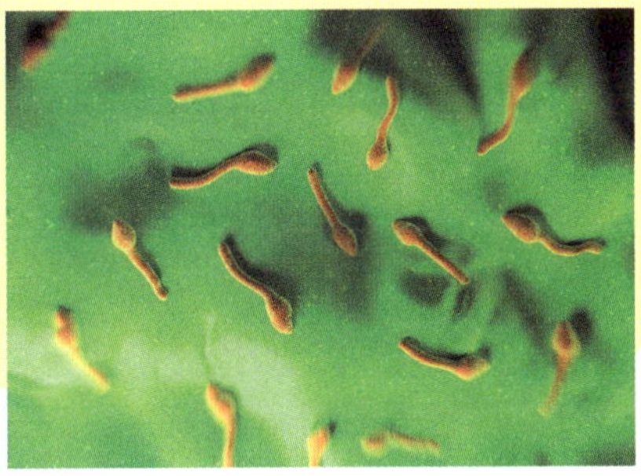

ACTIVITÉ 4 Des mesures de prévention

11 **Surligner**, dans le **document G**, les trois dispositions réglementaires relatives à la prévention du risque biologique en milieu professionnel.

12 À partir du **document G**,

12.1 **Indiquer** :
- le délai pour déclarer l'utilisation d'un agent biologique : ....
- le destinataire de la déclaration : ....

12.2 **Nommer** la personne qui évalue le risque d'exposition du salarié aux agents biologiques.

....

DOC G Les agents biologiques : le cadre réglementaire

Le dispositif réglementaire de prévention du risque biologique repose sur :
- la déclaration d'utilisation : selon la capacité des agents biologiques de provoquer une maladie, leur utilisation doit faire l'objet d'une déclaration préalable à l'inspection du travail, au moins 30 jours avant le début de l'activité ;
- la classification des agents biologiques, utilisés délibérément dans l'activité de l'entreprise : ils sont classés en quatre groupes en fonction de l'importance du risque d'infection qu'ils présentent. L'employeur doit établir une liste des salariés exposés aux agents biologiques pathogènes des groupes 3 et 4. Cette liste est transmise au médecin du travail pour organiser un suivi médical renforcé des salariés concernés ;
- la vaccination : le risque d'exposition est évalué par le médecin du travail sous la responsabilité et en collaboration avec l'employeur. Aucune vaccination ne peut être pratiquée sans l'accord du salarié.

 # vidéo
Comment empêcher la transmission des agents biologiques ?
foucherconnect.fr/20p063

13 À partir de vos connaissances et de la **vidéo**, **cocher** le niveau d'action correspondant à chaque mesure de prévention.

Exemples de mesures de prévention	Rompre la chaîne de transmission en agissant		
	sur le réservoir	sur la transmission	au niveau du salarié potentiellement exposé
Nettoyage et désinfection des locaux professionnels, des postes de travail.			
Lavage des mains.			
Isolement des malades contagieux.			
Port d'un masque, de gants.			
Séparation des zones contaminées de celles non contaminées.			
Incinération des déchets contaminés.			
Désinfection et protection des plaies.			

PROPOSER DES SOLUTIONS

14 **Identifier**, pour l'agent biologique auquel est exposée Malvina dans son activité professionnelle, les différents maillons de la chaîne de transmission.

❶ Réservoir : ....

❷ Porte de sortie : ....

❸ Transmission : ....

❹ Porte d'entrée : ....

❺ Hôte : ....

15 **Cocher** le type de situation correspondant à l'exposition de Malvina aux agents biologiques.

❑ Situation d'utilisation délibérée. ❑ Situation d'exposition potentielle.

16 **Renseigner** le tableau.

Du plus efficace au moins efficace

Type de prévention		Mesures de prévention
Prévention visant à	supprimer le risque	....
	réduire le risque	....
Protection	collective	....
	individuelle	....
Formation et information		....

module C6

Les risques liés aux agents biologiques

mémo

Les agents biologiques

- Les agents biologiques sont des **micro-organismes** auxquels peut être exposé le salarié au cours de son activité professionnelle. Ils incluent les micro-organismes génétiquement modifiés, les cultures cellulaires et les endoparasites humains. Ils sont vivants, microscopiques et présents partout. Ils peuvent être **pathogènes**.

La chaîne de transmission des agents biologiques

- La **chaîne de transmission** comprend **cinq maillons** : le réservoir, la porte de sortie, la transmission, la porte d'entrée, l'hôte.
- Les agents biologiques peuvent pénétrer dans l'organisme humain par voie **sanguine**, **respiratoire**, **cutanée** ou **digestive**.

Les effets sur la santé

- L'exposition à ces agents peut déclencher essentiellement une **infection**, une **allergie** ou une **intoxication**.
- Lors de la pénétration de micro-organismes dans le corps, le système immunitaire met en place deux mécanismes de défense : les défenses non spécifiques assurées par la **réaction inflammatoire** et la **phagocytose**, puis, si nécessaire, les défenses spécifiques assurées par les **lymphocytes**.

Des mesures de prévention

- Le dispositif de prévention repose sur la **déclaration d'utilisation** d'agents pathogènes, leur **classification** en quatre groupes et la **vaccination**.
- Des mesures adaptées à l'activité professionnelle doivent être mises en œuvre.
  - **Prévention visant à supprimer** ou **réduire le risque** : agir sur la source de l'infection en supprimant l'agent biologique ou en réduisant le risque (automatiser...).
  - **Protection** :
    - **collective** : agir sur la transmission en isolant les malades contagieux, utiliser un matériel spécifique (lavabo à commande non manuelle...), mettre en place une ventilation adaptée ;
    - **individuelle** : agir sur la « porte d'entrée » en respectant des règles d'hygiène (lavage des mains, port d'une tenue professionnelle...), en vaccinant, en assurant une surveillance médicale régulière...
  - **Formation** et **information** : informer sur la nature des risques encourus, le respect des protocoles et des consignes données.

Mots-clés

Phagocytose : mécanisme par lequel certains globules blancs englobent, absorbent et digèrent les micro-organismes.

Réaction inflammatoire : réaction de l'organisme à une réaction microbienne. Elle se traduit par quatre signes : douleur, chaleur, rougeur, gonflement.

le mémo audio
foucherconnect.fr/20p064

LE QCM INTERACTIF
foucherconnect.fr/20p065

En schéma

module C6

Les risques liés aux agents biologiques

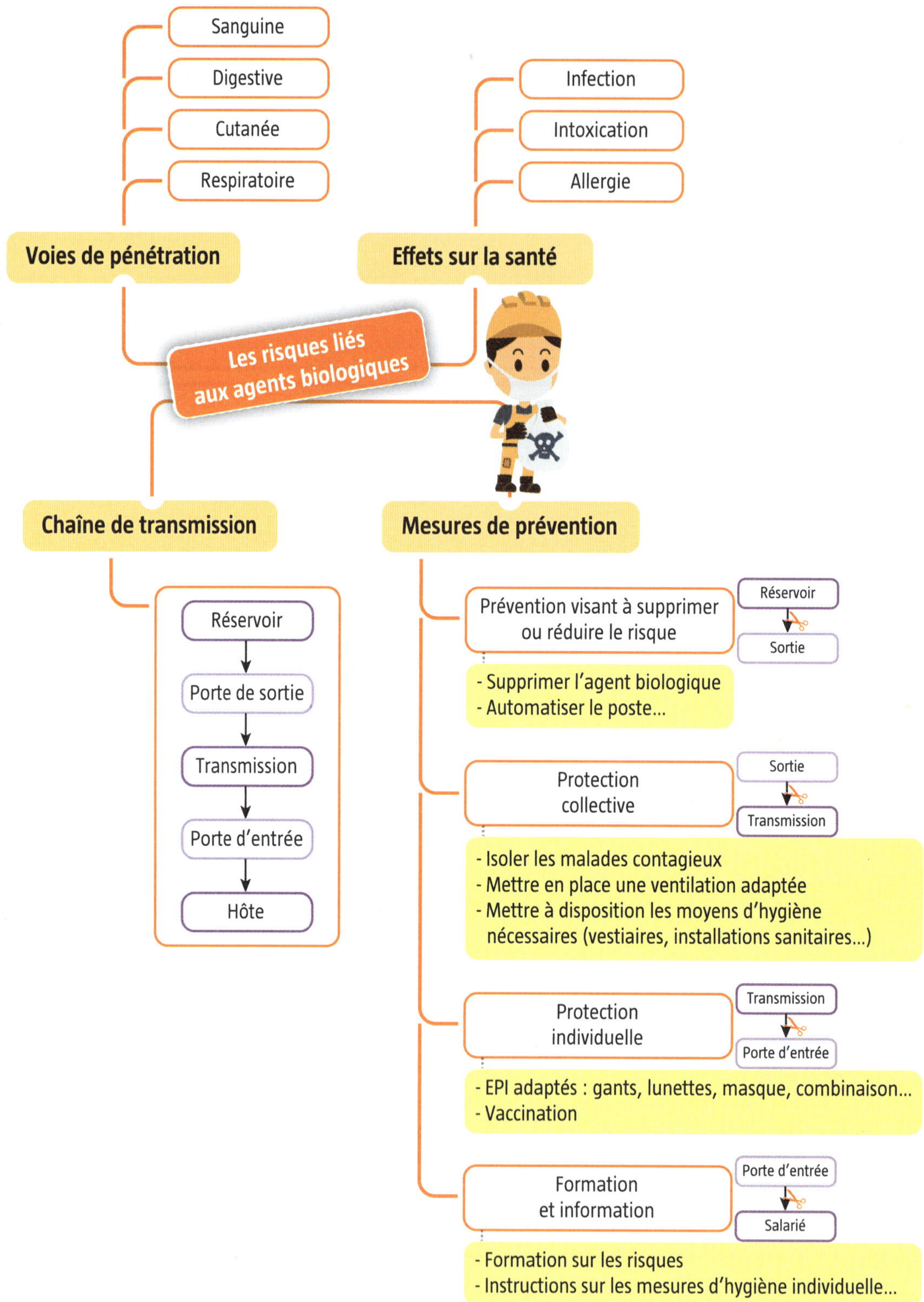

Objectif
Prévenir les risques liés aux ambiances lumineuses.

module C6

Les risques liés aux ambiances lumineuses

Renan est salarié chez un artisan horloger. Sa principale tâche est de remettre en état les mouvements d'horlogerie des pendules, montres et horloges. Il effectue cette tâche environ 7 heures par jour dans un petit atelier dont l'éclairage général est de 120 lux. Il réalise les réparations à l'aide d'une loupe et de petits outils de précision. L'éclairage à son poste de travail est insuffisant (200 lux). Il doit donc se rapprocher très près de l'objet à réparer.

ANALYSER LA SITUATION

1 **Identifier** les composantes de l'activité de travail de Renan à partir de l'outil des 5M.

Main-d'œuvre ....

Milieu ....

Méthodes ....

Matériel ....

Matière ....

2 À partir de l'activité de travail de Renan et de la fiche « L'analyse des risques professionnels »,

2.1 **Proposer** une représentation mettant en lien les éléments du processus d'apparition d'un dommage.

2.2 **Évaluer** le risque en renseignant le tableau.

Estimation du risque	Niveau de gravité du dommage	N° ..
	Niveau de probabilité d'apparition du dommage	N° ..
Évaluation du risque	....	

Autre situation TEXTE

foucherconnect.fr/20p066

MOBILISER LES CONNAISSANCES

ACTIVITÉ 1 L'identification des dangers

3 À partir du **document A**, pour chaque activité de travail,

3.1 Identifier le danger pour l'opérateur.

Activité de travail			
Danger	....	....	....

3.2 Expliquer pourquoi l'absence d'un des facteurs du confort visuel constitue un danger pour l'opérateur.

....

....

....

....

DOC A Les paramètres du confort visuel

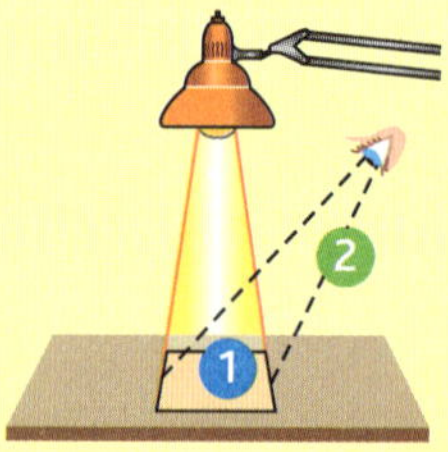

• Pour exercer correctement son activité professionnelle, le salarié doit pouvoir disposer d'une quantité et d'une qualité de lumière adaptées à la tâche qu'il effectue.

• La **quantité d'éclairage** ou le **niveau d'éclairement** ❶ est évalué en lux : c'est la puissance lumineuse reçue par une surface (un lux = 1 lumen/m^2).
Le Code du travail indique les quantités minimales requises pendant la présence du personnel dans les lieux et fixe des valeurs seuils.

• La **qualité de l'éclairage** est le plus souvent en rapport avec la **luminance** ❷ ou brillance de la source qui s'exprime en candela/m^2.

• Pour une activité visuelle confortable, l'éclairage doit :
- **éviter l'éblouissement direct**, qu'il provienne de la lumière naturelle ou des luminaires ;
- **éviter l'éblouissement indirect** produit par la réflexion de la lumière sur une surface réfléchissante, ce qui est souvent le cas des surfaces brillantes ou sombres ;
- **éviter les ombres portées** sur le plan de travail ;
- avoir un **bon indice de rendu des couleurs** (IRC) ou (R_a). Plus l'IRC est élevé, meilleure sera la qualité du rendu des couleurs.

IRC	Qualité lumineuse
100 %	**Excellent** : galeries d'art, examens médicaux
80 %	**Bon** : commerces, showrooms, restaurants, bureaux...
60 %	**Moyen** : éclairage de sécurité, zones de stockage...
40 %	**Mauvais** : éclairage public, parkings...
20 %	**Sans importance** : éclairage routier

ACTIVITÉ 2 La vision

 # vidéo
L'œil et la vision.
foucherconnect.fr/20p067

4 À partir du **document B** et/ou de la **vidéo**,

4.1 Nommer :

- la membrane sur laquelle se fixe l'image : ....
- l'orifice qui laisse passer la lumière : ....
- les deux types de cellules sensibles aux couleurs ou à l'obscurité :
  - ....
  - ....
- l'élément constitué de fibres nerveuses, qui transmet les informations visuelles de l'œil au cerveau :

....

4.2 Décrire les quatre étapes qui permettent la perception visuelle.

Représentation schématique du trajet de l'image perçue

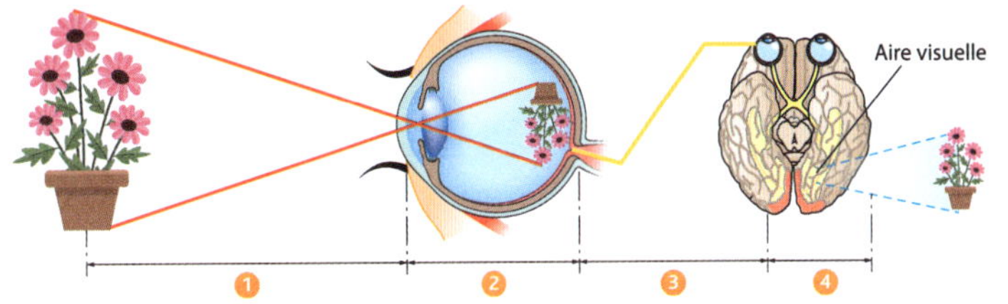

	1	2	3	4
Étapes	....	....	....	....

DOC B La structure et le fonctionnement de l'œil

Les **rayons lumineux** traversent les milieux transparents de l'œil et viennent former une image renversée sur la rétine. La **rétine** est une membrane fine, vascularisée, constituée de cellules pigmentaires et visuelles. Celles-ci sont à **cônes** (vision des couleurs et diurne) ou à **bâtonnets** (vision noir et blanc, nocturne et périphérique). Au niveau de la **fovéa**, axe optique, il n'y a que des cellules à cônes : zone où les images sont le plus nettement perçues. De la rétine partent des impulsions électriques véhiculées par le **nerf optique** jusqu'au cerveau.

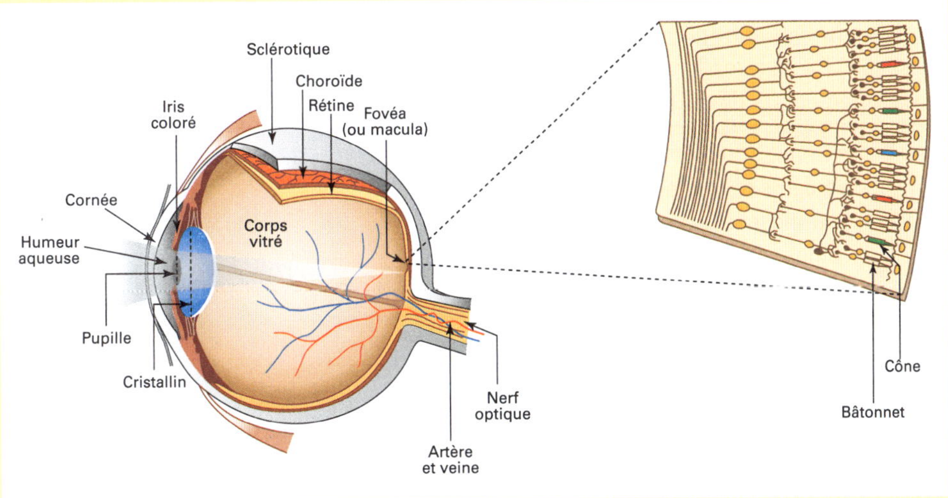

5 À partir du **document C**, **nommer** le mécanisme qui permet d'assurer la netteté de l'image entre 0,07 m et 6 m :

....

....

DOC C L'accommodation

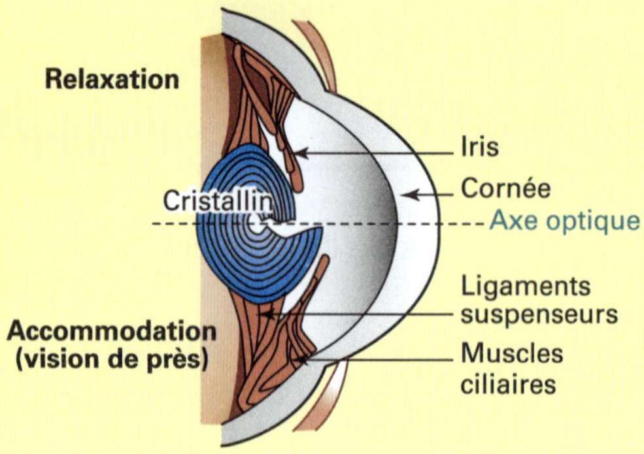

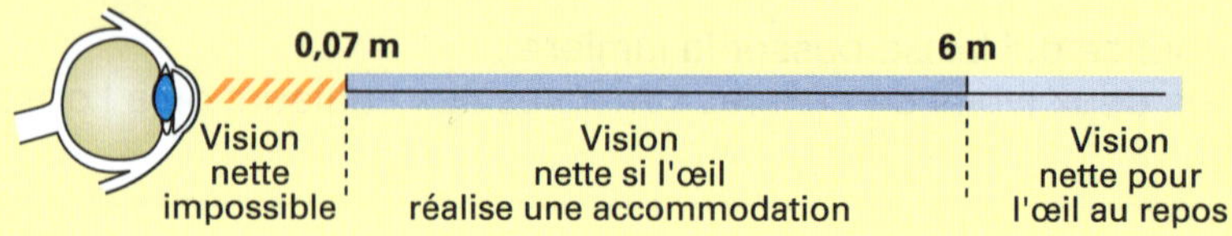

Âge de l'opérateur	15	20	30	40	50	60
Distance minimale d'accommodation en cm	8	10	15	25	40	100

ACTIVITÉ 3 Les effets sur l'organisme

 # vidéo
Le travail sur écran.
foucherconnect.fr/20p068

6 **Identifier**, pour chaque témoignage, les effets des ambiances lumineuses sur l'organisme.

Témoignages	Effets oculaires	Autres effets
 « J'ai soudé toute la journée d'hier. Depuis, j'ai l'impression d'avoir des grains de sable dans les yeux et mes yeux sont rouges. Cela me gêne, car, de ce fait, je suis sujet aux larmoiements. »	....	
 « Depuis 15 ans, je travaille 7 h par jour devant un écran à la lumière bleue artificielle pour saisir des bons de livraison. Certains soirs, ma vision devient floue et j'ai des difficultés à me concentrer à cause de mes maux de tête. À d'autres moments, j'ai l'impression d'avoir le syndrome des yeux secs avec des picotements et des brûlures. »	....	....
 « Depuis une semaine, j'ai des douleurs cervicales plus importantes. Comme les fils sont de la même couleur que le tissu, je dois me pencher pour bien voir les coutures et fournir des efforts pour distinguer les détails. Cela m'occasionne également des sensations de brûlures aux yeux. »	....	....

ACTIVITÉ 4 La prévention ....

 # site internet
Objectif prévention : éclairage des locaux.
foucherconnect.fr/20p069

7 À partir du **document D** et du **site internet**,

7.1 Relever le niveau d'éclairement minimal recommandé par le Code du travail pour les activités de travail suivantes en renseignant le tableau.

Activité de travail		
Niveau d'éclairement minimal exigé par le Code du travail	....	....

7.2 Formuler un commentaire sur le niveau d'éclairement.

....

 # vidéo
Réaliser une mesure d'éclairement.
foucherconnect.fr/21p004

8 À partir du **document D**, d'un luxmètre et de la **vidéo**, **renseigner** le tableau.

Lieux de travail	Relevé des niveaux d'éclairement dans mon établissement	Niveaux d'éclairement exigés par la réglementation	Commentaires
Plan de travail pour écrire	....	200 lux	....
Couloir de circulation intérieur	....	40 lux	....
Vestiaire	....	120 lux	....

DOC D Les recommandations du Code du travail en matière d'éclairement

Valeurs minimales d'éclairement selon la nature du local ou de l'environnement de travail	
Espaces extérieurs où sont effectués des travaux à caractère permanent	40 lux
Voies de circulation intérieure	40 lux
Escaliers et entrepôts	60 lux
Locaux de travail, vestiaires, sanitaires	120 lux
Locaux aveugles affectés à un travail permanent	200 lux
Éclairement minimal selon le type d'activité	
Mécanique moyenne, dactylographie, travaux de bureau…	200 lux
Travail de petites pièces, bureau de dessin, mécanographie…	300 lux
Mécanique fine, gravure, comparaison de couleurs, dessins difficiles, industrie du vêtement…	400 lux
Mécanique de précision, électronique fine, contrôles divers…	600 lux
Tâche très difficile dans l'industrie ou les laboratoires…	800 lux

9 **Cocher**, pour chaque mesure de prévention, le domaine d'action correspondant.

Mesures de prévention	Domaines d'action		
	Éclairage 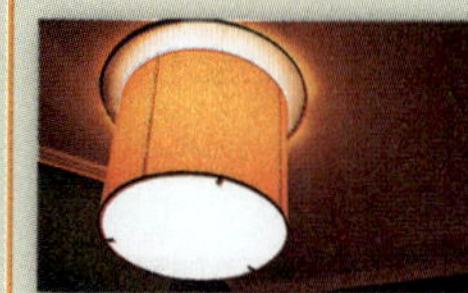	Poste et organisation du travail 	Vision 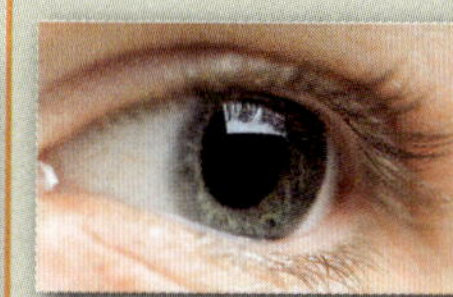
Préférer l'éclairage indirect.			
Prévoir des visites médicales de contrôle de la vision.			
Choisir des luminaires moins éblouissants (type réflecteurs).			
Entretenir régulièrement les luminaires.			
Aménager des pauses.			
Avoir des zones d'éclairage uniforme pour éviter les contrastes.			
Utiliser des matériaux de finition mate pour éviter l'éblouissement.			
Respecter le niveau minimal d'éclairement préconisé par le Code du travail.			
Porter une protection individuelle suivant l'activité professionnelle (écran facial).			

10 **Indiquer**, pour votre secteur professionnel, les mesures de prévention permettant de réduire l'exposition aux risques liés aux ambiances lumineuses.

Du plus efficace au moins efficace

Type de prévention		Mesures de prévention
Prévention visant à	supprimer le risque	....
	réduire le risque	....
Protection	collective	....
	individuelle	....
Formation et information		....

PROPOSER DES SOLUTIONS

11 **Renseigner** le tableau, puis **proposer** une mesure de prévention pour la situation initiale de Renan.

		Poste de travail de Renan	Général dans l'atelier
Niveau d'éclairement	dans la situation de Renan	....	....
	minimal recommandé par le Code du travail	....	....

Mesure de prévention proposée :

....

....

....

module C6

Les risques liés aux ambiances lumineuses

mémo

L'identification des dangers

- Pour assurer le **confort visuel** de l'opérateur à son poste de travail, des facteurs sont à respecter :
  - l'absence d'éblouissement,
  - un **niveau d'éclairement** suffisant,
  - un bon **indice du rendu des couleurs** (IRC),
  - l'absence de contraste,
  - la prise en compte de la capacité visuelle de l'opérateur.
- L'absence d'un de ces facteurs peut être à l'origine de dommages pour l'opérateur et générer des accidents du travail.

La vision

- Les rayons lumineux traversent les milieux transparents de l'œil pour former une image renversée sur la rétine. Le **nerf optique** transmet les informations reçues au cerveau qui redresse et décode l'image.
- L'**accommodation** est le mécanisme qui permet à l'œil d'assurer la netteté des images pour des distances différentes de vision.

Les effets sur l'organisme

- Un éclairage non adapté peut engendrer :
  - des **effets oculaires** : fatigue visuelle, affections telles que des rougeurs, picotements, brûlures... ;
  - d'**autres effets sur l'organisme** : maux de tête, difficultés de concentration, douleurs cervicales...

La prévention

- Les mesures de prévention sont les suivantes :
  - **Prévention visant à supprimer** ou **réduire le risque** : éclairage respectant les paramètres du confort visuel.
  - **Protection** :
    - **collective** : entretien régulier des luminaires, respect du niveau d'éclairement préconisé par le Code du travail...
    - **individuelle** : port de verres correcteurs si nécessaire, contrôle régulier de la vision...
  - **Formation** et **information** : sensibilisation des salariés aux risques liés à l'éclairage.

Mots-clés

Niveau d'éclairement : quantité de lumière reçue par une surface ou un objet. Elle s'exprime en lux.

Indice du rendu des couleurs : nombre, compris entre 0 % et 100 %, qui traduit la capacité d'une source lumineuse à bien restituer les couleurs d'un objet qu'elle éclaire. Plus l'IRC est élevé, meilleure sera la qualité du rendu des couleurs.

le mémo audio foucherconnect.fr/20p071

LE QCM INTERACTIF foucherconnect.fr/20p072

En schéma

module C6

Les risques liés aux ambiances lumineuses

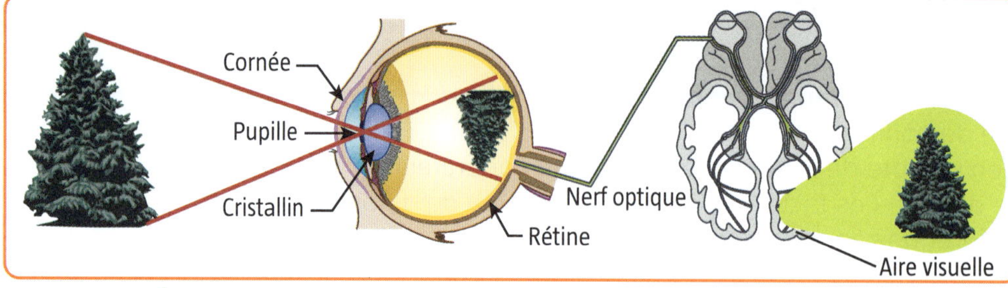

Fonctionnement de l'œil

Les risques liés aux ambiances lumineuses

Paramètres du confort visuel

- Éclairement suffisant
- Absence de contraste
- Bon rendu des couleurs (IRC)
- Prise en compte de la capacité visuelle de l'opérateur
- Absence d'éblouissement

Effets sur la santé

- Autres effets :
  - Douleurs cervicales
  - Maux de tête
- Effets oculaires :
  - Fatigue visuelle
  - Baisse de l'acuité visuelle
  - Brûlures
  - Picotements
  - Larmoiements
  - Rougeurs

Mesures de prévention

- Prévention visant à supprimer ou réduire le risque : Concevoir un éclairage respectant les paramètres du confort visuel
- Protection collective :
  - Prévoir des luminaires moins éblouissants
  - Effectuer un entretien régulier des luminaires
- Protection individuelle :
  - Porter des lunettes, écran de protection
  - Contrôler la vision
- Formation et information : Organiser des réunions pour sensibiliser les salariés aux risques

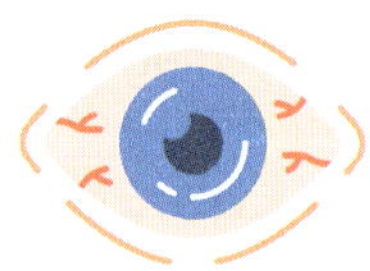

Objectif
Prévenir les risques liés aux ambiances thermiques.

module C6

Les risques liés aux ambiances thermiques

Titulaire d'un bac pro Logistique, Justin est salarié dans une industrie agroalimentaire. Il travaille dans un entrepôt frigorifique de 10 000 m^3 de froid négatif où sont stockés des produits surgelés. L'activité de préparation de commandes consiste à aller chercher les produits avec un chariot à l'intérieur des chambres froides, confectionner les commandes avec les produits provenant de palettes disposées dans la zone de préparation de commandes par les caristes, filmer les palettes, charger et décharger les camions frigorifiques. Il est exposé chaque jour à une température ambiante de – 28 °C.

ANALYSER LA SITUATION

1 **Identifier** les composantes de l'activité de travail de Justin à partir de l'outil des 5M.

Main-d'œuvre ....

Milieu ....

Méthodes ....

Matériel ....

Matière ....

2 À partir de l'activité de travail de Justin et de la fiche « L'analyse des risques professionnels »,

2.1 **Proposer** une représentation mettant en lien les éléments du processus d'apparition d'un dommage.

2.2 **Évaluer** le risque en renseignant le tableau.

Estimation du risque	Niveau de gravité du dommage	N° ..
	Niveau de probabilité d'apparition du dommage	N° ..
Évaluation du risque	....	

Autre situation TEXTE

foucherconnect.fr/20p073

MOBILISER LES CONNAISSANCES

ACTIVITÉ 1 L'identification des dangers

3 **Identifier**, pour chaque activité de travail, le danger et un dommage potentiel.

	−8 °C	+ 34 °C
Activité de travail		
Danger	....	....
Dommage potentiel	....	....

ACTIVITÉ 2 Le confort thermique en milieu professionnel

4 À partir du **document A**,

4.1 **Indiquer** et **justifier** la raison pour laquelle la sensation de froid est plus importante pour Medhi dans la situation de travail n° 2.

....
....
....
....
....
....
....
....

4.2 **Indiquer** la raison pour laquelle la chaleur est plus difficile à supporter pour Zoé dans la situation de travail n° 2.

....
....
....
....
....
....
....

Situation de travail de Medhi

1

2

Situation de travail de Zoé

1

2

L'hygrométrie est la mesure du degré d'humidité de l'air.

DOC A Les échanges thermiques dans le milieu ambiant

L'homme est un **homéotherme**, c'est-à-dire un être à température interne constante (environ 37 °C). Pour maintenir cette température constante, il échange de la chaleur avec le milieu ambiant selon quatre mécanismes :

– la **conduction** : échange de chaleur entre la peau et un objet à son contact direct de température différente ;

– la **convection** : échange de chaleur entre la peau et un fluide qui l'entoure (eau, air). Entre l'individu et son environnement, ces échanges par convection sont fortement dépendants de la température et de la vitesse de l'air dans lequel il évolue ;

– le **rayonnement** : transfert d'énergie par l'émission d'infrarouges invisibles à l'œil nu ;

– l'**évaporation** : échange par diffusion au niveau de la peau et des muqueuses, par la transpiration. Dans le cas de ces échanges par évaporation, la vitesse et l'humidité de l'air sont des facteurs clés mais l'activité et la nature des vêtements portés par l'opérateur le sont aussi.

5 **Préciser**, sous chaque groupe d'illustrations, le facteur de variation du confort thermique lié à l'opérateur ou l'opératrice.

....

....

6 **Définir** la notion de confort thermique.

....

....

....

....

....

ACTIVITÉ 3 Les effets sur la santé

 # vidéo
Régulation thermique.
foucherconnect.fr/20p074

7 À partir du **document B** et de la **vidéo**,

7.1 Nommer l'organe qui commande le mécanisme de la régulation thermique.

....

7.2 Renseigner le tableau.

	Réactions de l'organisme	Conséquences
 Ambiance thermique chaude : « il faut refroidir l'organisme ».	....	Augmentation des pertes de chaleur par évaporation de la sueur.
	....	Élévation des pertes de chaleur par radiation et conduction.
 Ambiance thermique froide : « il faut réchauffer l'organisme ».	....	Transformation de l'activité mécanique en chaleur récupérée par l'organisme.
	....	Baisse des pertes de chaleur par radiation et conduction.

7.3 Définir :

- La thermolyse : ....

- La thermogénèse : ....

8 À partir du **document B**,

8.1 Préciser la température corporelle centrale.

....

8.2 Nommer la conséquence :

- d'un abaissement de la température corporelle d'un opérateur au-dessous de 35 °C : ....

- d'une élévation de la température corporelle d'un opérateur au-dessus de 40 °C : ....

8.3 Indiquer la raison pour laquelle les températures extrêmes dans une ambiance de travail peuvent entraîner la mort d'un opérateur.

....

....

....

DOC B Le mécanisme de la thermorégulation

La **thermorégulation** représente l'ensemble des processus permettant à l'homme de maintenir sa température interne dans des limites normales, quel que soit son niveau métabolique ou la température du milieu ambiant. Elle repose sur un équilibre constant entre les apports et les pertes de chaleur. C'est l'hypothalamus qui est le centre de contrôle de la thermorégulation.

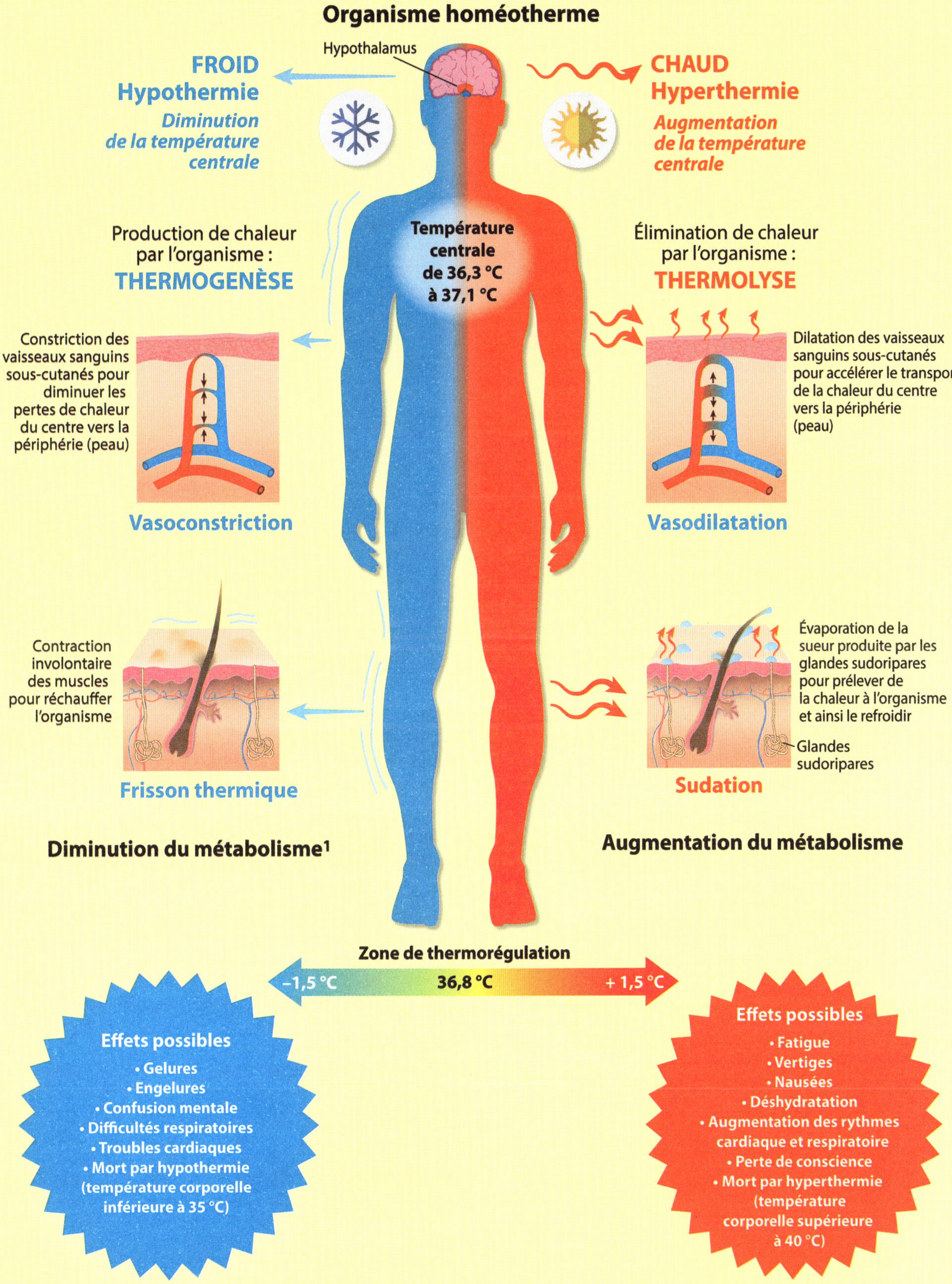

[1] Production de chaleur interne au corps humain permettant les échanges de chaleur entre la surface de la peau et l'environnement.

ACTIVITÉ 4 Les mesures de prévention

 # vidéo
Travail et fortes chaleurs.
foucherconnect.fr/21p005

9 À partir du **document C** et de la **vidéo**, **indiquer**, pour votre secteur professionnel, les mesures de prévention permettant de réduire l'exposition aux risques liés aux ambiances thermiques.

Du plus efficace au moins efficace

Type de prévention		Mesures de prévention
Prévention visant à	supprimer le risque	....
	réduire le risque	....
Protection	collective	....
	individuelle	....
Formation et information		....

DOC C La réglementation

Aucune disposition légale n'impose à l'employeur de respecter des températures tant minimales que maximales au travail. Mais il doit prendre des dispositions pour protéger ses salariés des situations de grand froid ou de forte chaleur.

Les mesures à mettre en place	
dans les situations de grand froid	**dans les situations de forte chaleur**
• Assurer une température suffisante dans les ateliers. • Supprimer les courants d'air. • Aménager un local chauffé avec des boissons chaudes à disposition du personnel. • Mettre à disposition du personnel des vêtements et équipements de protection isolants, adaptés au froid. • Mettre en place des aides techniques pour réduire la charge physique de travail. • Choisir des matériaux isolants, adaptés aux conditions climatiques. • Signaler par un panneau d'avertissement les zones d'entrée en « basse température ». • Faire des pauses de récupération à intervalles réguliers dans un local chauffé. • Éviter ou limiter le temps de travail au froid.	• Fractionner l'exposition à la chaleur. • Augmenter la fréquence des pauses et prévoir des espaces frais. • Limiter le travail physique intense et le port de charges répétitif. • Signaler les zones d'entrée par un panneau d'avertissement les zones d'entrée en « haute température ». • Adapter les horaires de travail en fonction des contraintes climatiques. • Mettre en place une rotation des tâches. • Prévoir des vêtements de travail et équipements adaptés. • Mettre de l'eau fraîche à disposition. • Assurer une ventilation adéquate. • Veiller au niveau de température ambiante. • Installer des dispositifs de rafraîchissement de l'air (climatiseurs, ventilateurs).

PROPOSER DES SOLUTIONS

10 **Proposer**, pour la situation de Justin, une mesure de protection :
- collective :

....

....

....

- individuelle :

....

....

....

module C6

Les risques liés aux ambiances thermiques

L'identification des dangers

- Les ambiances de travail chaudes et les ambiances de travail froides constituent un danger pour l'opérateur. Pour éviter les dommages occasionnés par l'exposition aux ambiances chaudes ou aux ambiances froides, il convient d'assurer le confort **thermique** (sensation ni de chaud, ni de froid) de l'opérateur à son poste de travail.

Le confort thermique en milieu professionnel

- Les échanges de chaleur entre l'homme et l'environnement se font par **conduction**, **convection**, **rayonnement** et **évaporation**. Le confort thermique correspond à un état d'équilibre thermique entre le corps humain et les conditions d'ambiance.
- Le confort thermique dépend de nombreux paramètres liés à :
  - l'**individu** lui-même (habillement, activité physique...) ;
  - l'**environnement** : la **température**, l'**humidité**, la **vitesse de l'air** et le **rayonnement**.

Les effets sur la santé

- La **thermorégulation** est assurée par l'hypothalamus. La température corporelle résulte d'un équilibre entre la chaleur produite (**thermogenèse**) et la chaleur perdue (**thermolyse**). Pour permettre à l'homme de maintenir sa température interne à 37 °C, l'hypothalamus coordonne par voie nerveuse, des actions pour augmenter les pertes thermiques (**vasodilatation**, **transpiration**) ou les diminuer (**vasoconstriction**, **frissons**).
- L'exposition à la **chaleur** peut entraîner un coup de chaleur, une perte de connaissance, une augmentation du risque cardiaque, voire le décès.
- L'exposition au **froid** peut entraîner des engelures, une atteinte du système nerveux, une diminution des rythmes cardiaque et respiratoire, voire le décès.

Les mesures de prévention

- Les mesures de prévention sont adaptées au secteur professionnel.
  - **Prévention visant à supprimer** ou **réduire le risque** : automatisation des tâches en ambiance thermique élevée...
  - **Protection** :
    - **collective** : isolation thermique des locaux et des postes, aides mécaniques à la manutention...
    - **individuelle** : vêtements appropriés...
  - **Formation** et **information** : information sur les risques spécifiques liés au travail en ambiance chaude ou froide, préconisation d'une hygiène alimentaire adaptée...

Mots-clés

Thermogenèse : mécanisme de production de chaleur par l'organisme pour maintenir constante la température interne du corps humain.

Thermolyse : mécanisme de déperdition de chaleur par l'organisme pour maintenir constante la température interne du corps humain.

mémo

le mémo audio
foucherconnect.fr/20p075

LE QCM INTERACTIF
foucherconnect.fr/20p076

mémo

En schéma

module C6

Les risques liés aux ambiances thermiques

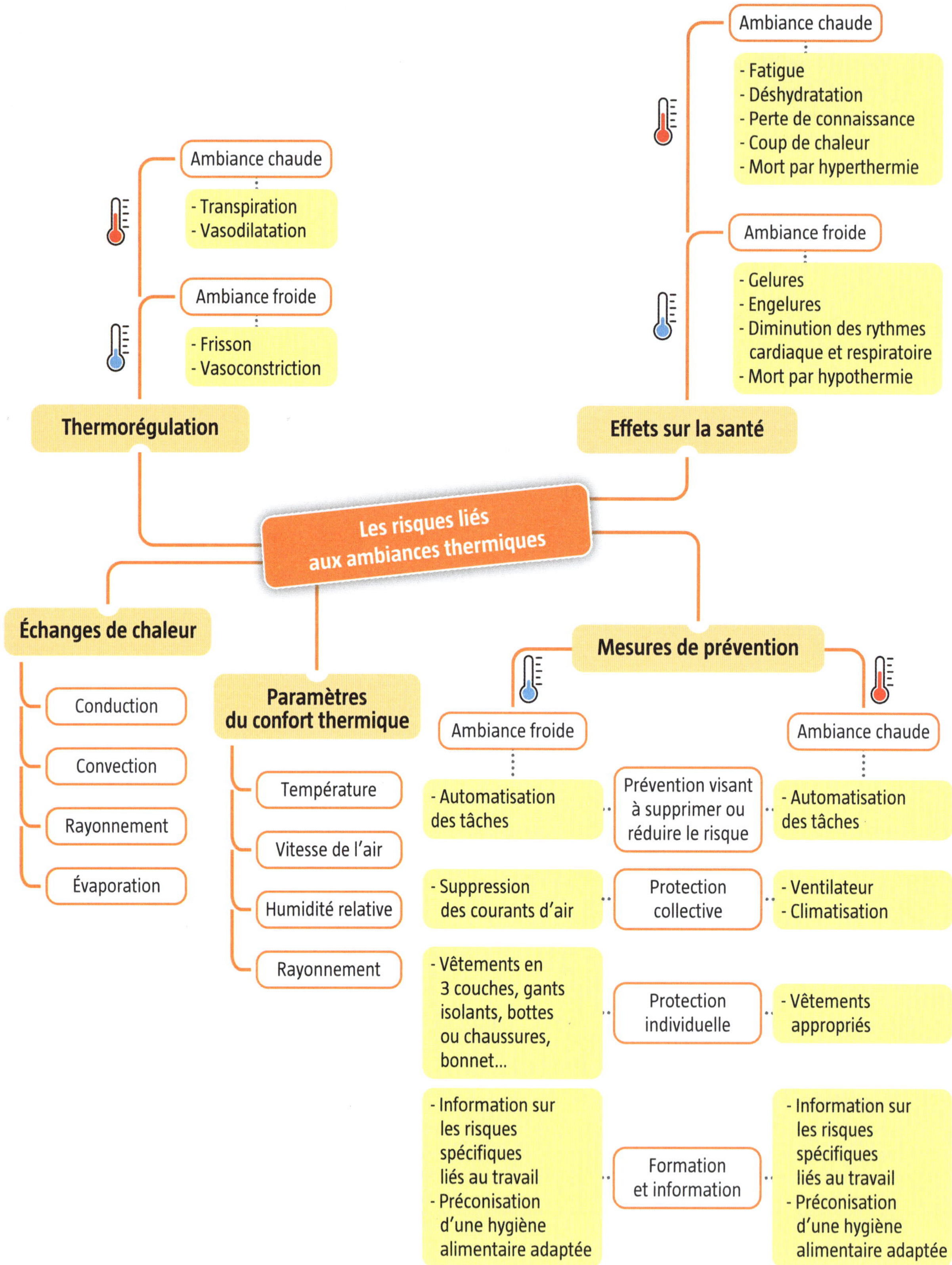

Objectif
Prévenir le risque mécanique.

module C6

Le risque mécanique

Elliot, titulaire du bac pro Technicien constructeur bois, est salarié depuis 5 ans dans une entreprise artisanale de construction en bois. Il intervient 7 heures par jour en atelier pour fabriquer des ouvrages de structure, d'ossature et de charpente en bois ou en matériaux dérivés du bois. Pour cela, il utilise en particulier une scie circulaire de charpente électrique sur un établi qui lui permet de réaliser un travail précis et rapide.

ANALYSER LA SITUATION

1 **Repérer** les composantes de l'activité de travail d'Elliot à partir de l'outil d'analyse des 5M.

Main-d'œuvre ....

Milieu ....

Méthodes ....
....

Matériel ....
....

Matière ....
....

2 À partir de l'activité d'Elliot et de la fiche « L'analyse des risques professionnels »,

2.1 **Proposer** une représentation mettant en lien les éléments du processus d'apparition d'un dommage.

2.2 **Évaluer** le risque en renseignant le tableau.

Estimation du risque	Niveau de gravité du dommage	N° ..
	Niveau de probabilité d'apparition du dommage	N° ..
Évaluation du risque	....	

Autre situation TEXTE

foucherconnect.fr/20p077

MOBILISER LES CONNAISSANCES

ACTIVITÉ 1 L'identification des dangers

3 À partir du **document A**, **identifier**, pour chaque activité de travail, le danger et le dommage potentiel.

Activité de travail	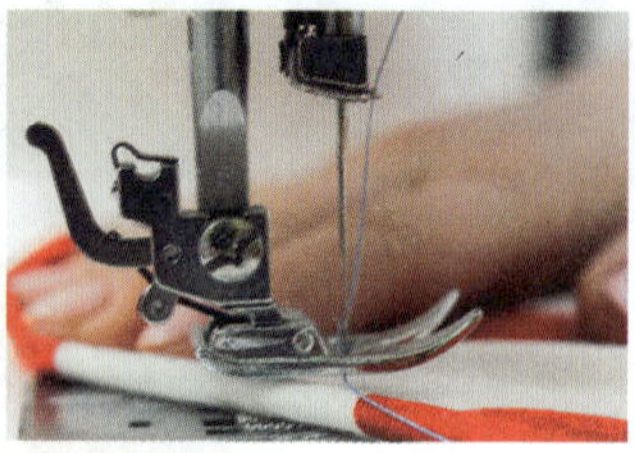		
Danger	....	....	....
Dommage	....	....	....

DOC A La définition du risque mécanique

- Le **risque mécanique** est l'ensemble des facteurs physiques qui peuvent être à l'origine d'une blessure par l'action mécanique d'éléments de machine, d'outils, de pièces, de charges, de projections de matériaux solides ou de fluides.
- La présence d'un **risque mécanique** peut donc être identifiée par la conjonction de trois éléments :
  - un opérateur,
  - un élément,
  - l'énergie d'un mouvement.

- **Des exemples de risques par action mécanique :**

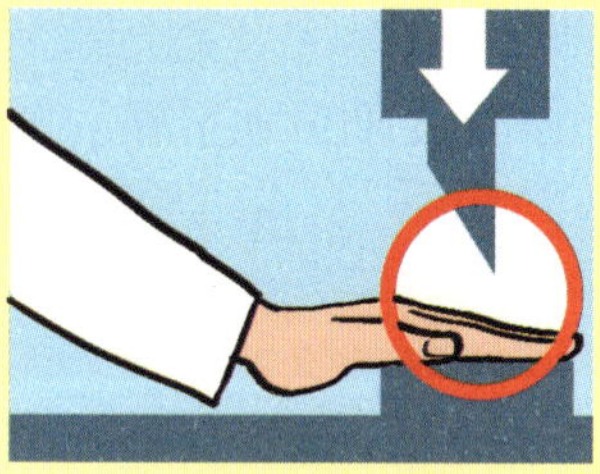
Risque de coupure ou de sectionnement

Risque de choc avec des éléments solides

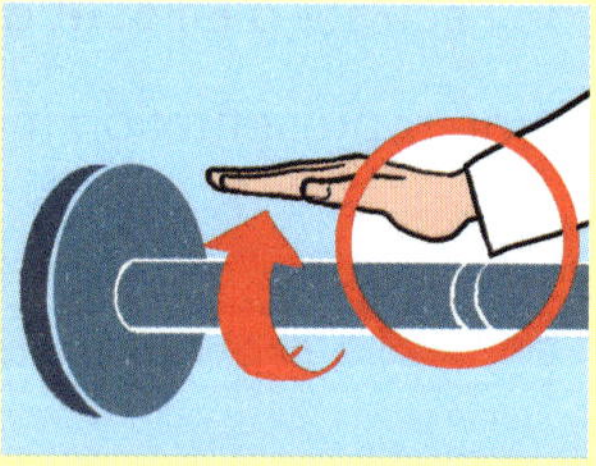
Risque de happement, d'enroulement

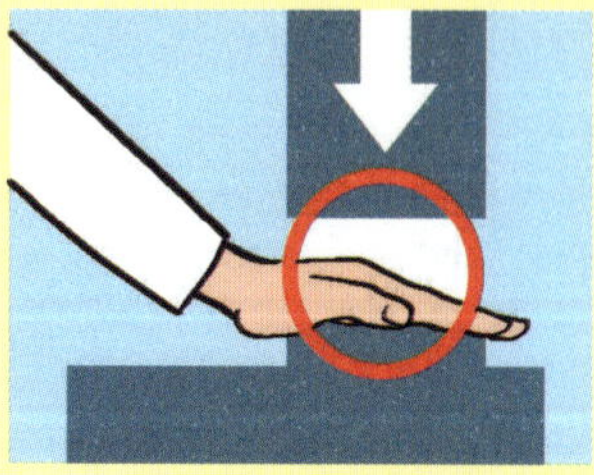
Risque d'écrasement

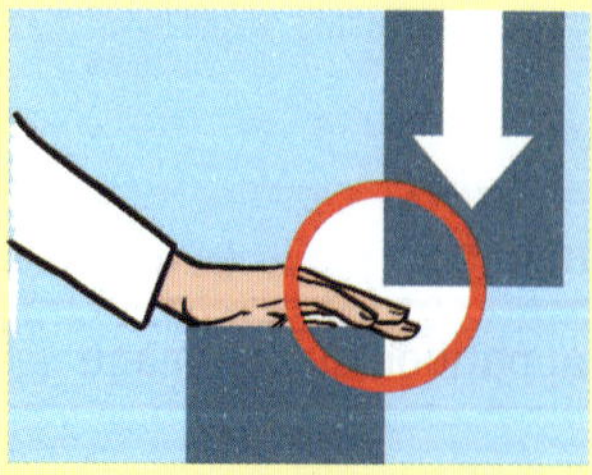
Risque de cisaillement

Risque d'entraînement

ACTIVITÉ 2 Les effets sur la santé

4 **Nommer**, sous chaque photo, le dommage correspondant.

❶
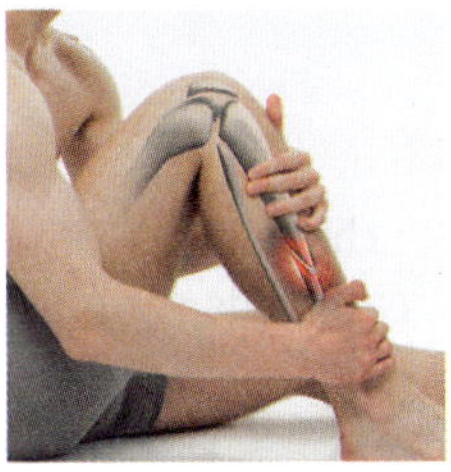
....

❷
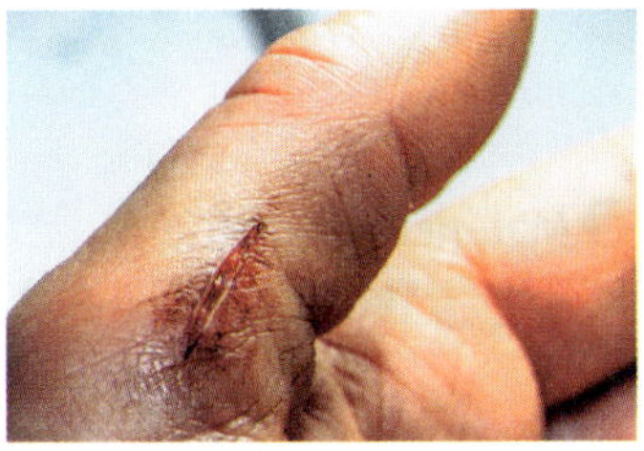
....

❸
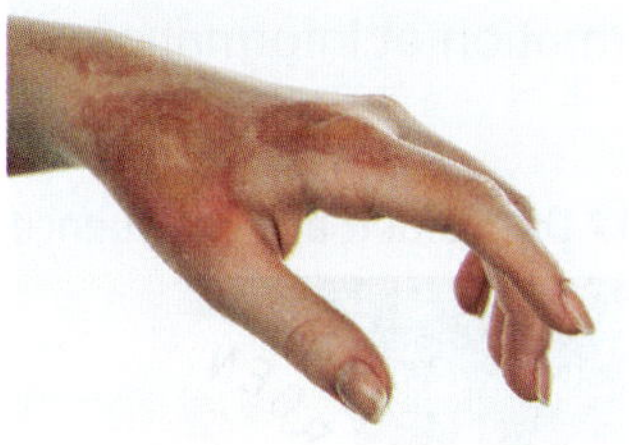
....

❹
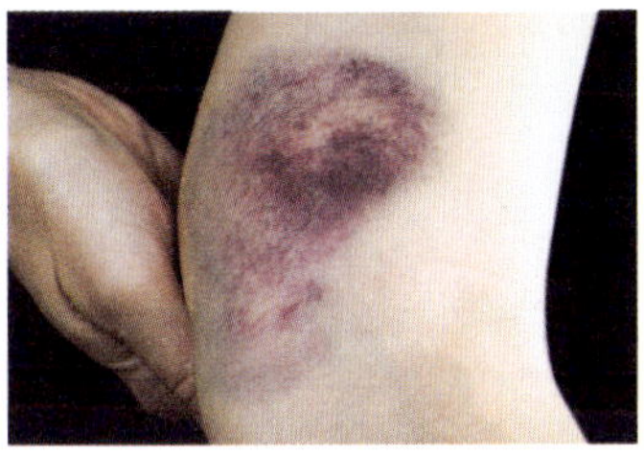
....

❺
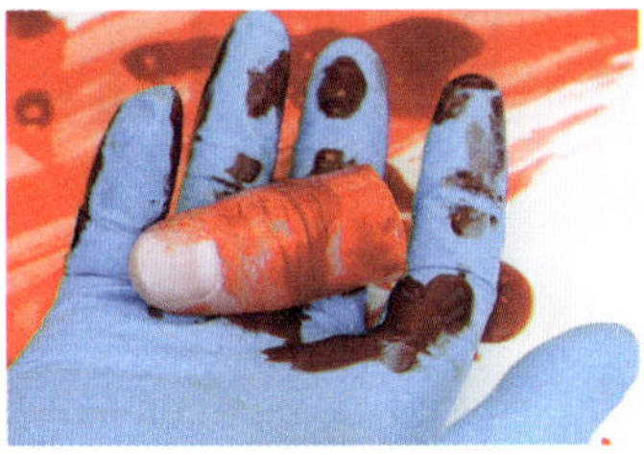
....

❻
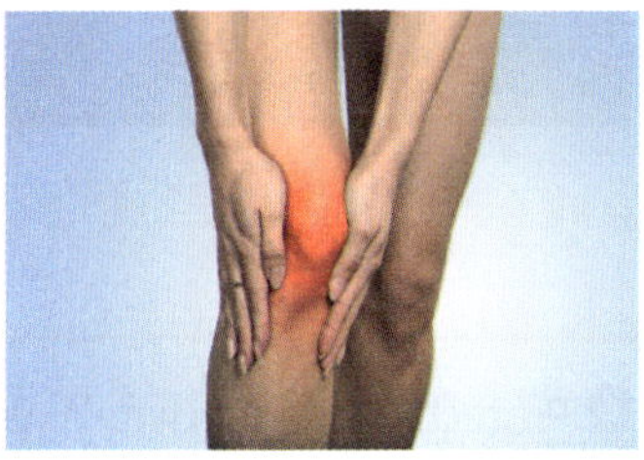
....

5 À partir du **document B**, **justifier** chaque conséquence possible d'une coupure.

- Infection : ....
- Saignement : ....
- Douleur : ....

DOC B Le schéma de la coupe de la peau

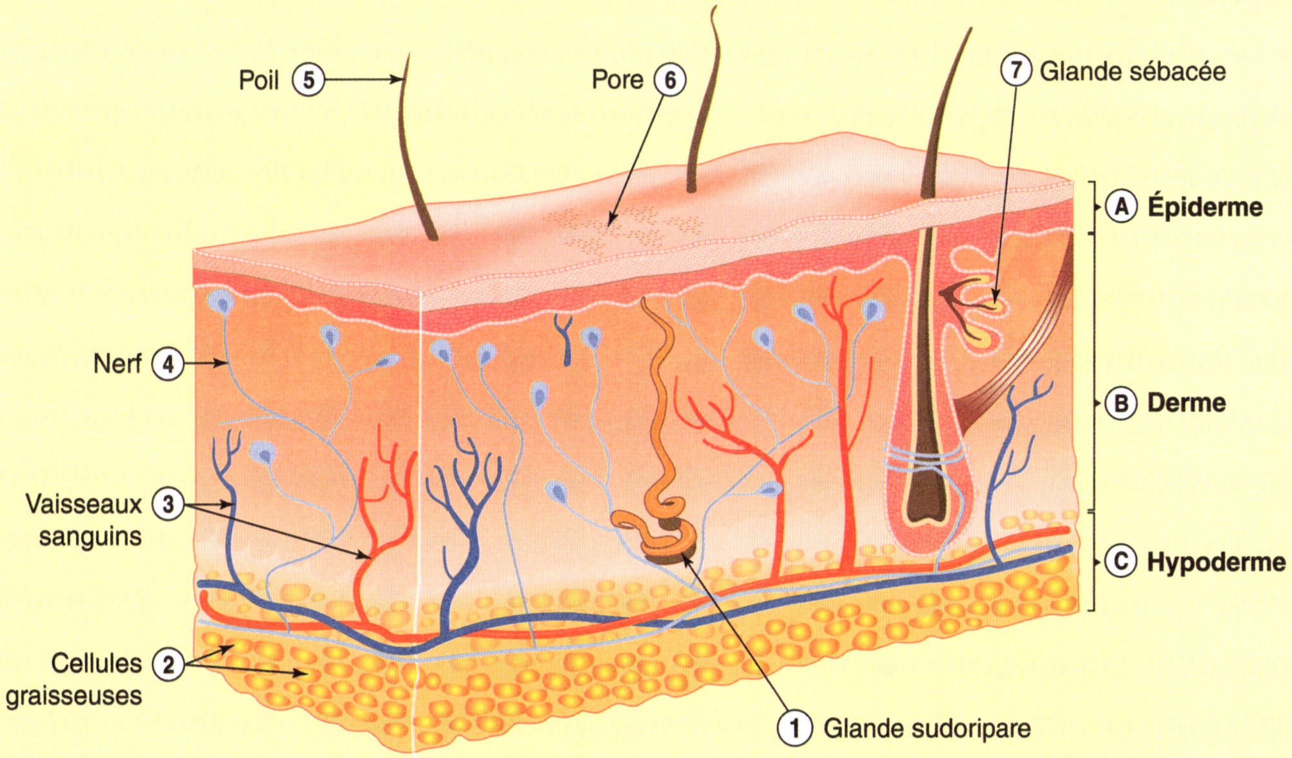

ACTIVITÉ 3 Des mesures de prévention

6 **Nommer**, sous chaque photo, le type de prévention illustré :
- prévention visant à supprimer ou réduire le risque,
- protection collective,
- protection individuelle,
- formation et information.

❶ Dispositif d'arrêt d'urgence

....

....

❷ Matériel automatisé

....

....

❸ EPI : chaussures, gants, casque de sécurité

....

....

❹ Protecteurs de machine fixes

....

....

❺ Dispositif de maintien à distance de sécurité : tapis de sécurité

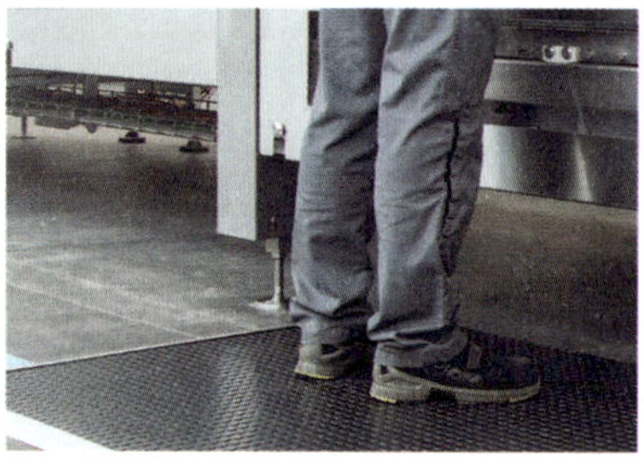

....

....

❻ Stage de formation : exploitation du contenu des notices d'instructions

....

....

❼ Panneau de signalisation

....

....

❽ Barrière immatérielle de sécurité : rideau optique

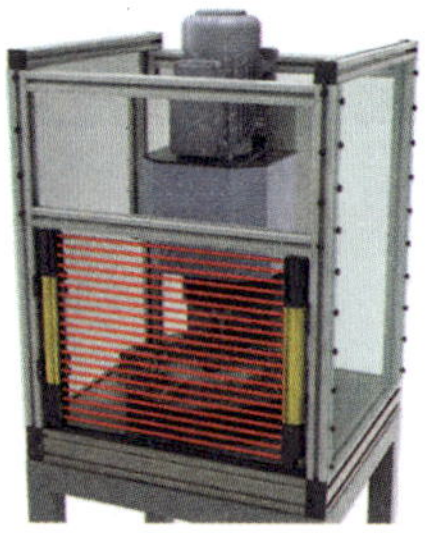

....

....

❾ Carter de protection mobile

....

....

7 À partir du **document C**, **décoder** les caractéristiques de la paire de gants.

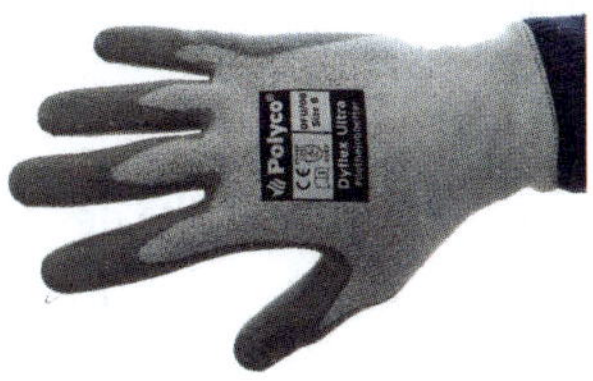

EN 388 : 2016

4 3 4 3 C (P)

DOC C Les gants de protection contre le risque mécanique

La protection contre le risque mécanique est symbolisée par un **pictogramme** faisant référence à la norme européenne 388-2016.
Quatre chiffres et deux lettres sous le pictogramme indiquent le niveau de résistance à 6 types de sollicitations mécaniques. La lettre X figure à la place du chiffre ou de la première lettre si le test n'a pas été réalisé.

EN 388 : 2016

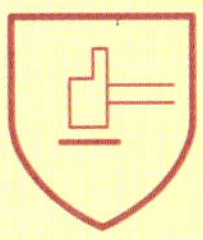

4	3	4	3	C	P
Abrasion (0 à 4)	Coupure (0 à 5)	Déchirure (0 à 4)	Perforation (0 à 4)	Coupure (EN ISO 13997) (A à F)	Résistance à l'impact (PFX)
Plus le chiffre est élevé, plus le gant est performant.				Résistance maximum F	P : test accepté F : test refusé X : non testé

8 À partir du **document D** et du tableau, **calculer** la taille des gants de protection adaptée aux mains d'un opérateur dont les mesures sont indiquées dans le tableau.

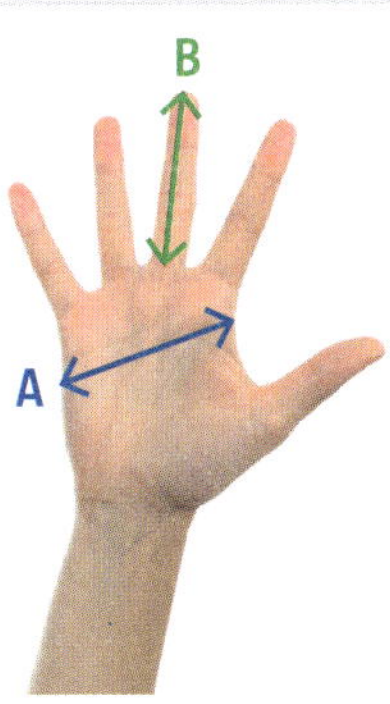

Mesures pour le calcul de la taille des gants de travail		Calcul	Taille de gants choisie
A ⟷	11 cm	....	....
B ⟷	9 cm		

DOC D Comment choisir la taille des gants de protection ?

Il est important que les gants sélectionnés soient adaptés à la taille de la main de l'individu qui les porte. Des gants trop grands diminuent la dextérité et des gants trop serrés risquent de bloquer la circulation sanguine.

- **La taille des gants de protection**

Méthode 1 :

Mesure du tour de main

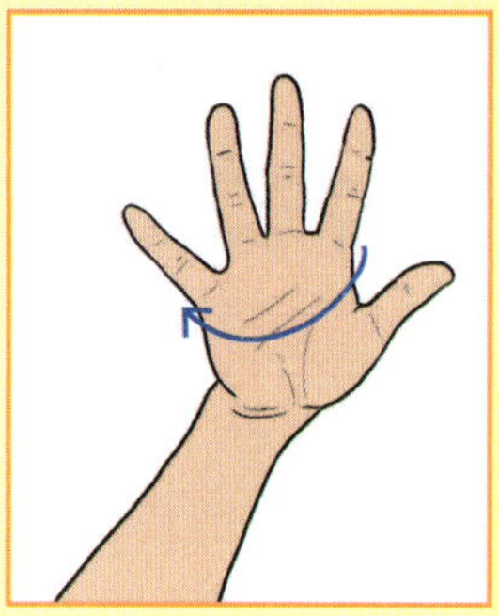

Méthode 2 :

$\frac{A+B}{2}$ = **taille des gants**

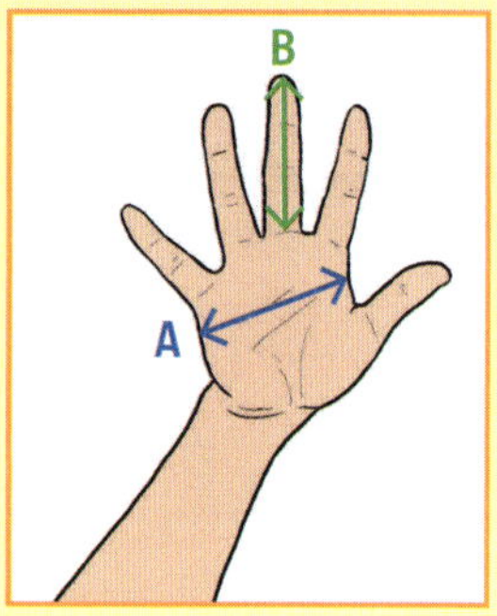

Tour de main	Taille des gants
De 15 à 17 cm	Taille 5
De 17 à 19 cm	Taille 6
De 19 à 20 cm	Taille 7
De 20 à 22 cm	Taille 8
De 22 à 24 cm	Taille 9
De 24 à 26 cm	Taille 10
De 26 à 28 cm	Taille 11

PROPOSER DES SOLUTIONS

9 **Proposer** trois mesures de prévention contre les risques liés à l'utilisation d'une scie circulaire de charpente.

....

....

....

....

10 **Calculer** la taille des gants de protection adaptée aux mains d'Elliot.

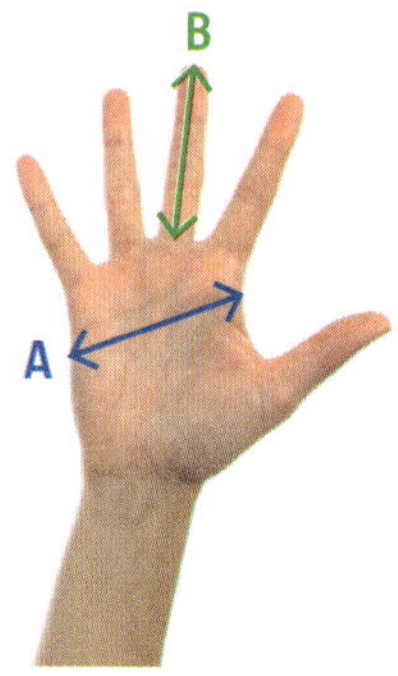

Mesures pour la main d'Elliot		Calcul	Taille de gants choisie
A ⟷	12 cm	....	....
B ⟷	10 cm		

11 **Sélectionner** le modèle de gants le plus adapté à l'activité de travail d'Elliot et **justifier**.

....

....

Gants n° 1

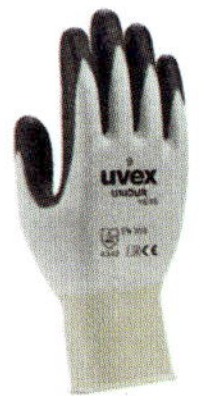

EN 388 : 2016

4342B (X)

CE

Gants n° 2

EN 388 : 2016

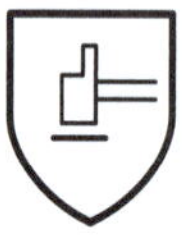

4443D (P)

CE

module C6

Le risque mécanique

mémo

L'identification des dangers

- Le risque mécanique est l'ensemble des facteurs physiques qui peut être **à l'origine d'une blessure par l'action mécanique** d'éléments de machines, d'outils, de vibrations, de pièces ou de matériaux solides ou de fluides projetés.
- Il prend différentes formes : **cisaillement**, **coupure**, **happement**, **entraînement**, **écrasement**, **sectionnement**...

Les effets sur la santé

- Les **effets** du risque mécanique sont :
  - les coupures ;
  - les **amputations** ;
  - les contusions ;
  - les écrasements ;
  - les brûlures ;
  - les **entorses** ;
  - les fractures.
- L'organe le plus fréquemment touché est la **peau**.

Des mesures de prévention

- Des mesures adaptées à l'activité professionnelle doivent être mises en œuvre.
  - **Prévention visant à supprimer** ou **réduire le risque** : automatisation des tâches au poste de travail...
  - **Protection** :
  • **collective** : grille de protection, dispositif d'arrêt d'urgence, rideau optique...
  • **individuelle** : gants et vêtements adaptés, chaussures de sécurité, port d'écran facial grillagé ou visière...
  - **Formation** et **information** : panneau de signalisation, formation spécifique...

Mots-clés

Amputation : ablation d'une extrémité du corps à la suite d'un traumatisme.

Entorse : étirement, distension, voire rupture des ligaments qui connectent les os entre eux au niveau des articulations.

le mémo audio
foucherconnect.fr/20p078

LE QCM INTERACTIF
foucherconnect.fr/20p079

mémo

En schéma

module C6

Le risque mécanique

Le risque mécanique

- **Les risques liés aux machines**
  - Cisaillement
  - Happement
  - Frottement
  - Perforation
  - Écrasement
- **Les effets sur la santé**
  - Fractures
  - Brûlures
  - Contusions
  - Amputations
  - Coupures
- **Les mesures de prévention**
  - Prévention visant à supprimer ou réduire le risque ..... Automatisation des tâches au poste de travail
  - Protection collective ..... Grille de protection, dispositif d'arrêt d'urgence
  - Protection individuelle ..... Gants et vêtements adaptés, chaussures de sécurité, écran facial grillagé ou visière
  - Formation et information ..... Panneau de signalisation, formation spécifique

Thématique C L'individu acteur de prévention dans son milieu professionnel

CHAPITRE 13

Objectif
Prévenir les risques liés aux produits, aux émissions et aux déchets.

module C6

Les risques liés aux produits, aux émissions et aux déchets

Abdel, titulaire du bac pro Aménagement et finition du bâtiment, est salarié chez Batipeintre, une entreprise de peinture du bâtiment. Il intervient toute la journée sur des chantiers, dans le cadre de travaux neufs ou de rénovation. Après l'intervention de son collègue qui prépare les murs, les enduit et les ponce pour obtenir des surfaces parfaitement lisses, il est chargé d'appliquer plusieurs couches de peinture à l'aide d'un pistolet.

ANALYSER LA SITUATION

1 **Identifier** les composantes de l'activité de travail d'Abdel à partir de l'outil d'analyse des 5M.

Main-d'œuvre ....

Milieu ....

Méthodes ....

Matériel ....

Matière ....

2 À partir de l'activité de travail d'Abdel et de la fiche « L'analyse des risques professionnels »,

2.1 **Proposer** une représentation mettant en lien les éléments du processus d'apparition d'un dommage.

2.2 **Évaluer** le risque en renseignant le tableau.

Estimation du risque	Niveau de gravité du dommage	N° ..
	Niveau de probabilité d'apparition du dommage	N° ..
Évaluation du risque	....	

Autre situation TEXTE

foucherconnect.fr/20p080

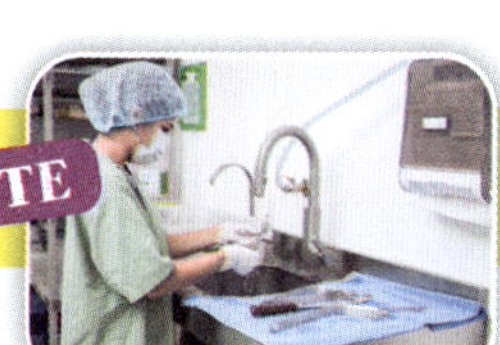

MOBILISER LES CONNAISSANCES

ACTIVITÉ 1 L'identification des dangers

3 À partir du **document A**, **indiquer**, pour chaque photo, l'agent chimique dangereux (le danger).

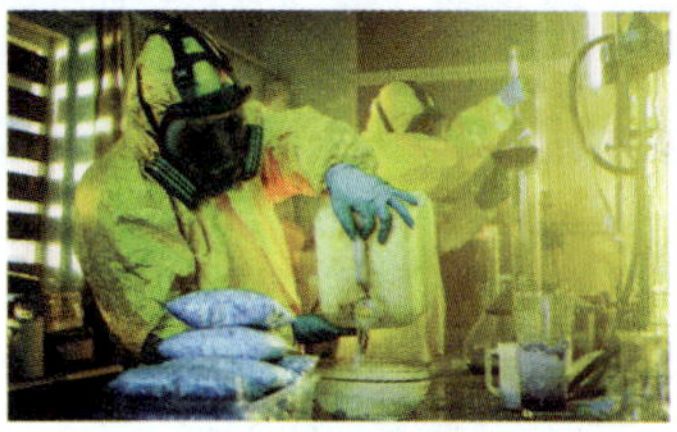

....

....

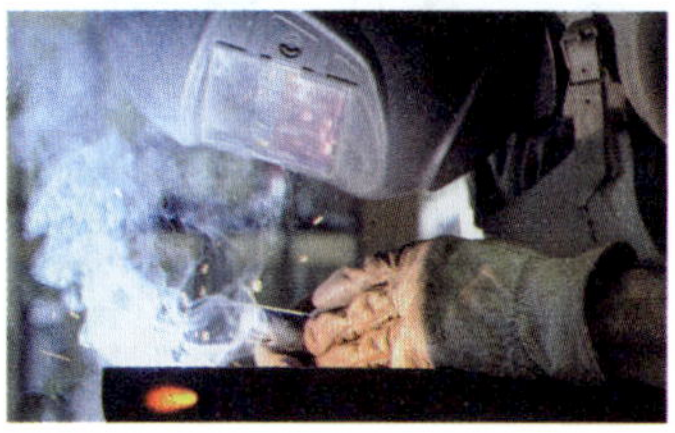

....

....

DOC A Les risques liés aux produits, aux émissions et aux déchets (risque chimique)

• Le **risque chimique** est un risque lié à l'utilisation d'un agent chimique ou au travail en présence d'un agent chimique.

• L'**agent chimique** peut être :
- une substance pure, diluée ou en mélange utilisée intentionnellement (ex. : carburant, peinture, colle...) ;
- un composé chimique involontairement libéré, notamment sous forme de déchets lors de certains procédés de travail (ex. : fumée de soudage, poussières de bois, gaz d'échappement...).

• L'agent chimique est considéré comme « **dangereux** » (ACD) dès lors que ses propriétés physicochimiques, chimiques ou toxicologiques peuvent présenter un risque pour la santé et la sécurité des salariés (ex. : nocif, toxique, irritant, allergisant...).

Source : acst-strasbourg.com/fiche/agents-chimiques-dangereux/

4 À partir du **document B**, de l'étiquetage et de la fiche de données de sécurité de deux produits utilisés dans votre secteur professionnel, **renseigner** le tableau.

	Produits utilisés dans mon secteur professionnel	
Nom	....	....
Catégorie de produit	❑ Substance ❑ Mélange (préparation)	❑ Substance ❑ Mélange (préparation)
État physique du produit	❑ Gaz ❑ Solide ❑ Liquide	❑ Gaz ❑ Solide ❑ Liquide
Signification du pictogramme de danger figurant sur l'étiquette	....	....

5 **Nommer**, dans votre secteur professionnel, un exemple d'activité émettrice d'un agent chimique (gaz, fumées).

....

DOC B Les produits chimiques

• L'exposition à au moins un produit chimique concerne un tiers des salariés en 2017, selon la synthèse de la Direction de l'animation de la recherche, des études et des statistiques (DARES), publiée en septembre 2019. En effet, les produits chimiques sont partout sous forme **liquide**, **solide** ou **gazeuse**. On les retrouve comme **substances** (élément chimique présent à l'état naturel ou produit industriellement : acide chlorhydrique, trichloréthylène…) ou **mélanges** (éléments chimiques composés d'au moins deux substances : encre, peinture, vernis…) dans toutes les activités et tous les secteurs professionnels.

• L'étiquette permet d'identifier la **nature des dangers** que présente le produit :

• L'**étiquette** figure sur le récipient d'origine. Elle doit être reproduite sur les nouveaux emballages en cas de transvasement ou de reconditionnement de produit et donner les informations suivantes :

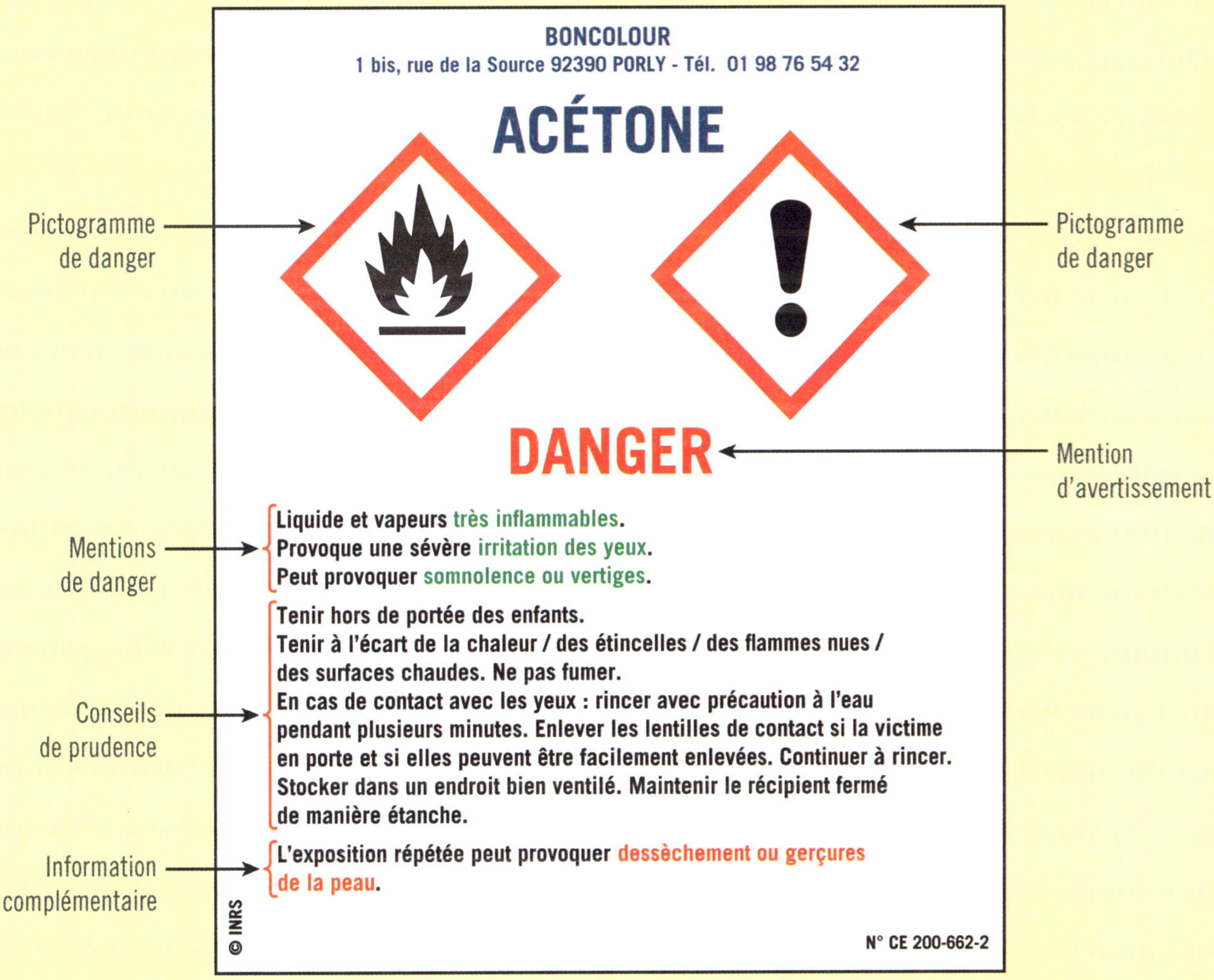

• Il existe également la **fiche de données de sécurité (FDS)**, complémentaire de l'étiquette apposée sur l'emballage du produit. Elle comprend obligatoirement 16 points réglementaires, dont notamment les mesures à prendre en cas de déversement ou dispersions accidentels, les précautions de stockage, d'emploi et de manipulation, l'identification des dangers. Elle doit obligatoirement être accessible aux salariés et au Comité social et économique (CSE).

ACTIVITÉ 2 Les voies de pénétration des agents chimiques et leurs effets sur l'organisme

6 Sur le schéma, **nommer** les voies de pénétration et de transport des agents chimiques.

Pénétration des agents chimiques par :

Voie	Voie	Voie ....
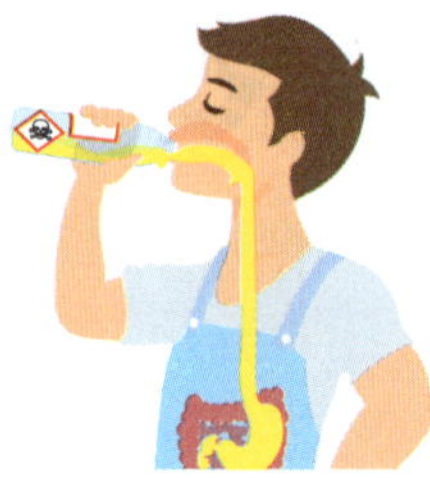		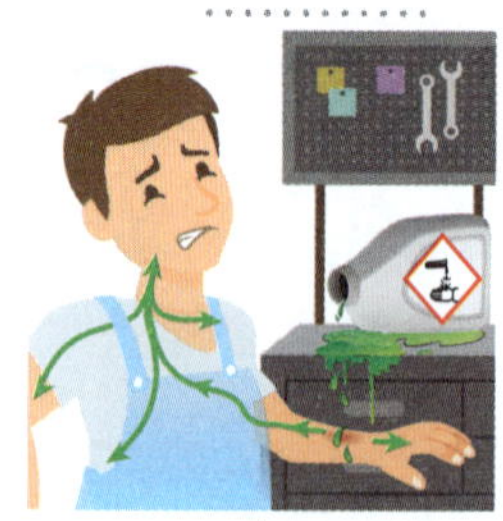
Intestin grêle	Poumons	Peau
Par les villosités intestinales	Par les alvéoles pulmonaires	Par le derme

→ Voie .... ←

Foie	Système nerveux	Reins

7 **Expliquer** pourquoi, quelle que soit la voie de pénétration de l'agent chimique, tous les organes peuvent être atteints.

....

....

8 **Surligner**, dans le **document C**, les paramètres qui ont une influence sur les effets immédiats ou différés des agents chimiques.

DOC C Les effets des agents chimiques

• Les agents chimiques peuvent provoquer des **effets** plus ou moins graves sur la santé.
La nature des effets dépend de **plusieurs paramètres** :
– la sensibilité aux effets toxiques de la personne concernée (âge, sexe, état de santé) ;
– les caractéristiques physico-chimiques du produit (toxicité) ;
– le mode d'exposition (niveau, fréquence, durée) ;
– les voies de pénétration dans l'organisme (voie respiratoire, cutanée ou digestive).

• Les effets peuvent apparaître de manière rapide après une exposition unique : on parle alors d'**effets aigus** (intoxication aiguë). Ce sont par exemple des irritations, des brûlures, des maux de tête, des vomissements, des troubles de la conscience…
Ils peuvent aussi se manifester après une période de latence plus ou moins longue, comme des allergies (eczéma, rhinite, asthme), ou des années après arrêt de l'exposition. Ces effets sont alors qualifiés de **chroniques** (intoxication chronique). Ils peuvent toucher de nombreux organes. Ce sont par exemple des maladies des reins, du foie ou du sang, des insuffisances respiratoires, des cancers…
Certaines de ces pathologies peuvent être reconnues comme maladies professionnelles.

D'après acst-strasbourg.com/fiche/agents-chimiques-dangereux/

9 À partir du **document C**,

9.1 **Cocher** les caractéristiques correspondant à l'intoxication chronique.

❑ Effets à moyen et à long termes.
❑ Exposition à des substances toxiques à des doses ou des concentrations élevées.
❑ Expositions répétées à des substances toxiques à des doses ou des concentrations faibles.
❑ Effets rapides voire immédiats.

9.2 **Renseigner** le tableau, puis **surligner**, pour chaque situation professionnelle :

- en vert, les effets sur l'organisme ;
- en bleu, les parties de l'organisme atteintes ou les organes atteints.

Situations professionnelles	Intoxication		Voie de pénétration dans l'organisme
	chronique	aiguë	
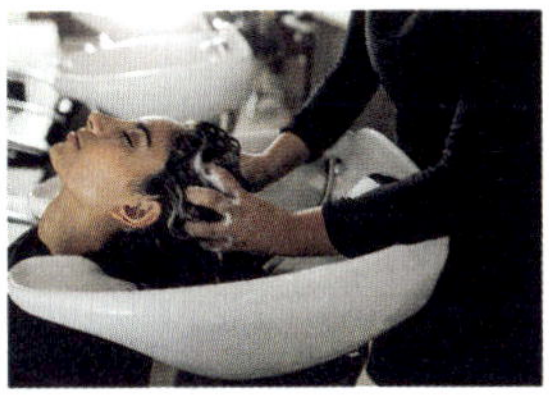 ❶ Angèle, coiffeuse, présente une dermatose grave sur les mains provoquée par l'usage quotidien et répété des produits de coloration qu'elle utilise dans le cadre de son activité professionnelle.			....
 ❷ Dans un entrepôt, Léo empile des palettes contenant des bidons d'eau de Javel concentrée. Lors des manœuvres, la fourche du chariot perce un bidon situé au troisième niveau, le produit s'écoule vers le sol et les projections de ce produit entraînent des brûlures au visage d'un collègue situé à proximité.			....
 ❸ Dans le local de pause, Raphaël, technicien de surface, a bu de l'eau de Javel qui était stockée dans une bouteille d'eau minérale. Il présente des brûlures au niveau des muqueuses digestives.			....
 ❹ Pendant 20 ans, Hugo a effectué des travaux de ramonage et d'entretien de chaudières. Son médecin diagnostique un cancer des bronches et du poumon provoqué par les goudrons et les suies.			....
 ❺ Aurélie, diéséliste depuis 10 ans, est fréquemment exposée à une concentration plus ou moins élevée de gaz d'échappement lors du réglage des moteurs. Cette exposition est responsable des signes d'irritation des voies respiratoires.			....

ACTIVITÉ 3 Les mesures de prévention

10 À partir du **document D**, **justifier** l'intérêt de la :

- VLEP : ....
- VLCT : ....

DOC D Les valeurs limites d'exposition professionnelle aux agents chimiques

• La prévention du risque chimique sur les lieux de travail se fonde prioritairement sur le **principe de la substitution** (remplacement d'un produit dangereux par un produit ou un procédé non ou moins nocif) ou, à défaut, sur la réduction des concentrations des polluants aux niveaux les plus faibles possibles. [...]

• Pour prévenir la survenue de pathologies dues à l'exposition aux polluants présents sur les lieux de travail, des **valeurs limites d'exposition professionnelle** (VLEP) à ne pas dépasser ont été fixées. La VLEP à un agent chimique représente la concentration dans l'air que peut respirer une personne pendant un temps déterminé, sans risque pour sa santé. Elle vise à protéger les salariés (ainsi que leur descendance) des effets néfastes sur la santé d'une exposition à un ou plusieurs agent(s) chimique(s) dangereux.

• Pour une substance donnée, deux types de valeurs limites d'exposition en milieu professionnel sont recommandés sur la base des données scientifiques actuellement disponibles :

– une **valeur limite d'exposition professionnelle** 8 heures (VLEP- 8 h) qui a pour objectif de protéger, à moyen et long termes, la santé des travailleurs exposés régulièrement à l'agent chimique, tout au long d'une vie de travail. La période de référence est, sauf autre indication, la journée de travail de 8 heures ;

– une **valeur limite d'exposition professionnelle à court terme** (VLCT) qui vise à protéger les salariés des effets toxiques immédiats ou à court terme (comme les phénomènes d'irritation) sur la santé dus à des pics d'exposition. La période de référence est de 15 minutes, sauf autre indication.

11 **Lister**, pour votre secteur professionnel, les mesures de prévention existantes.

Du plus efficace au moins efficace

Type de prévention		Mesures de prévention
Prévention visant à	supprimer le risque	....
	réduire le risque	....
Protection	collective	....
	individuelle	....
Formation et information		....

PROPOSER DES SOLUTIONS

12 **Indiquer**, pour la situation d'Abdel (page 133), la voie de pénétration de l'agent chimique.

....

13 **Proposer** trois mesures de prévention.

....
....
....
....
....

module C6

Les risques liés aux produits, aux émissions et aux déchets

mémo

L'identification des dangers

- Le risque chimique est un **risque lié à l'utilisation d'un agent chimique** ou **au travail en présence d'un agent chimique**.
- L'**agent chimique** peut être :
  - une substance pure, diluée ou en mélange, utilisée intentionnellement (ex. : carburant, peinture, colle...) ;
  - un composé chimique involontairement libéré, notamment sous forme de déchets lors de certains procédés de travail (ex. : fumée de soudage, poussières de bois, gaz d'échappement...).
- L'agent chimique est considéré comme « **dangereux** » (ACD) dès lors que ses propriétés physicochimiques, chimiques ou toxicologiques peuvent présenter un risque pour la santé et la sécurité des salariés (ex. : nocif, toxique, irritant, allergisant...).
- L'**étiquette** et la **fiche de données de sécurité** (FDS) renseignent sur le produit chimique.

Les voies de pénétration des agents chimiques et leurs effets sur l'organisme

- Les agents chimiques dangereux peuvent entrer dans l'organisme par :
  - voie **cutanée** ;
  - voie **digestive** ;
  - voie **respiratoire**.
- Les agents chimiques dangereux se retrouvent ensuite dans le **sang** qui les transporte vers tous les organes.
- Les **effets** peuvent être **immédiats** dans le cas d'une **intoxication aiguë**, ou **différés** dans le cas d'une **intoxication chronique**. Ils se traduisent par des brûlures, des cancers, la stérilité...

Les mesures de prévention

- Les mesures de prévention sont variées.
  - **Prévention visant à supprimer** ou **réduire le risque** : choix d'un produit chimique moins dangereux...
  - **Protection** :
    - **collective** : limitation des contacts entre les agents chimiques dangereux et le salarié, limitation de l'exposition en respectant les valeurs limites d'exposition professionnelle (VLEP) mesurée sur 8 heures et destinée à protéger des effets à long terme, ainsi que la valeur limite d'exposition professionnelle à court terme (VLCT) mesurée sur 15 minutes destinée à protéger des effets des pics d'exposition ;
    - **individuelle** : masque respiratoire adapté, combinaison, gants... ;
  - **Formation** et **information** : étiquette de produit, signalisation des risques...

Mots-clés

Intoxication aiguë : intoxication due à l'exposition à des agents chimiques nocifs à doses élevées sur une brève durée.

Intoxication chronique : intoxication due à l'exposition répétée avec des agents chimiques nocifs à faibles doses.

le mémo audio
foucherconnect.fr/20p081

LE QCM INTERACTIF
foucherconnect.fr/20p082

mémo

En schéma

module C6 Les risques liés aux produits, aux émissions et aux déchets

Les risques liés aux produits, aux émissions et aux déchets

- **Les effets sur la santé**
  - Effets à long terme : intoxication chronique
    - Cancers
    - Allergie
  - Effets à court terme : intoxication aiguë
    - Irritations
    - Brûlures
- **Les voies de pénétration dans l'organisme**
  - Voie cutanée
  - Voie digestive
  - Voie respiratoire
- **Les agents chimiques dangereux (ACD)**
  - Gaz
  - Fumées
  - Poussières
  - Substances ou mélanges
- **Les mesures de prévention**
  - Prévention visant à supprimer ou réduire le risque
    - Remplacement d'un produit par un autre pas ou moins dangereux
    - Automatisation des opérations exposant le personnel
  - Protection collective
    - Valeurs limites d'exposition professionnelle (VLEP)
    - Ventilation générale des locaux
  - Protection individuelle
    - Port de gants adaptés, lunettes, combinaison, masque respiratoire
  - Formation et information
    - Étiquettes pour identifier les dangers
    - Fiches de données de sécurité des produits

CHAPITRE 14

Objectif
Acheter des aliments de qualité en toute sécurité.

module A9

La sécurité alimentaire

Rappel d'huîtres contaminées aux salmonelles

Plusieurs lots d'huîtres de Bouzigues vendues dans les enseignes du groupe Carrefour sont contaminés aux salmonelles, des bactéries pouvant engendrer une toxi-infection alimentaire sévère : la salmonellose. Ce rappel de produits concerne des huîtres de Bouzigues n° 2 et n° 3, commercialisées sous les marques Sanchez et Filière qualité Carrefour. Trois types de produits sont ainsi susceptibles d'être contaminés. Toutes ces bourriches portent l'estampille sanitaire FR 34.143.007 CE. Les toxi-infections alimentaires causées par des salmonelles entraînent des troubles gastro-intestinaux (diarrhées, nausées, vomissements, douleurs abdominales) qui peuvent s'accompagner de fièvre. Ces symptômes surviennent généralement dans les 48 heures qui suivent la consommation d'aliments contaminés. Une vigilance particulière doit être accordée aux jeunes enfants, aux personnes immunodéprimées et aux personnes âgées, chez qui les symptômes peuvent s'avérer plus sévères.

Source : « Rappel d'huîtres contaminées aux salmonelles », Rédaction d'Allodocteurs.fr – Site www.allodocteurs.fr, © Pulsations multimédia.

ANALYSER LA SITUATION

1 **Formuler** le problème posé dans la situation.

....

2 **Identifier** les éléments de la situation en renseignant les rubriques suivantes.

Micro-organismes responsables de la contamination	....
Nom de la toxi-infection alimentaire	....
Origine de la contamination	....
Symptômes	....
Personnes les plus vulnérables	....
Lieux de commercialisation	....
Numéro de l'estampille sanitaire	....

>> Autre situation VIDÉO

foucherconnect.fr/20p084

ACTIVITÉ 1 Les critères de la qualité sanitaire des aliments

3 **Surligner**, dans chaque situation, les aliments concernés par les contaminations.

4 À partir du **document A**,

4.1 **Identifier**, pour chaque situation, les critères de qualité sanitaire des aliments non respectés et l'agent contaminant en renseignant le tableau.

Situations	Critères de qualité sanitaire des aliments non respectés	Agents contaminants
 ❶ Des moules de Bouchot AOP Baie du Mont Saint Michel, vendues par Intermarché, font l'objet d'un rappel. Elles seraient contaminées par la bactérie *Escherichia coli*, pouvant provoquer une grave intoxication alimentaire. Source : Pauline Capmas-Delarue, medisite.fr, 9/10/2019	....	....
 ❷ La société Parmentine S.A. procède [...] au rappel de sacs de pommes de terre vendus chez Lidl entre le 21 et le 26 juin 2019, suite à la découverte d'un dépassement de la limite maximale de résidus sur la molécule « fosthiazate », un insecticide. Source : Stéphanie Alexandre, leparticulier.lefigaro.fr, 5/07/2019.	....	....

4.2 **Expliquer** l'intérêt d'analyser les aliments d'un point de vue chimique et microbiologique.

....

....

....

DOC A Les contaminants chimiques et microbiologiques de l'alimentation

La **qualité sanitaire** des aliments est l'ensemble des propriétés et des caractéristiques d'un produit alimentaire qui lui confère des garanties de salubrité et de sécurité.
Notre alimentation résulte souvent d'une chaîne complexe d'actions, incluant des productions végétale et animale, des procédés de transformation, de conservation et de distribution. Plusieurs types de substances utilisées dans ces processus peuvent ainsi se retrouver dans les aliments : additifs, substances provenant des matériaux au contact des denrées, résidus de produits phytopharmaceutiques et de médicaments vétérinaires...
La nature de ces substances et leur teneur maximale admise dans les denrées sont réglementées. [...]
D'autre part, de multiples micro-organismes (bactéries, virus, parasites) présents dans l'environnement sont susceptibles de contaminer les denrées alimentaires et d'engendrer diverses pathologies. [...]
La qualité microbiologique des aliments est déterminée par le type et le nombre de micro-organismes présents dans la denrée alimentaire.

Source : « Les contaminants chimiques de l'alimentation », www.anses.fr

ACTIVITÉ 2 Les précautions pour maintenir la qualité microbiologique des aliments

 # vidéo
OMS : cinq clés pour des aliments plus sûrs.
foucherconnect.fr/20p085

5 À partir du **document B** et de la **vidéo**,

5.1 Indiquer à quoi correspond la flore de décomposition des aliments.

5.2 Préciser, sous chaque photo, le facteur pris en compte pour empêcher la multiplication microbienne.

DOC B Les facteurs influençant la multiplication microbienne

La principale cause de détérioration de nos aliments est la prolifération de certains micro-organismes qui constituent la **flore de décomposition**. Selon la composition de l'aliment et les micro-organismes qui y sont présents, on assistera à différents types d'altération de l'aliment observable par les changements d'apparence, de texture, d'odeur et de saveur. Afin de limiter ces altérations et de conserver les qualités organoleptiques* et sanitaires des aliments, il convient d'agir sur les facteurs favorables à la multiplication microbienne : un pH neutre, un milieu riche en substances nutritives, en eau, en oxygène et une température optimale située entre + 10 °C et + 60 °C.

* Caractéristiques d'une substance qui sont perceptibles par les organes des sens (goût, odeur, aspect, couleur et consistance).

6 À partir des **documents B** et **C**,

6.1 Expliquer en quoi la rupture de la chaîne du froid est nuisible à la bonne conservation des aliments.

6.2 Lister deux conseils pour ne pas rompre la chaîne du froid lors de l'achat d'aliments réfrigérés.

DOC C La chaîne du froid

Respecter la chaîne du froid, c'est assurer le maintien constant des aliments réfrigérés ou surgelés à une température, positive ou négative selon le cas, conforme à la réglementation ou à leur étiquetage. Le froid permet aux produits de conserver leurs qualités et de les garder sains, du stade de la production jusqu'à la cuisine car il limite, voire stoppe, la prolifération des micro-organismes qui peuvent être à l'origine d'intoxications alimentaires. Les exploitants du secteur alimentaire sont tenus de respecter les températures prescrites par la réglementation ou fixées sous leur responsabilité au niveau de la fabrication, du stockage, du transport et de la distribution.

Toute hausse de température provoque et accélère la croissance microbienne et réduit la durée de vie du produit. Un produit sain peut alors devenir un produit à risque. La date indiquée sur l'étiquette ne reste en effet valable que si la température de conservation indiquée est respectée.

Source : www.economie.gouv.fr/dgccrf/Publications/Vie-pratique/Fiches-pratiques/Chaine-du-froid

7 À partir de l'étiquette du produit alimentaire et du **document C**,

7.1 Indiquer la température de conservation du dos de cabillaud.

....

....

7.2 Justifier l'intérêt de respecter la température indiquée.

....

....

....

8 À partir du **document D** et de l'étiquette du produit alimentaire,

8.1 Indiquer la date avant laquelle le dos de cabillaud doit être consommé.

....

8.2 Préciser les deux informations présentes sur l'étiquette indispensables au consommateur pour conserver le dos de cabillaud dans les meilleures conditions et le consommer sans risque d'intoxication alimentaire.

....

....

DOC D La date de consommation des produits alimentaires

Les produits rapidement périssables ont une **date limite de consommation** ou **DLC** (à consommer jusqu'au...) : **ne plus utiliser après dépassement de cette date !**
Exemples : les viandes fraîches, les poissons frais et les charcuteries préemballées, les yaourts...

Les produits ayant une plus longue durée de conservation ont une **date de durabilité minimale** ou **DDM** (à consommer de préférence avant le...) : **ils peuvent encore être consommés après cette date, à condition d'être conservés correctement et que leurs emballages ne soient pas endommagés**. Cependant, ils perdent de leurs qualités gustatives ou nutritives.
Exemples : le chocolat, les conserves.

9 À partir du **document E**, **justifier** l'intérêt du lavage des mains avec du savon pour limiter le risque de transmission des micro-organismes responsables d'intoxications alimentaires.

....

....

DOC E L'hygiène des mains, un rempart contre les maladies

Nos mains secrètent naturellement un produit gras gardant la peau humide. Cette graisse cutanée forme un milieu idéal pour la multiplication des micro-organismes : elle les aide à « adhérer » à notre peau. Nos mains sont recouvertes d'une flore microbienne naturelle composée de bactéries utiles qui nous protègent. Lorsque nous nous lavons les mains régulièrement, nous diminuons la quantité de micro-organismes potentiellement dangereux venant de notre environnement (personnes, animaux, végétaux, aliments, supports contaminés...) sans détruire notre flore naturelle protectrice. Le lavage des mains à l'eau seule élimine la saleté visible, mais il est nécessaire d'utiliser du savon ou une solution hydroalcoolique pour « dissoudre » la graisse cutanée à la surface de nos mains. Il faut souvent se laver les mains dans la journée et en particulier avant, pendant et après la préparation des aliments, après avoir touché de la viande crue, ou encore avant de manger et après être allé aux toilettes.

ACTIVITÉ 3 L'intérêt de la mention des substances allergènes et des additifs sur les étiquettes

10 **Surligner**, dans le **document F**, les deux catégories de substances allergènes.

DOC F Les allergies alimentaires : un décryptage essentiel des étiquettes

Aujourd'hui, 3 à 10 % des Français souffrent d'allergie alimentaire. La liste des **allergènes** (substances ou micro-organismes provoquant une réaction allergique) les plus courants est mise à jour régulièrement. Actuellement, cette liste contient **14 aliments**. Mais, il existe d'autres substances indispensables pour l'industrie alimentaire, les **additifs** (E333, E453...) ajoutés aux aliments dans le but d'améliorer leur apparence, leur goût et leur durée de vie. Parmi ces additifs, les **colorants** sont ceux qui provoquent le plus de réactions allergiques. Les autres (exhausteurs de goût, conservateurs ou émulsifiant) causent habituellement des intolérances ou une difficulté d'assimilation par l'appareil digestif. Chez un sujet sensible, l'allergène peut provoquer de l'urticaire, déclencher une crise d'asthme ou des palpitations cardiaques, entraîner des diarrhées ou encore des vomissements. Il peut aussi parfois causer des troubles plus graves, tels que l'œdème de Quincke*. La vigilance s'impose. Il est donc préférable, dans tous les cas, de donner la priorité aux aliments frais.

* Gonflement rapide de la peau et des muqueuses au niveau de la tête et du cou.

CROQUE-MONSIEUR à base de fromage fondu 24 % et de jambon cuit standard 22 %.
Ingrédients : farine de blé, eau, **fromages (œuf)**, jambon de porc, huile de colza, huile de palme, **beurre**, amidons modifiés, protéines de **lait**, dextrose, sel, **lactosérum**, sels émulsifiants : E331, E452 ; levure, émulsifiants : E471, E322 ; **gluten de blé**, conservateurs : E202, E250, E282 ; stabilisants : E450, E451 ; gélifiant : E407, épaississant : E415, arômes, épices et aromates, anti-oxydant : E316, acidifiant : E270, agent de traitement de la farine : E300. **Conditionné sous atmosphère protectrice. À conserver à + 4 °C. À consommer rapidement après ouverture.** Fabriqué en France avec de la viande de porcs d'origine : Union européenne issus d'élevages rigoureusement sélectionnés. ® Marque enregistrée, utilisée en accord avec le propriétaire de la marque.

11 À partir du **document F**, **expliquer** l'intérêt de mentionner la présence d'allergènes sur les étiquettes d'aliments.

....

....

....

....

ACTIVITÉ 4 Le dispositif qui garantit la sécurité alimentaire du consommateur

12 À partir du **document G** et de la **vidéo**,

 # vidéo
Paquet hygiène.
foucherconnect.fr/20p086

12.1 Indiquer le nom donné à l'ensemble des textes réglementaires relatifs à l'hygiène des aliments et applicables dans l'Union européenne.

....

12.2 Préciser qui est concerné par ces textes réglementaires.

....

....

....

DOC G Le Paquet hygiène

Pour limiter les risques de contamination par la nourriture consommée, le gouvernement **réglemente la mise en circulation des produits** et met en place certaines politiques afin de garantir la propreté de consommation des aliments. Le « **Paquet hygiène** » est un ensemble de règlements européens directement applicables dans tous les États membres. Il s'applique à l'ensemble de la filière agroalimentaire depuis la production primaire, animale et végétale jusqu'à la distribution au consommateur final, en passant par l'industrie agroalimentaire, les métiers de bouche et le transport.

Source : https://agriculture.gouv.fr/la-reglementation-sur-lhygiene-des-aliments

13 À partir du **document H**,

13.1 Nommer les organismes nationaux de contrôle qui dépendent :

- du ministère de l'Agriculture et de l'alimentation : ....
- du ministère en charge de la Consommation : ....

....

13.2 Nommer les structures de contrôles au niveau départemental.

....

13.3 Cocher, dans le tableau, l'organisme de contrôle compétent.

Situations	Organismes de contrôle	
	DGCCRF	DGAL
Un inspecteur a été mandaté pour contrôler un établissement distributeur de denrées alimentaires afin de s'assurer que son mode de fonctionnement concernant les pratiques d'hygiène, les autocontrôles est conforme à la réglementation.		
10 % des établissements contrôlés ont fait l'objet d'injonctions pour absence d'indication des allergènes dans des denrées non préemballées et infractions aux règles d'étiquetage. 300 procès-verbaux ont également été établis dans les cas les plus graves.		

14 **Entourer**, dans le **document H**, les dispositions prises en cas de non-conformité et/ou de risques pour la santé publique.

DOC H La sécurité sanitaire des aliments : le dispositif de contrôle et de veille

SÉCURITÉ SANITAIRE DES ALIMENTS
LE DISPOSITIF DE CONTRÔLE ET DE VEILLE

1

LES ENTREPRISES SONT LES PREMIÈRES RESPONSABLES DE LA QUALITÉ SANITAIRE DES PRODUITS QU'ELLES METTENT SUR LE MARCHÉ

Elles ont l'obligation réglementaire de mettre en place un **plan de maîtrise des risques sanitaires**.

Pour vérifier la bonne maîtrise de ces risques tout au long du process de fabrication, elles doivent notamment effectuer des **autocontrôles** portant à la fois sur le matériel, les matières premières et les produits finis.

LA RÉGLEMENTATION IMPOSE AUX ENTREPRISES D'INFORMER LES POUVOIRS PUBLICS DÈS LORS QU'ELLES ONT CONNAISSANCE DE RÉSULTATS DÉFAVORABLES SUR LES PRODUITS FINIS MIS SUR LE MARCHÉ.

En cas de non conformité et/ou de risque pour la santé publique il est procédé au retrait ou au rappel des produits

*Le **retrait** est le fait de retirer des lieux d'entreposage ou des rayons des produits non encore vendus sur lesquels une non conformité est constatée.*
*Le **rappel** intervient lorsque l'on demande aux consommateurs de ne pas consommer et le cas échéant de rapporter des produits qu'ils ont achetés.*

2

LES SERVICES DE L'ÉTAT SONT EN CHARGE DES MESURES DE GESTION DES RISQUES

Ils veillent au **respect de la réglementation par les établissements de la chaîne alimentaire**.

***Le ministère en charge de l'agriculture et de l'alimentation (DGAL)** a pour mission de vérifier la qualité et la sécurité des aliments à tous les maillons de la chaîne alimentaire.*

***Le ministère en charge de la consommation (DGCCRF)**, exerce une mission de protection des consommateurs et de surveillance de l'ensemble de la sécurité et de la loyauté des produits.*

Les inspections et les contrôles sont conduits selon sur une fréquence basée sur une analyse de risque par des agents de la DGAL et de la DGCCRF affectés dans les **directions départementales de la cohésion sociale et de la protection des populations (DDCSPP)**, placées sous la responsabilité du Préfet.

3

LA VEILLE SANITAIRE ET LA GESTION DES ALERTES SONT COORDONNÉES PAR LES SERVICES DE L'ÉTAT

La protection de la santé publique consiste notamment en une veille sanitaire dont l'objet est de détecter dès que possible les événements significatifs en terme de santé humaine.

Santé Publique France centralise ainsi les déclarations émanant des médecins au niveau national et coordonne les enquêtes épidémiologiques afin de déterminer l'origine des contaminations. Lorsqu'une origine alimentaire est suspectée, Santé Publique France transmet cette alerte aux administrations centrales concernées selon leur domaine de compétence (DGS, DGAL et DGCCRF).

Les autorités nationales transmettent ensuite les instructions aux **directions départementales en charge de la protection de la population (DDCSPP)**, coordonnent les mesures de gestion et assurent un appui technique aux services afin d'éliminer le plus rapidement possible tout risque pour la santé publique.

MINISTÈRE DE L'AGRICULTURE ET DE L'ALIMENTATION

Source : https://agriculture.gouv.fr/infographie-securite-sanitaire-des-aliments-le-dispositif-de-controle-et-de-veille, 2018.

Remarque : dans certains départements, la DDCSPP est remplacée par la DDPP (Direction départementale de la protection des populations).

15 À partir des **documents I** et **J**, **nommer** le principe mis en application pour le dioxyde de titane et **justifier** la raison de celui-ci.

....

....

....

DOC I Une alerte sur les dangers du dioxyde de titane, un additif alimentaire très courant

En 2017, l'Anses[1] a rendu un avis spécifique portant sur la toxicité orale du E171. Le dioxyde de titane, très utilisé dans les confiseries pour ses propriétés colorantes, est soupçonné d'être cancérigène pour l'être humain. Le ministre de la Transition écologique et solidaire a signé un arrêté suspendant la mise sur le marché des aliments contenant du dioxyde de titane à compter de 2020.

1. Agence nationale de sécurité sanitaire de l'alimentation, de l'environnement et du travail.

DOC J Le principe de précaution en matière de sécurité alimentaire

Suspicion de risque lié à la consommation d'un aliment

→ **Risque avéré** Danger scientifiquement confirmé → **Principe de prévention**

→ **Pas de risque avéré** Danger scientifiquement plausible → **Principe de précaution**

PROPOSER DES SOLUTIONS

16 Pour la situation « Rappel d'huîtres contaminées aux salmonelles » (*cf.* p. 141),

16.1 Nommer les services qui interviennent pour contrôler les produits et les établissements, afin de rechercher la cause de l'intoxication.

....

....

16.2 Indiquer :

- les mesures à mettre en place par les services de contrôle :

....

....

....

....

- les mesures à prendre par le consommateur :

....

....

....

module A9

La sécurité alimentaire

mémo

Les critères de la qualité sanitaire des aliments

- La **qualité sanitaire** des aliments est l'ensemble des propriétés et caractéristiques d'un produit alimentaire qui lui confère des garanties de salubrité et de sécurité.
- Les principaux **critères** de la qualité sanitaire des aliments sont la qualité chimique (exemple d'agent contaminant : les pesticides) et la qualité microbiologique (exemple d'agent contaminant : les bactéries).

Les précautions pour maintenir la qualité microbiologique des aliments

- La **multiplication de la flore de décomposition** est favorisée par la présence de matières organiques, d'un milieu humide, d'oxygène, d'un pH et d'une température favorables. Cette prolifération, que le froid limite (0 °C à + 10 °C), voire stoppe (– 18 °C), entraîne des changements d'apparence, de texture, d'odeur et de saveur de l'aliment en le rendant impropre à la consommation.
- La **date limite de consommation** (DLC), mentionnée sur l'étiquette, ne reste en effet valable que si la température de conservation indiquée est respectée.
- Un **lavage des mains** est indispensable pour éliminer les micro-organismes et empêcher leur transmission aux aliments.

L'intérêt de la mention des substances allergènes sur les étiquettes

- Un **allergène** (aliment ou **additif alimentaire**) peut être à l'origine d'allergie. Il est mentionné par un étiquetage obligatoire.

Le dispositif qui garantit la sécurité alimentaire

- Le dispositif qui garantit la sécurité alimentaire repose sur la **réglementation** européenne appelé « **Paquet hygiène** ». Des **contrôles** par des organismes compétents visent à vérifier sa bonne application de la production de l'aliment jusqu'à sa distribution aux consommateurs. Des **procédures d'alerte** sont mises en œuvre en cas de contamination dangereuse des aliments. Elles ont pour objectif de retirer les produits alimentaires de la vente et d'informer les consommateurs.
- Lorsqu'un produit alimentaire présente un risque sanitaire mais que les preuves scientifiques ne sont pas suffisantes pour qu'il soit avéré, on applique le **principe de précaution**.

Mots-clés

Flore de décomposition : ensemble des micro-organismes présents sur les aliments et qui peuvent les altérer si les conditions et les durées de conservation ne sont pas respectées.

Additif alimentaire : substance ajoutée en faible quantité aux aliments industriels pour en améliorer la saveur, la texture, l'apparence.

le mémo audio
foucherconnect.fr/20p087

LE QCM INTERACTIF
foucherconnect.fr/20p088

mémo

En schéma

module A9 La sécurité alimentaire

La sécurité alimentaire

- **Critères de la qualité sanitaire des aliments**
  - Critère microbiologique
  - Critère chimique
- **Précautions pour maintenir la qualité microbiologique**
  - Se laver régulièrement les mains
  - Respecter la date limite de consommation
  - Respecter la chaîne du froid
- **Informations sur les étiquettes alimentaires**
  - Présence d'allergènes responsables d'allergies
    - Aliments
    - Additifs (ex : colorants, exhausteurs de goût, conservateurs, émulsifiants)
  - Date de consommation
    - DLC : date limite de consommation
    - DDM : date de durabilité minimale
  - Température de conservation pour certains aliments
- **Dispositif garantissant la sécurité alimentaire en France**
  - La réglementation (le paquet hygiène)
  - Les contrôles par différents organismes
  - La procédure d'alerte
  - Le principe de précaution

Évaluer ses compétences

Communiqué : ALERTE SANITAIRE

Signalement de cas de listériose : retrait et rappel de langue de porc en gelée

Étiquette alimentaire de langue de porc en gelée

Huit personnes atteintes de listériose, infectées par la même souche de listeria, ont été identifiées par le Centre national de référence (CNR) des listeria. Les investigations menées par Santé publique France et les services de la Direction générale de l'alimentation suggèrent un lien entre consommation de langue de porc en gelée (ou de préparation à base de langue de porc en gelée) fabriquée par l'établissement Tradival (45) et certaines personnes malades.
À titre de précaution, compte tenu des résultats des investigations, Tradival (FR 45-147-004 CE), en lien avec les autorités sanitaires, procède donc ce jour au retrait de la vente et à un rappel de tous les lots de langue de porc en gelée, quelle que soit la date limite de consommation. La production de langue en gelée dans l'atelier de transformation de cet établissement est à l'arrêt jusqu'à nouvel ordre. Ces produits sont commercialisés au rayon traditionnel des supermarchés et hypermarchés (GMS) et par les bouchers détaillants sur tout le territoire français et sont identifiables par le numéro d'agrément (FR 45-147-004-CE) apposé sur l'emballage.

Source : agriculture.gouv.fr, 20/11/2019.

C2 **1** **Formuler** le problème posé dans la situation. ... / 2

....

C2 **2** **Identifier** les éléments de la situation en renseignant le tableau. ... / 4

Quoi ? Quel est le produit alimentaire en cause ?	....
Qui ? Quelles sont les deux autorités sanitaires mobilisées ?	....
Où ? Où le produit alimentaire est-il commercialisé ?	....
Quand ? À quel moment l'alerte sanitaire a-t-elle été déclenchée ?	....
Comment ? Comment le produit contaminé est-il identifiable ?	....
Pourquoi ? Pourquoi l'alerte sanitaire a-t-elle été déclenchée ?	....

C2 **3** À partir de la situation, **nommer** le critère de la qualité sanitaire des aliments qui n'a pas été respecté par l'établissement Tradival et **justifier**. ... / 2

....

....

Évaluer ses compétences

C3 **4** Dans la situation, **relever**, sur l'étiquette alimentaire de langue de porc en gelée, les deux informations à respecter par le consommateur pour maintenir la qualité microbiologique des aliments jusqu'à leur consommation et **justifier** à l'aide du **document A**. ... / 4

....

....

....

....

DOC A Les effets de la température sur les micro-organismes

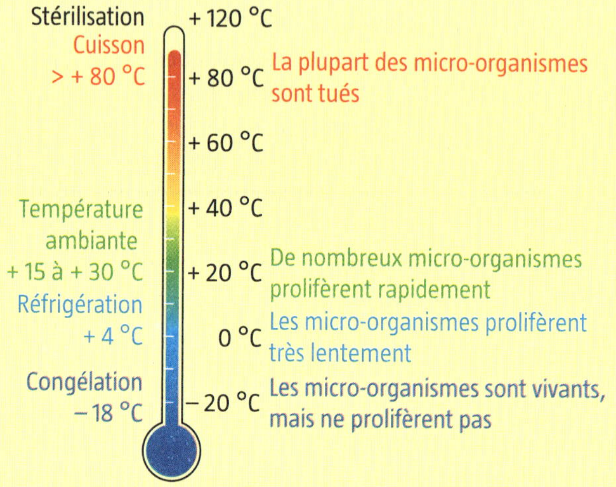

C3 **5** À partir du **document B**, **indiquer** : ... / 3

- la température à laquelle la bactérie est détruite :

....

....

- la température optimale de croissance de la bactérie :

....

DOC B *Listeria monocytogenes* : une bactérie bien armée

C'est une bactérie très résistante aux conditions extérieures et sa température optimale de croissance se situe entre + 30 et + 37 °C. Sensible à la chaleur, elle est détruite après une cuisson de 30 minutes à + 60 °C. Capable de se multiplier à basse température, elle peut proliférer dans les réfrigérateurs. De plus, elle supporte les milieux salés (saumures) et acides. Sensible à la chaleur, elle est en revanche absente des aliments cuits et des conserves, mais une contamination peut intervenir après la cuisson.

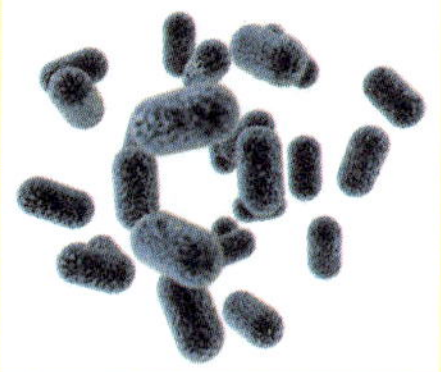

C3 **6** À partir des **documents A** et **B**, **expliquer** pourquoi les aliments qui sont légèrement contaminés par la bactérie listéria peuvent devenir très contaminés alors qu'ils sont au réfrigérateur. ... / 2

....

....

C4 **7** **Indiquer** l'information qui permet aux consommateurs ayant acheté de la langue de porc en gelée de vérifier si elle est concernée par cette alerte sanitaire. ... / 3

....

....

CHAPITRE 15

Objectif
Adopter un comportement éthique et écoresponsable face à la consommation d'énergie.

module B5

Les ressources en énergie et le développement durable

Source : ADEME / Qu'est-ce qu'on fait ? www.qqf.fr

ANALYSER LA SITUATION

1 **Formuler** le problème posé dans la situation (infographie).

....

2 **Identifier** les éléments de la situation en répondant aux questions suivantes.

Quoi ?	Quelle est l'origine du problème ?	....
Qui ?	Quelles sont les personnes concernées ?	....
Où ?	Où le problème apparaît-il ?	....
Quand ?	Quand le problème apparaît-il ?	....
Pourquoi ?	Pourquoi cela pose-t-il problème ?	....

Autre situation VIDÉO

foucherconnect.fr/20p089

ACTIVITÉ 1 Les ressources en énergie

 # vidéo
C'est quoi les énergies renouvelables ? (le Professeur Gamberge).
foucherconnect.fr/20p090

3 À partir du **document A** et de la **vidéo**,

3.1 Expliquer ce qui différencie une énergie non renouvelable d'une énergie renouvelable.

....

....

....

3.2 Nommer :

- les énergies non renouvelables : ....
- les énergies renouvelables : ....

3.3 Compléter le tableau.

Caractéristiques	
des énergies non renouvelables	des énergies renouvelables
....	....
....	....
....	....
....	....
....	....

DOC A Les différentes sources d'énergie

Mal réparties sur la planète, les **énergies non renouvelables**, constituées des **énergies fossiles** (pétrole, charbon et gaz), sont issues de la transformation de matières organiques et sont stockées sous terre. Elles ont mis des millions d'années à se constituer et sont présentes en quantités limitées. Ces énergies fossiles bénéficient d'une capacité de production d'énergie par unité de volume élevée.

Mais elles ont de nombreux désavantages. Les réserves sont limitées et elles s'épuisent rapidement. De plus, les étapes de leur exploitation et de leur utilisation génèrent de la pollution, notamment des gaz à effet de serre, ce qui n'est pas le cas des **énergies renouvelables** qui génèrent peu d'émissions polluantes.

L'uranium (**énergie fissile**) est également une énergie non renouvelable utilisée pour faire fonctionner les centrales nucléaires. L'électricité produite avec la fission nucléaire n'émet presque pas de gaz à effet de serre ou de pollution aux particules fines. En revanche, le nucléaire pose un risque de contamination radioactive : si un accident grave a lieu, les conséquences écologiques peuvent être très fortes. De la même façon, si les déchets nucléaires sont mal gérés, ils peuvent avoir des conséquences néfastes sur les écosystèmes et la santé humaine.

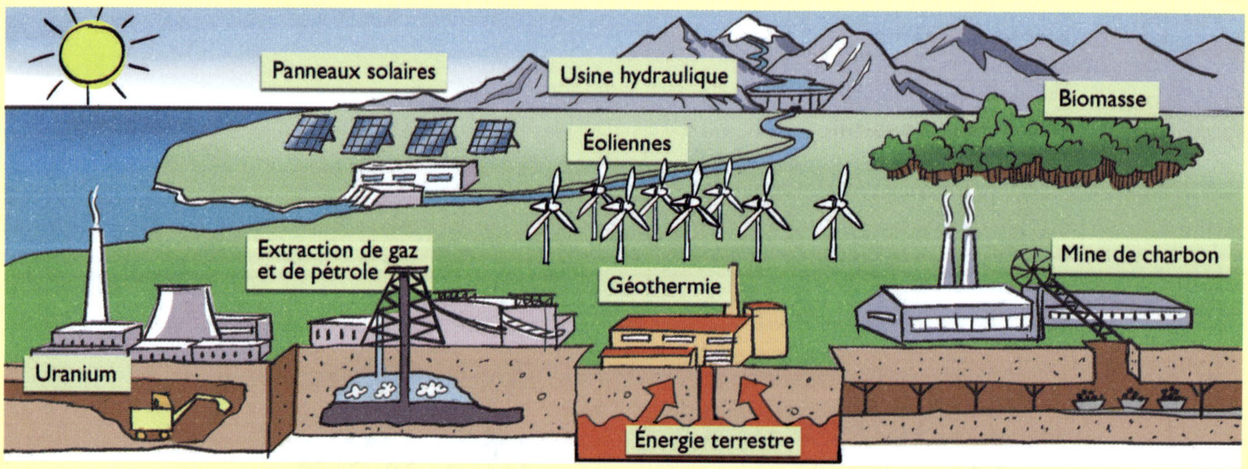

4 À partir du **document B**, **formuler** un commentaire sur les ressources d'énergies non renouvelables en Europe en comparaison avec les autres régions mondiales.

....

....

DOC B La répartition des ressources d'énergies non renouvelables

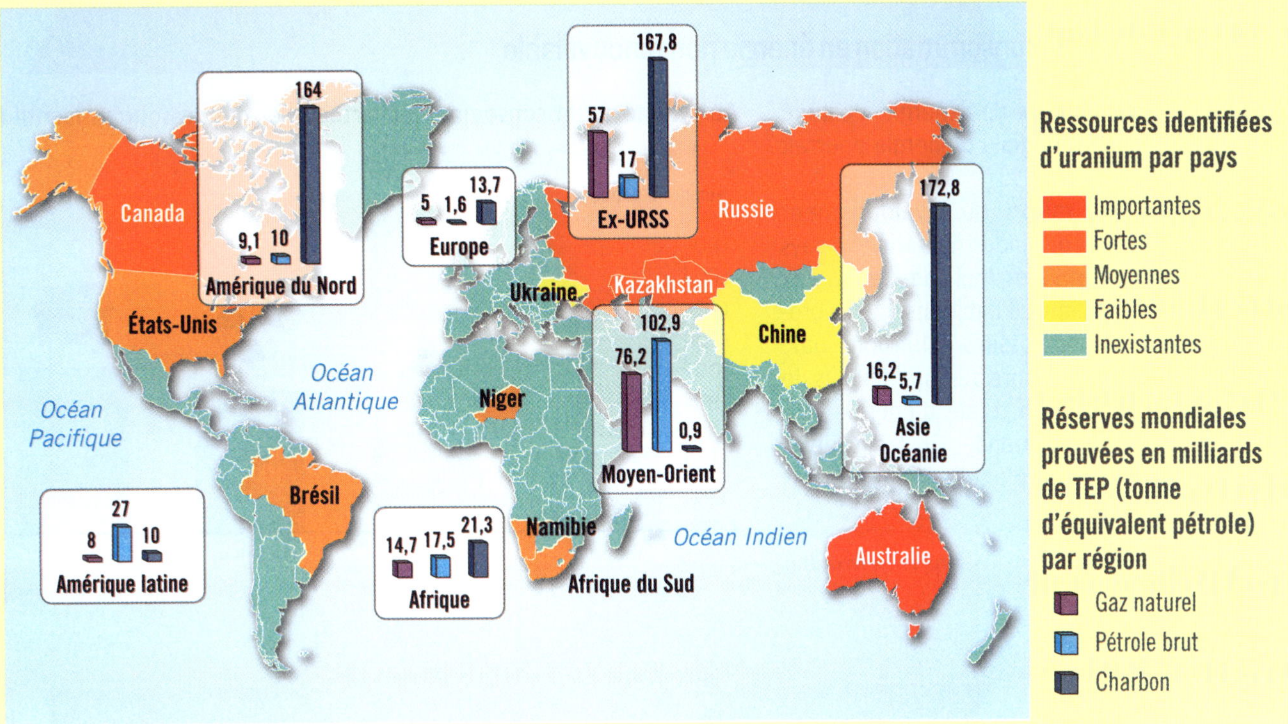

ACTIVITÉ 2 Les postes de consommation énergétique d'un ménage

5 À partir du **document C**, **relever** par ordre croissant les quatre postes les plus énergivores dans le logement.

....

....

....

....

....

....

....

....

....

....

....

....

....

....

DOC C La répartition des usages de l'électricité par les ménages en moyenne en France

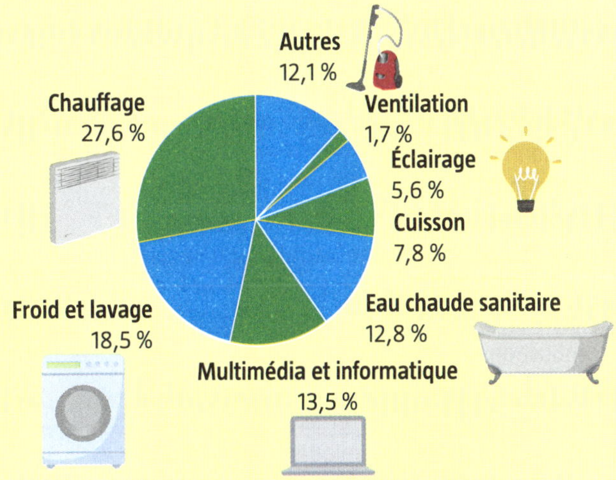

Source : d'après « Comment agir pour la planète ? », ADEME, édition 2019.

ACTIVITÉ 3 Les impacts de la consommation d'énergie sur l'environnement

6 À partir du **document D**, **indiquer** la conséquence d'une consommation importante des énergies non renouvelables.

....

DOC D Une surconsommation en énergie non renouvelable

L'Agence internationale de l'énergie a estimé que la demande mondiale d'énergie pourrait **augmenter de 45 % d'ici l'an 2030**, notamment en raison du développement démographique et de l'industrialisation de pays comme la Chine et l'Inde, qui comptent à eux seuls plus de 2 milliards d'habitants. [...] La production d'énergies fossiles (charbon, gaz, pétrole) représente encore aujourd'hui plus de 80 % de la production totale d'énergie non renouvelable dans le monde. Or, les réserves énergétiques de la planète ne sont pas inépuisables.

Source : www.edf.fr

Au rythme de la consommation actuelle et des ressources identifiées, **l'épuisement serait le suivant** :

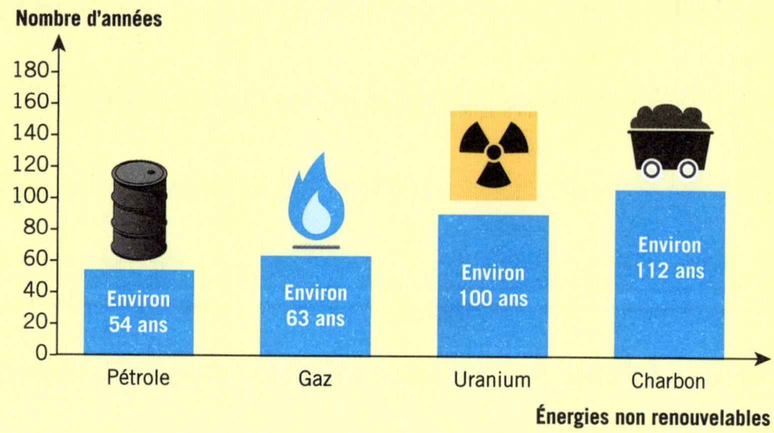

7 À partir du **document E** et/ou de la **vidéo**, **expliquer** les conséquences de l'augmentation des émissions de gaz à effet de serre dans l'atmosphère.

 # vidéo
Qu'est-ce que l'effet de serre ?
foucherconnect.fr/20p091

....

....

....

DOC E L'effet de serre

L'effet de serre est un **phénomène naturel qui est déséquilibré par les activités humaines** depuis la révolution industrielle. Des gaz présents dans l'atmosphère retiennent une part de l'énergie solaire renvoyée vers l'espace par la Terre, sous forme de rayons infrarouges. Ils maintiennent ainsi la température sur Terre à une moyenne d'environ + 15 °C. Sans eux, cette moyenne descendrait à – 18 °C, interdisant le développement de la vie. Les activités humaines génèrent d'importants volumes de **gaz à effet de serre** (GES) : gaz carbonique (CO_2), issu de la combustion des énergies fossiles ; méthane (CH_4), provenant plutôt des activités agricoles ; protoxyde d'azote (N_2O), émis par certains engrais ou par procédés chimiques ; gaz fluorés des climatiseurs... L'augmentation des émissions de GES modifie la composition de l'atmosphère, provoquant une augmentation de l'effet de serre. Ce déséquilibre entraîne un **réchauffement planétaire** qui modifie les climats.

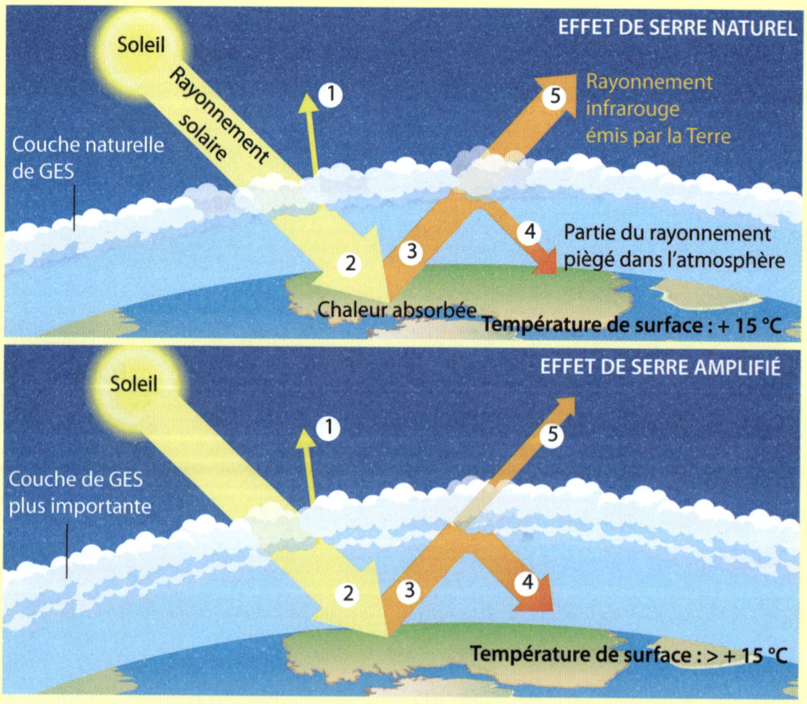

8 À partir du **document F**,

8.1 **Indiquer** ce qui permet de mesurer la quantité globale de gaz à effet de serre émis par une activité, un bien ou une personne.

....

8.2 **Entourer** les deux postes de consommation qui produisent le plus de gaz à effet de serre.

DOC F L'empreinte carbone des Français

- L'**empreinte carbone** est utilisée pour mesurer les émissions des gaz à effet de serre (GES) émis par une activité, une personne ou un pays. Toute activité impliquant une consommation émet une quantité plus ou moins importante de GES selon les choix de consommation : mode de transport, alimentation, habitudes d'achats, logement.
- La mesure de l'empreinte carbone permet de comparer différents modes de vie ou sociétés par leur impact écologique. Elle donne ainsi des pistes d'améliorations pour les consommateurs soucieux de limiter l'impact de leurs consommations sur l'environnement.
- Elle s'exprime en équivalent CO_2, ou par facilité, en CO_2.
- L'empreinte carbone d'un Français était d'environ **11 tonnes de CO_2** en 2018 et répartie de la manière suivante :

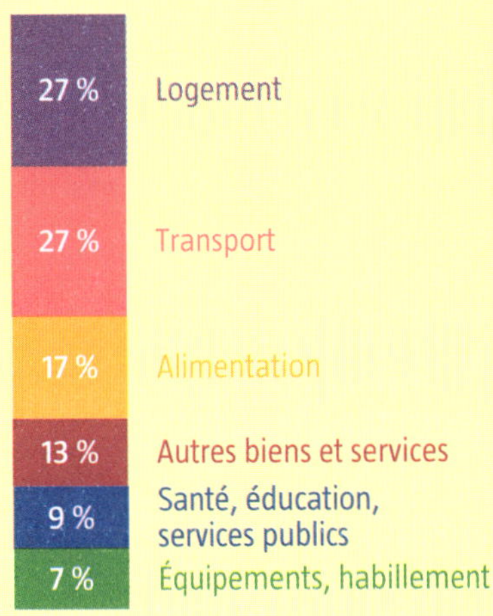

Un steak

11 kg d'équivalent CO_2

Un smartphone

40 kg d'équivalent CO_2

Un jean

77 kg d'équivalent CO_2

Un Paris-Bangkok

5 415 kg d'équivalent CO_2

9 À partir de la **vidéo** et de la **brochure**, **indiquer** l'impact du réchauffement climatique sur la planète.

 # vidéo
Causes et conséquences du réchauffement climatique.
foucherconnect.fr/20p092

 # brochure
« Changement climatique, impacts en France », ministère de la Transition écologique.
foucherconnect.fr/20p125

....
....
....

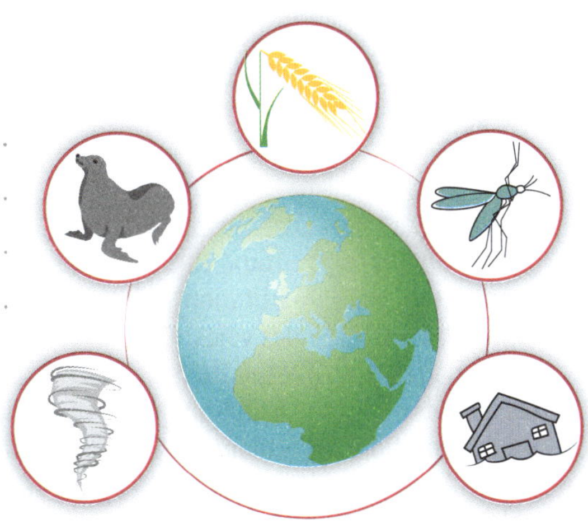

....
....
....
....

....
....
....
....

....
....
....
....

....
....
....
....

ACTIVITÉ 4 Les impacts de la consommation d'énergie sur la santé de l'individu

 # vidéo
Pollution : les effets dangereux sur la santé.
foucherconnect.fr/20p093

10 À partir du **document G** et de la **vidéo**,

10.1 **Indiquer**, pour l'organisme humain, l'appareil le plus impacté par la pollution liée à la consommation d'énergie.

....

10.2 **Lister** les effets possibles de la pollution sur la santé.

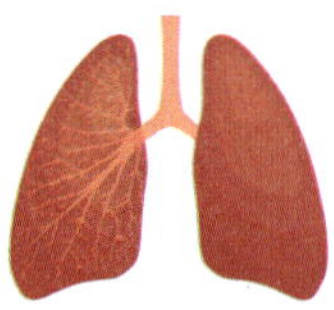	Atteintes sur l'appareil respiratoire	....
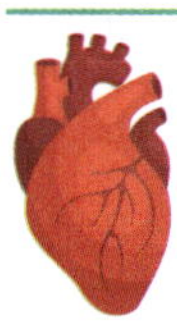	Atteintes sur l'appareil cardiovasculaire	....
	Autres atteintes	....

DOC G La pollution générée par la combustion

Certains polluants produits par l'homme sont émis dans l'air par les mêmes sources que les gaz à effet de serre (GES). La production d'énergie par combustion, utilisée pour les transports, le chauffage et l'industrie, est une source majeure de GES et de polluants.

Polluants	SO_2 Dioxyde de soufre 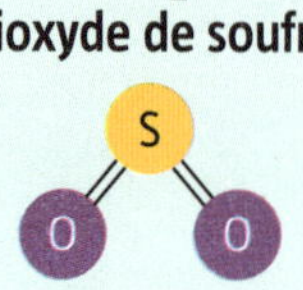	NO_2 Dioxyde d'azote 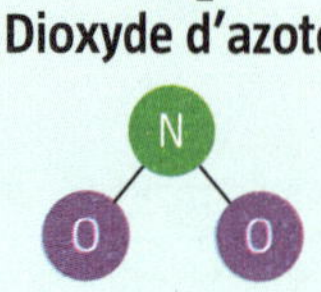	O_3 Ozone 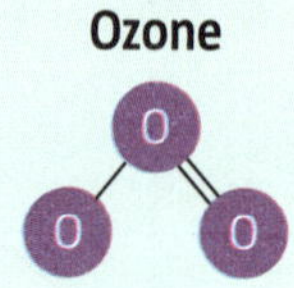	COV Composés organiques volatils 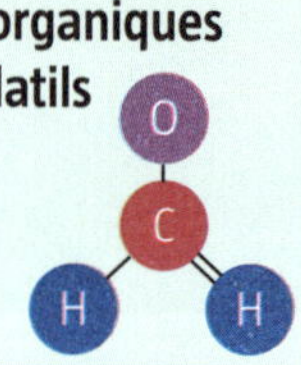	PM Particules en suspension 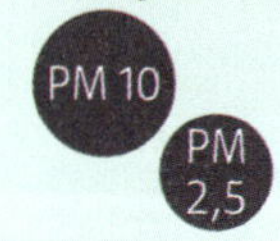
Principales sources					
Effets sur la santé	- Irritation des muqueuses. - Irritation des voies respiratoires.	- Irritation des bronches. - Infections pulmonaires chez les enfants. - Augmentation de la fréquence et la gravité de crises chez les personnes asthmatiques.	- Toux. - Irritation des voies respiratoires. - Irritation oculaire. - Diminution des capacités ventilatoires.	- Irritation des yeux, des voies respiratoires. - Troubles cardiaques. - Cancers. - Céphalées, nausées.	- Altération de la fonction respiratoire. - Troubles du rythme cardiaque.

ACTIVITÉ 5 Les mesures mises en place au niveau collectif

11 À partir des **documents H** et **I**, **indiquer** deux mesures mises en place par l'État pour atteindre les principaux objectifs de la loi :

• au niveau des transports :

....

....

....

....

....

....

....

....

• au niveau de l'habitation :

....

....

....

....

....

DOC H Les objectifs de la Loi de la transition énergétique pour la croissance verte

Baisser de 40 % les émissions de gaz à effet de serre entre 1990 et 2030	
Diminuer de 30 % la consommation d'énergies fossiles en 15 ans	Diviser par 2 la consommation d'énergie à l'horizon 2050
Prévoir qu'1/3 de l'énergie consommée soit renouvelable dans 15 ans	Diminuer la part du nucléaire 75 % en 2014 ⟶ 50 % en 2025

DOC I Des mesures pour atteindre les objectifs fixés par la loi

• **Des aides pour les travaux de rénovation**

Pour soutenir les Français dans les travaux de rénovation énergétique, plusieurs aides nationales et locales sont disponibles.
Par exemple MaPrimeRénov' depuis 2020.

MaPrimeRénov'
Mieux chez moi, mieux pour la planète

• **Une taxe sur la consommation des énergies fossiles**

Elle est payée depuis 2014 par les ménages, les administrations, les entreprises, à l'exception des grandes industries déjà soumises à une réglementation européenne sur les émissions de CO_2 et de certains secteurs économiques.

Essence et gazole — Fioul — Gaz naturel — Charbon

• **Des constructions de bâtiments à énergie positive**

Depuis 2012, toute construction de maison neuve doit obligatoirement être à basse consommation (BBC) afin de minimiser les déperditions d'énergie et de faire baisser au maximum les consommations énergétiques et les émissions de GES (dont le CO_2). Elle doit également utiliser des énergies renouvelables et écologiques. À partir de 2020, les bâtiments seront à énergie positive (BEPOS), c'est-à-dire qu'ils devront produire plus d'énergie qu'ils n'en consomment.

• **Les plans de déplacements urbains (PDU)**

Des dispositifs régionaux sont développés pour faciliter les déplacements.
Par exemple, en Île-de-France, les objectifs du PDU sont :

- + 20 % de déplacements en transports collectifs.
- + 10 % de déplacements en modes actifs (marche et vélo)
- – 20 % de baisse des émissions de GES en 2020 par rapport à 2005

ACTIVITÉ 6 Les mesures individuelles

 # brochure
Les étiquettes environnementales (ADEME).
foucherconnect.fr/20p094

12 À partir du **document J** et de la **brochure de l'ADEME**, **indiquer** l'intérêt de consulter l'étiquette environnementale lors de l'achat d'un véhicule.

....

....

DOC J Un exemple d'étiquette environnementale réglementaire d'un véhicule

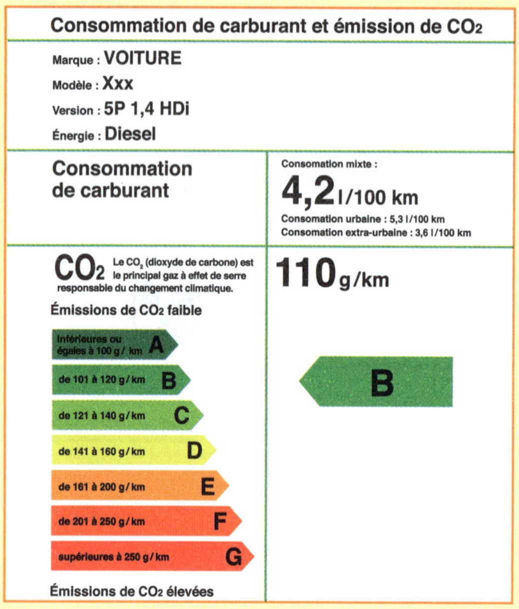

L'étiquette environnementale réglementaire obligatoire est affichée sur tous les véhicules particuliers neufs (berlines, breaks, voitures tout-terrain, coupés et cabriolets, monospaces et minibus) dans tous les lieux de vente en France.
L'échelle, de A à G, indique les émissions de CO_2 du véhicule. En effet, ces dernières sont liées à l'efficacité énergétique d'un véhicule, car moins on consomme de carburant, moins on émet de CO_2... et moins on contribue au changement climatique.
L'étiquette indique également :
- la marque, le modèle et la version de la voiture, le carburant utilisé (essence, Diesel, GPL[1], GNV[2]) ;
- la consommation mesurée sur cycle urbain, extra-urbain et mixte, exprimée en litres/100 km et en m^3/100 km pour le GNV.

1. GPL : gaz de pétrole liquéfié.
2. GNV : gaz naturel pour véhicules.

13 **Proposer** deux mesures individuelles pour limiter la consommation d'énergie liée aux transports.

....

....

 # brochure
40 trucs et astuces pour économiser l'eau et l'énergie (ADEME).
foucherconnect.fr/20p095

14 À partir de la **brochure de l'ADEME**, **proposer** des mesures individuelles permettant de limiter la consommation d'énergie à la maison.

Éclairage	....	Électroménager	....
Chauffage	....	Appareil audiovisuel et informatique	....

PROPOSER DES SOLUTIONS

15 **Réaliser** une affiche pour sensibiliser les personnes de votre établissement à la maîtrise de la consommation d'énergie.

module B5

Les ressources en énergie et le développement durable

Les ressources en énergie

- Les **énergies renouvelables**, inépuisables, sont issues de phénomènes naturels (soleil, eau, vent, chaleur de la Terre, matières organiques). Elles génèrent peu d'émissions polluantes et sont disponibles partout sur la planète.
- Les **énergies non renouvelables** sont issues de matières premières épuisables, inégalement réparties sur la planète et très polluantes. Parmi elles, il y a les énergies fossiles (pétrole, gaz, charbon) et les énergies fissiles (uranium).

Les postes de consommation énergétique d'un ménage

- Ce sont principalement le **logement**, le **transport** et l'**alimentation**.

Les impacts de la consommation d'énergie sur l'environnement

- La consommation d'énergie, en constante augmentation, risque à terme de provoquer l'**épuisement des ressources**. La consommation de l'énergie non renouvelable contribue fortement à la production de CO_2, responsable de l'augmentation de l'effet de serre qui entraîne un **réchauffement climatique**.
- L'**empreinte carbone** permet de mesurer les émissions de GES d'une activité et ainsi de mieux orienter ses choix.

Les impacts de la consommation d'énergie sur la santé

- La combustion des énergies non renouvelables, source de pollution atmosphérique, provoque des **problèmes de santé** : irritation des voies respiratoires et des yeux, asthme, maux de tête, vertiges, cancers, troubles cardiovasculaires.

Les mesures mises en place au niveau collectif

- L'État met en place des mesures pour réduire les émissions de GES et développer les énergies renouvelables.
  - **Pour l'habitat** : imposer la construction de bâtiments basse consommation (BBC) ; encourager les travaux d'isolation en proposant des crédits d'impôts.
  - **Pour les transports** : développer les modes de transports collectifs et « propres » ; aménager des voiries en faveur des piétons et cyclistes.

Les mesures individuelles

- Chaque individu doit adopter un comportement écocitoyen.
  - **Pour l'habitat** : utiliser des ampoules basse consommation ; éviter de surchauffer et de laisser les appareils en veille ; acheter de l'électroménager peu énergivore.
  - **Pour les transports** : utiliser les transports en commun ; privilégier le vélo ou la marche pour les trajets courts.

Mots-clés

Effet de serre : phénomène naturel qui permet de maintenir la température de + 15 °C sur Terre. Sans celui-ci, la température serait de - 18 °C.

Énergivore : qui consomme beaucoup d'énergie.

le mémo audio
foucherconnect.fr/20p096

LE QCM INTERACTIF
foucherconnect.fr/20p097

mémo

En schéma

module B5 Les ressources en énergie et le développement durable

Les ressources en énergie et le développement durable

Sources d'énergie

Énergies renouvelables (eau, vent soleil, chaleur de la Terre, matières organiques)

- Renouvelables en permanence par la nature
- Production locale
- Faible impact sur l'environnement

Énergies non renouvelables (pétrole, gaz, charbon, uranium)

- Épuisables
- Polluantes
- Inégalement réparties sur la planète

Impact de la consommation

Sur l'environnement

- Amplification de l'effet de serre entraînant un réchauffement climatique
- Épuisement des énergies non renouvelables
- Pollution de l'air, du sol et des océans

Sur la santé

- Appareil respiratoire (principale cible)
- Appareil cardiovasculaire

Mesures collectives

Loi de la transition énergétique

- Création des aires de covoiturage
- Aménagement des voiries en faveur des piétons et cyclistes
- Aide de l'État pour les travaux d'isolation dans l'habitat
- Bonus écologique pour l'achat d'un véhicule électrique
- Construction de bâtiments à basse consommation et à énergie positive (BEPOS)...

Mesures individuelles

Au niveau du logement

- Choisir des appareils peu énergivores
- Ne pas laisser les appareils en veille
- Éteindre les lumières dans les pièces inoccupées
- Ne pas surchauffer
- Préférer les ampoules à basse consommation...

Au niveau des transports

- Privilégier le vélo et la marche pour les courts trajets
- Préférer les transports en commun ou le covoiturage...

Évaluer ses compétences

Nos modes de vie nous conduisent à nous déplacer de plus en plus et contribuent à une augmentation de consommation d'énergie et de la pollution. On fait de plus en plus de kilomètres pour partir en vacances, en week-end et pour le travail. Les Français actifs passent ainsi beaucoup de temps dans les transports et 70 % des trajets domicile-travail se font seuls en voiture. Avec l'étalement des villes, la dépendance à la voiture s'est renforcée dans les territoires peu ou mal desservis par les transports publics. Les distances parcourues se sont allongées et les voitures se multiplient sur les routes, malgré des axes saturés et des temps de trajets quotidiens qui augmentent. Les ventes de voitures ont d'ailleurs bondi de 2,7 % en 2017. Tous ces déplacements nécessitent de brûler du carburant (essence, diesel, kérosène...) et émettent des gaz à effet de serre, ainsi que des polluants atmosphériques. Pour ne rien arranger, nous utilisons des véhicules toujours plus lourds et plus puissants [...].

Source : Ademe, « La mobilité en 10 questions », septembre 2019.

C2 **1** **Formuler** le problème posé dans la situation. ... / 1

....

C2 **2** **Repérer** les éléments de la situation en renseignant le tableau. ... / 4

Quoi ? Quelle est l'origine du problème ?	....
Qui ? Qui est concerné ?	....
Quand ? Quand le problème se pose-t-il ?	....
Pourquoi ? Pourquoi est-il important de se préoccuper de ce problème ?	....

C3 **3** À partir du document A,

3.1 **Préciser** la part des gaz à effet de serre due aux transports. ... / 2

....

3.2 **Nommer** le principal gaz à effet de serre produit par les véhicules. ... / 2

....

3.3 **Expliquer** pourquoi les transports contribuent à amplifier l'effet de serre. ... / 3

....

....

3.4 **Indiquer** la conséquence de l'amplification de l'effet de serre. ... / 2

....

Évaluer ses compétences

DOC A L'effet de serre

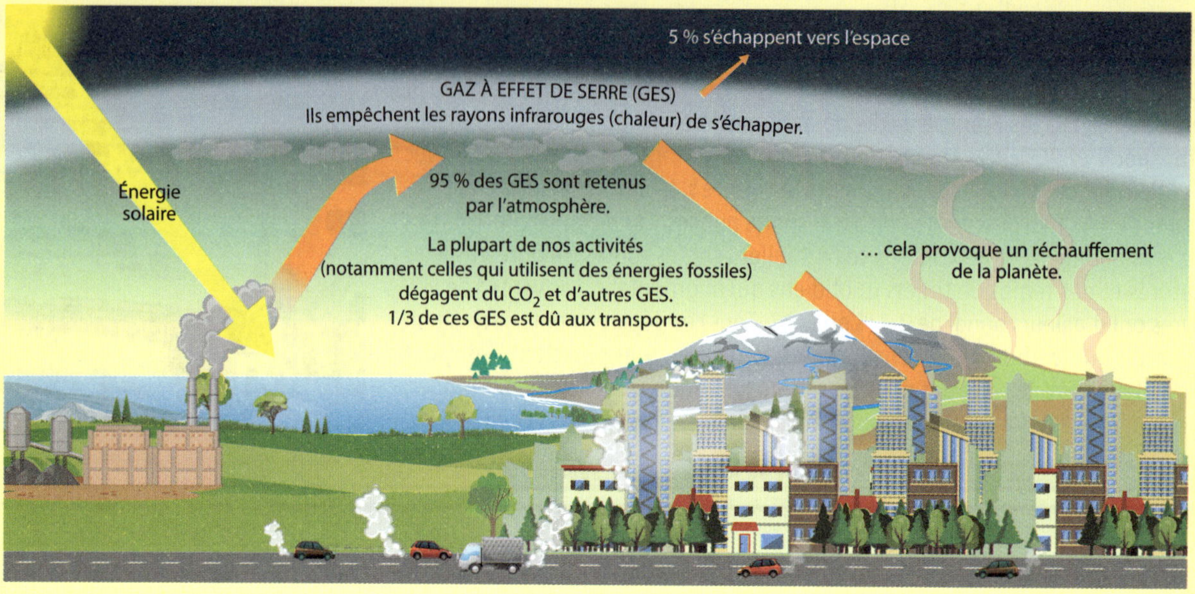

C3 **4** À partir du **document B**, **repérer** deux mesures mises en place au niveau collectif pour limiter la consommation d'énergie et réduire les émissions de GES liés aux déplacements. … / 3

....

....

....

DOC B Des solutions trouvées par l'État pour lutter contre la pollution

• Le **bonus écologique** est une aide financière versée par l'État pour l'acquisition d'un véhicule électrique, donc possédant un taux nul d'émission de gaz. À l'inverse, une **taxe malus** est appliquée sur les véhicules polluants. Elle est calculée en fonction du nombre de grammes de dioxyde de carbone (CO_2) émis par kilomètre.

• La **taxe carbone** est une taxe instaurée par l'État pour décourager les automobilistes à acheter des véhicules émetteurs de dioxyde de carbone. La taxe a donc pour but de faire augmenter le coût de l'essence, du gasoil et du gaz, pour encourager les citoyens à opter pour les voitures électriques.

C4 **5** **Proposer** trois mesures individuelles qui permettent de réduire la consommation d'énergie et réduire les émissions de GES liées aux déplacements. … / 3

....

....

....

....

....

Objectif
Identifier les examens médicaux et les vaccinations obligatoires.

module C7

Le suivi de la santé au travail

Amélia (21 ans) et Léo (20 ans), deux amis du lycée, ont trouvé un emploi dans la même entreprise du bâtiment et travaux publics (BTP).
Ils ont été tous les deux destinataires d'une convocation dans le cadre du suivi individuel de santé des salariés. Le rendez-vous de Léo est prévu trois jours avant de commencer son nouvel emploi qui consistera à monter et démonter des échafaudages sur les chantiers. Quant à Amélia, elle intégrera le service administratif où elle sera chargée de l'accueil des clients. Son rendez-vous au service santé au travail est programmé un mois après sa prise de poste.

ANALYSER LA SITUATION

1 **Formuler** le problème posé dans la situation.

....

2 **Identifier** les éléments de la situation en renseignant le tableau.

	Amélia 	Léo 
Âge	....	....
Type d'entreprise	....	....
Poste de travail	....	....
Date de la visite du suivi individuel	....	....

Autre situation TEXTE

foucherconnect.fr/20p098

MOBILISER LES CONNAISSANCES

ACTIVITÉ 1 Les modalités de suivi individuel médical des salariés

 # vidéo
Quel suivi individuel pour mon salarié ?
foucherconnect.fr/20p099

3 À partir du **document A** et/ou de la **vidéo**, **nommer** la visite ou l'examen approprié à chaque situation et **justifier** la réponse.

Situations professionnelles	Nom de la visite ou de l'examen médical et justification
Ursule, 17 ans, vient de signer un contrat d'apprentissage avec un charcutier pour préparer son bac pro Boucher-charcutier-traiteur.	....
Antonio, 23 ans, va être embauché comme agent d'entretien dans une entreprise de propreté.	....

DOC A Le suivi de l'état de santé du salarié

Tout au long de son parcours professionnel, le salarié bénéficie d'un suivi individuel de santé adapté. Ce suivi relève de la compétence des services de santé au travail.

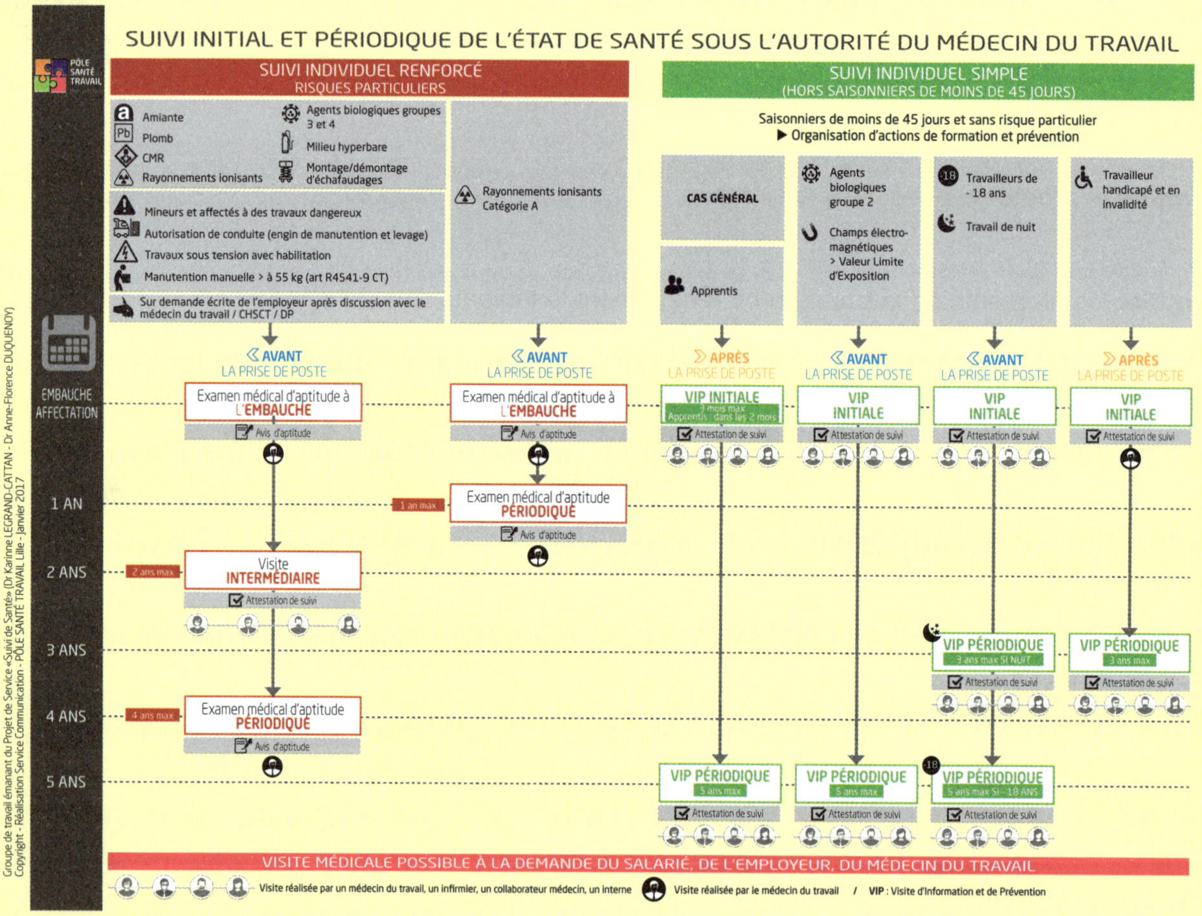

Source : https://polesantetravail66.fr

- D'autres visites peuvent être demandées.

– **Visite de pré-reprise** après un arrêt de plus de 3 mois.

– **Visite de reprise** après un congé maternité, un arrêt de travail pour cause de MP (quelle que soit la durée), un arrêt de travail pour cause de maladie, d'accident d'origine non professionnelle et d'accident du travail d'au moins 30 jours.

 # site internet
Fiches d'information sur la santé au travail
foucherconnect.fr/20p141

ACTIVITÉ 2 Les vaccinations obligatoires et préconisées

4 À partir du **document B**,

4.1 Justifier l'intérêt des vaccinations préconisées pour certaines professions.

4.2 Nommer la personne qui recommande aux salariés les vaccinations nécessaires contre les agents biologiques auxquels ils sont exposés dans le cadre de leur activité professionnelle.

DOC B La vaccination dans la prévention du risque biologique en milieu professionnel

La vaccination en milieu professionnel **protège** les personnes exposées à un risque biologique causé par l'exposition à des agents pathogènes (10 % des salariés environ), mais elle a aussi un **intérêt collectif** car elle contribue à la diminution de la propagation des micro-organismes : la vaccination fait partie d'une démarche globale de prévention des risques professionnels, évalués par le médecin du travail, sous la responsabilité et en collaboration avec l'employeur. Avec le respect des règles d'hygiène, la vaccination est un des moyens de prévention le plus efficace contre les risques infectieux [...].

En complément des vaccinations prévues par le Code de la santé publique, l'employeur peut recommander, au regard de l'évaluation des risques et sur proposition du médecin du travail, aux travailleurs non immunisés contre les agents biologiques pathogènes auxquels ils sont ou peuvent être exposés, de réaliser, à sa charge, les vaccinations appropriées (art. R. 4426-6 du Code du travail).

Source : Officiel Prévention, « La prévention des maladies professionnelles par la vaccination ».

5 À partir du **site internet**, **citer** les vaccinations obligatoires (depuis le 1er janvier 2018) pour les personnes qui vivent en France.

 # site internet
Vaccination Info Service.
foucherconnect.fr/20p100

6 À partir du **document C** et de la **vidéo**, **justifier** l'intérêt des vaccinations pour soi et la collectivité.

 # vidéo
Le fonctionnement d'un vaccin.
foucherconnect.fr/20p101

DOC C Les impacts de la vaccination

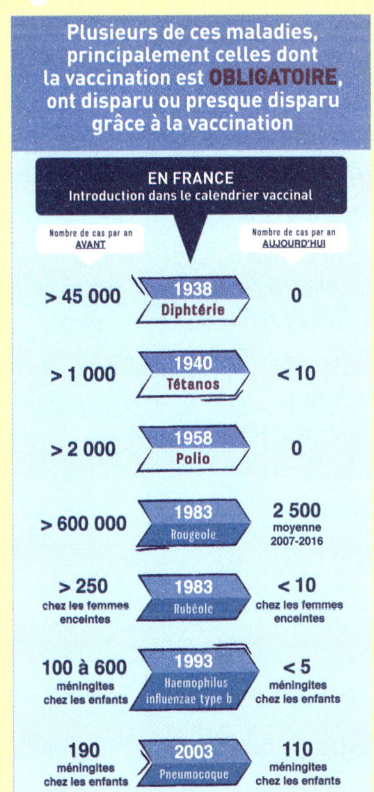

Source : Vaccination Info Service.

ACTIVITÉ 3 Les moyens de défense de l'organisme face à l'infection ....

7 À partir du **document D**, **renseigner** le tableau.

Barrières naturelles de la peau	Exemples
Barrière mécanique	....
Barrière chimique	....
Barrière biologique	....

DOC D La barrière cutanéo-muqueuse : 1re ligne de défense

Face aux multiples micro-organismes qui l'agressent chaque jour, l'organisme humain dresse de nombreux et efficaces **barrières** (mécanique, chimique et biologique).

- La **peau** est la **première ligne de défense**, car l'épiderme est constitué d'un ensemble de cellules étroitement juxtaposées. D'autre part, les **glandes sudoripares** exercent une action antivirale en raison de l'acidité de la sueur et les **glandes sébacées** ont également une action antivirale indiscutable grâce au sébum qu'elles secrètent.
- Au niveau des voies respiratoires, le revêtement des muqueuses présente des **cils vibratiles** qui emprisonnent plus de 90 % des particules aériennes inhalées, ainsi que d'éventuels virus présents.
- Au niveau des yeux, la défense se trouve assurée par les **larmes**. Celles-ci sont en effet riches en lysozyme, enzyme aux propriétés bactéricides puissantes.
- En cas d'entrée par voie digestive, les micro-organismes plongent dans le **liquide gastrique** dont l'extrême acidité permet difficilement leur survie.
- Au niveau des organes génito-urinaires, les micro-organismes se heurtent aussi à une barrière d'acidité assurée chez l'homme par la **spermine** et chez la femme par la **flore vaginale**.
- Néanmoins, ces barrières peuvent être franchies.

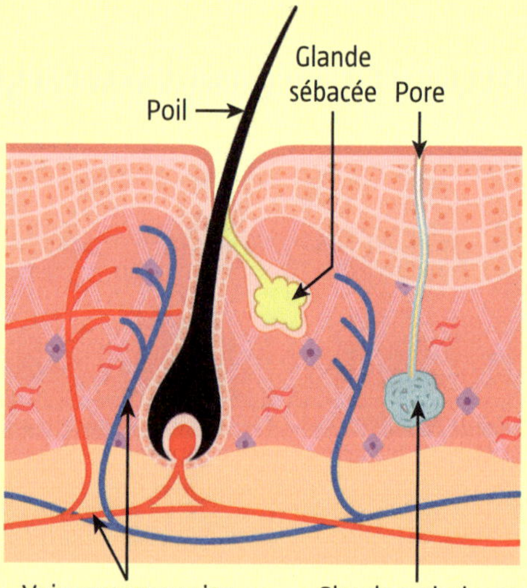

8 À partir du **document E** et/ou de la **vidéo**,

8.1 **Indiquer** à quel moment la réaction inflammatoire se met en place.

....
....

 # vidéo
Une défense non spécifique : la phagocytose.
foucherconnect.fr/20p102

8.2 **Décrire** les différentes étapes de la réaction inflammatoire locale et ses conséquences.

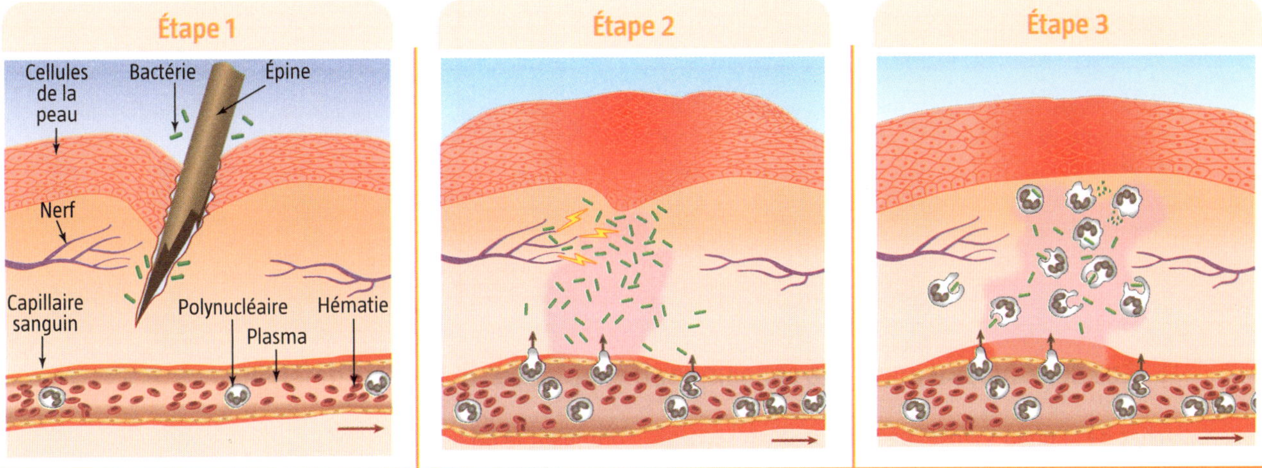

DOC E La réaction inflammatoire locale : 2e ligne de défense

- La réaction inflammatoire est la **deuxième ligne de défense de l'organisme** qui se met en place lorsque la barrière cutanéo-muqueuse a été franchie par des micro-organismes.

- Les **signes de l'inflammation** apparaissent localement :
– une **rougeur**, due à un afflux de sang provoqué par la dilatation des vaisseaux sanguins avec une élévation de la température locale entraînant une sensation de **chaleur** ;
– un **gonflement**, provoqué par le plasma qui sort des capillaires sanguins et s'infiltre dans les tissus ;
– une **douleur** due à l'atteinte des terminaisons nerveuses de la peau.

- La réaction inflammatoire mobilise également les **cellules phagocytes** (macrophages, polynucléaires) qui sortent des capillaires sanguins *via* la sortie du plasma pour aller rejoindre la zone contaminée : c'est la **diapédèse**. Parvenus au foyer infectieux, les polynucléaires vont assurer le contact avec les bactéries, les englober et les digérer grâce aux enzymes digestives : c'est la **phagocytose**, réaction immunitaire immédiate non spécifique. Sa mission accomplie, la cellule phagocytaire meurt.

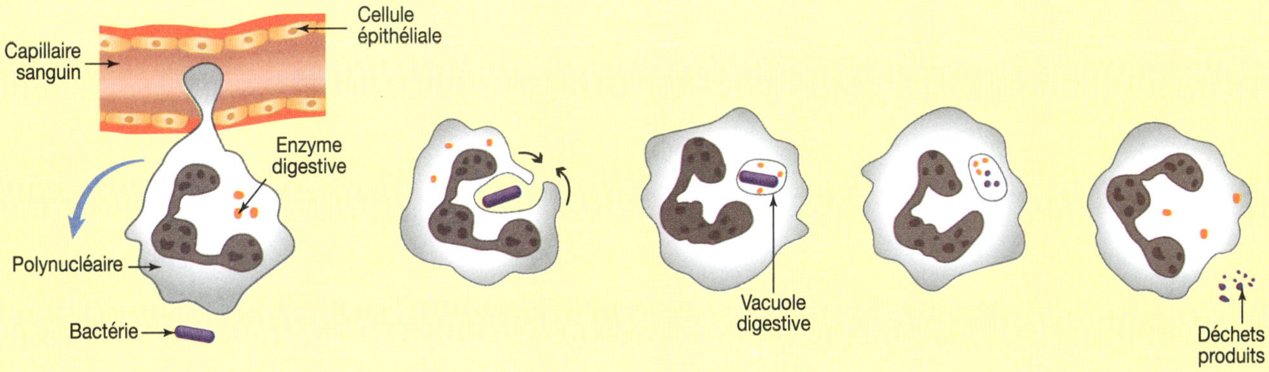

9 À partir du **document F** et/ou de la **vidéo**, **renseigner** le tableau.

 # vidéo
Vaccination et système immunitaire.
foucherconnect.fr/20p103

Types d'immunité spécifique	....	....
Cellules qui interviennent	....	....
Rôles des cellules qui interviennent	....	....

DOC F Les deux types d'immunité spécifique ou adaptative : 3ᵉ ligne de défense

En cas d'échec de la phagocytose, des **cellules spécifiques** prennent le relais.

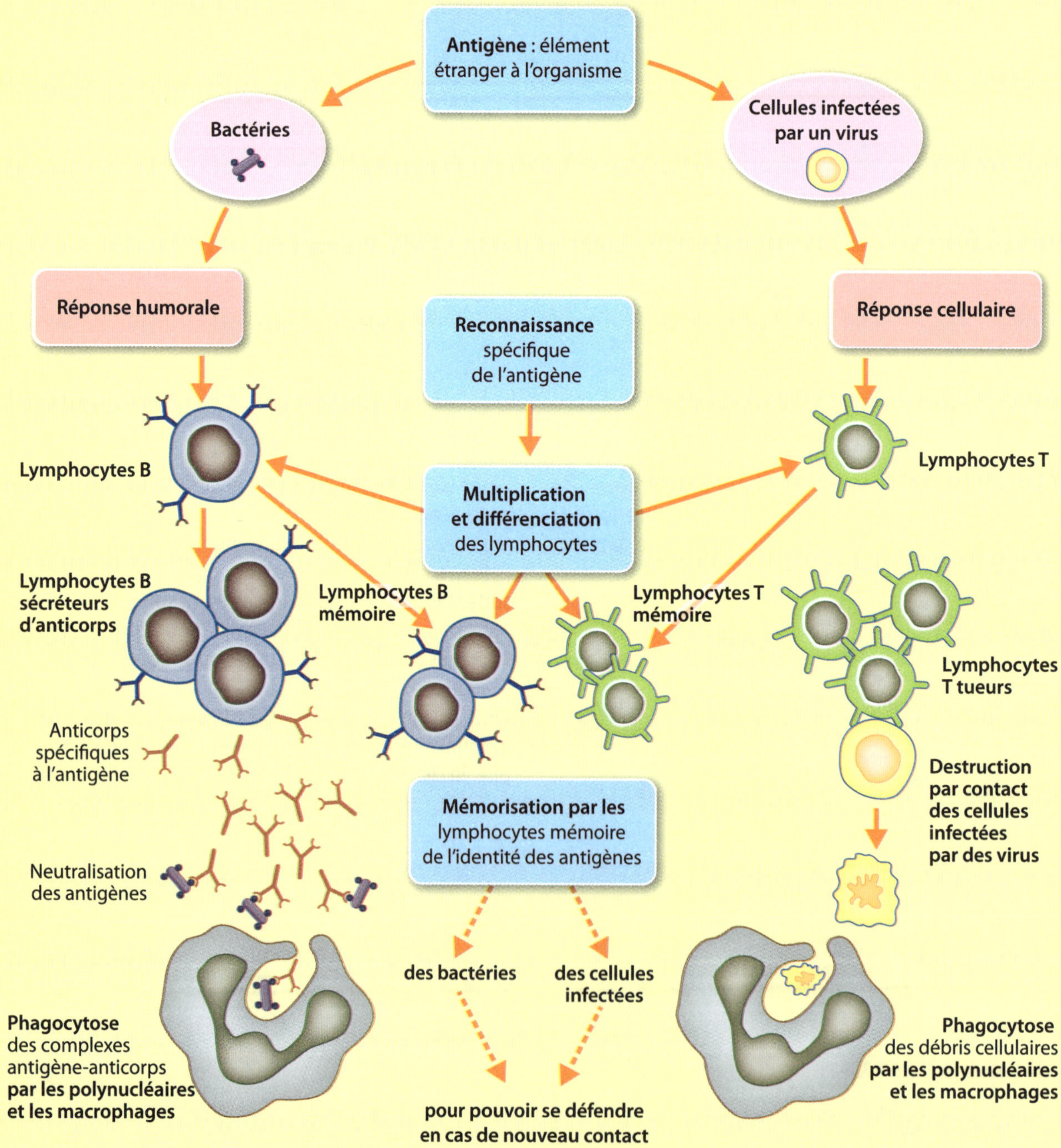

ACTIVITÉ 4 Le principe de la vaccination

 # vidéo
Comment fonctionne un vaccin ?
foucherconnect.fr/20p104

10 À partir du **document G** et de la **vidéo**, **cocher**, parmi les caractéristiques données, celles qui correspondent au principe de la vaccination.

❑ Mode d'action curatif.
❑ Fabrication par l'organisme d'anticorps spécifiques de l'antigène.
❑ Vaccin introduit dans un organisme déjà malade.
❑ Protection durable (quelques années).
❑ Neutralisation des antigènes par les anticorps spécifiques.
❑ Injection d'anticorps spécifiques.
❑ Protection de courte durée.
❑ Mode d'action préventif.
❑ Injection d'une toxine ou d'un micro-organisme rendu inoffensif.
❑ Immunité acquise.

DOC G Le principe de la vaccination

Étape 1	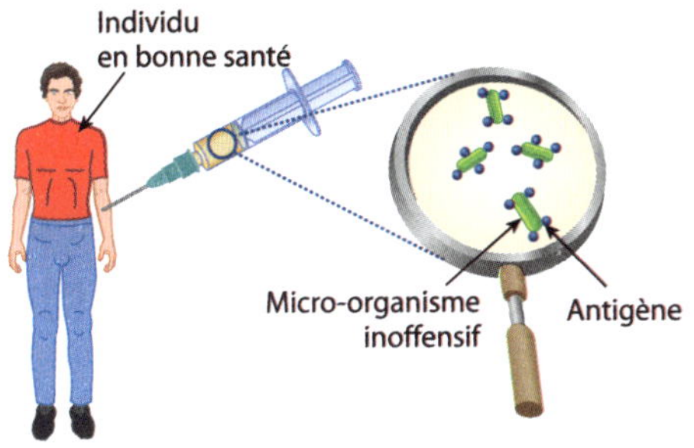	Le vaccin introduit dans l'organisme humain est constitué d'un **micro-organisme inoffensif** qui porte un **antigène** spécifique de la maladie permettant de le repérer.
Étape 2	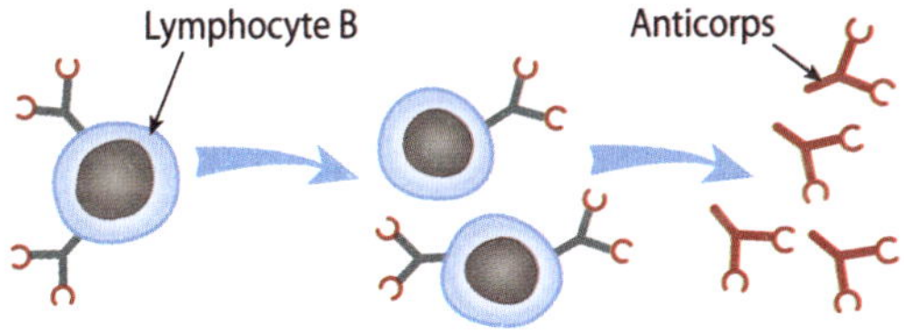	L'organisme humain réagit. Des globules blancs spécialisés, appelés lymphocytes B, repèrent l'antigène du micro-organisme. Ils se multiplient et fabriquent alors des molécules de défense appelées **anticorps**, exactement adaptées à l'antigène responsable de la maladie.
Étape 3	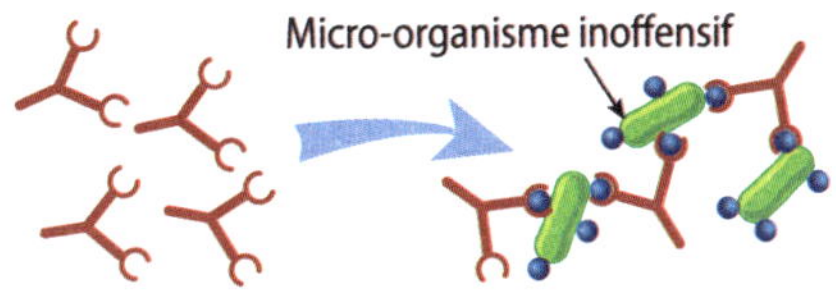	Les anticorps neutralisent l'antigène responsable de la maladie et le gardent en mémoire. C'est la **mémoire immunitaire**.
Étape 4	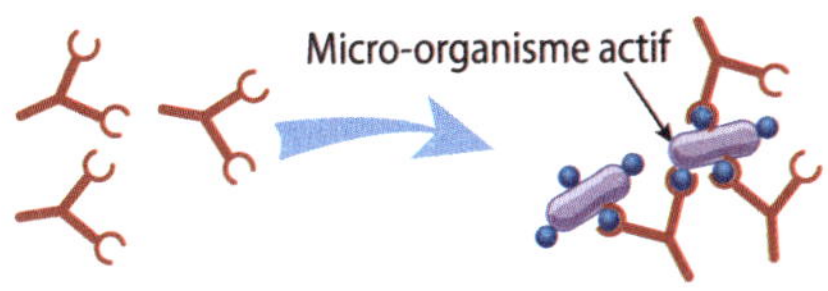	Lorsque le « vrai » micro-organisme responsable de la maladie pénètre dans l'organisme humain, il est tout de suite reconnu par les anticorps qui l'éliminent. Cela évite à la maladie de se déclarer. Le vaccin est donc **préventif**. Des injections de **rappel** sont nécessaires pour stimuler la mémoire immunitaire.

11 À partir du **document H**,

11.1 Décrire l'évolution du taux d'anticorps dans le sang (vitesse, quantité) lors de la première injection (premier contact avec un antigène) et lors de la seconde injection.

....
....
....
....

11.2 **Expliquer** le lien existant entre la vaccination et la mémoire immunitaire.

....

....

....

....

....

11.3 **Indiquer** l'intérêt des rappels de vaccins.

....

....

DOC H La vaccination : une pratique fondée sur la mémoire immunitaire

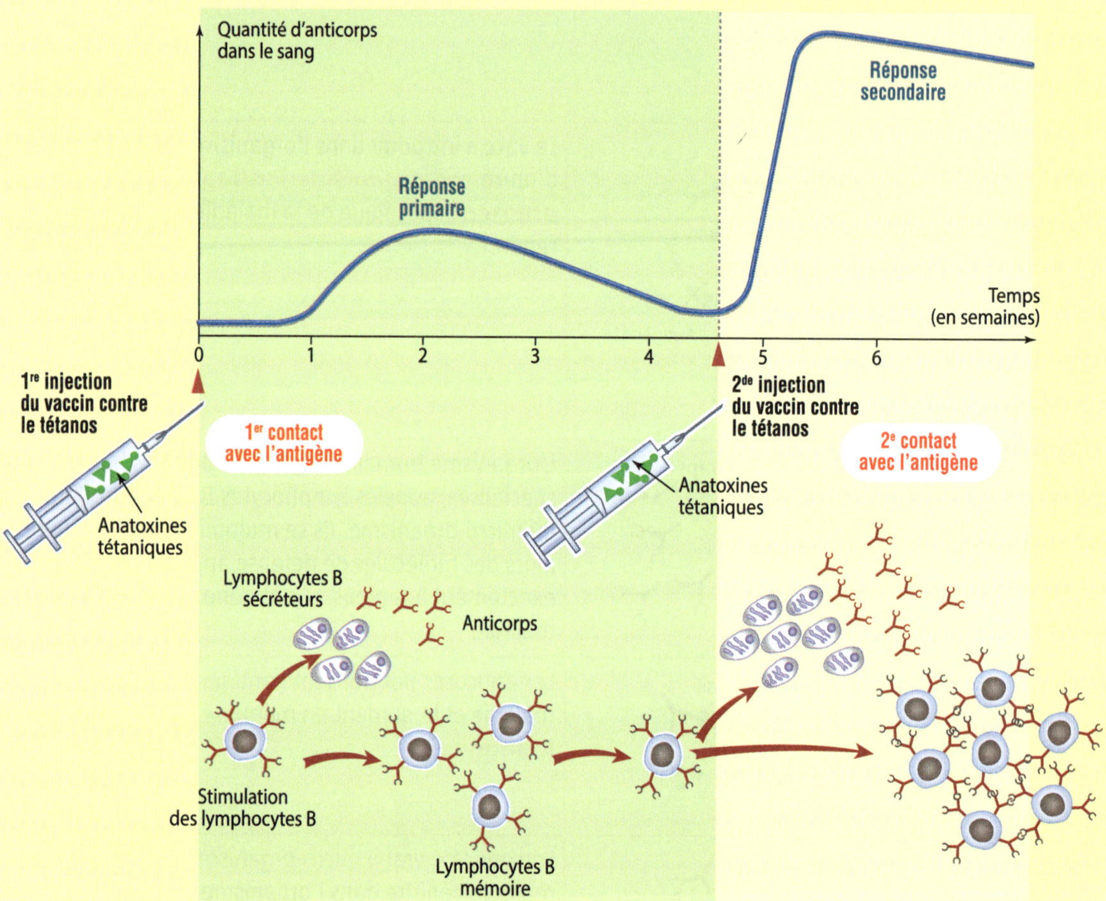

PROPOSER DES SOLUTIONS

12 **Nommer** et **justifier** l'examen médical dont vont bénéficier Amélia et Léo dans le cadre de leur embauche.

....

....

....

....

....

....

module C7

Le suivi de la santé au travail

mémo

Les modalités du suivi individuel médical des salariés

- Les salariés bénéficient d'un suivi individuel de leur état de santé.

Suivi individuel simple
↓
Salariés non exposés à des risques particuliers
↓
Visite d'information et de prévention (VIP)
- **VIP initiale** (moins de **3 mois** après prise du poste).
- **VIP périodique** (au minimum tous les **5 ans**).

Suivi individuel renforcé
↓
Salariés exposés à des risques particuliers
↓
Examen médical d'aptitude (EMA)
- Avant l'affectation au poste.
- Au minimum tous les **4 ans** avec une visite intermédiaire, au plus tard **2 ans** après l'examen médical d'aptitude.

Le salarié peut bénéficier d'une visite de pré-reprise ou de reprise du travail dans certaines conditions

Les vaccinations obligatoires et préconisées

- Certaines vaccinations sont **obligatoires** (tétanos, poliomyélite...). D'autres sont **préconisées** par le médecin du travail en fonction du risque d'exposition aux agents biologiques pathogènes.
- La vaccination **protège** le salarié (protection individuelle), mais aussi son entourage (protection collective).

Les moyens de défense de l'organisme face à l'infection

- La **barrière cutanéo-muqueuse** empêche la pénétration des micro-organismes (virus, bactéries...) en agissant comme une barrière mécanique, chimique et biologique.
- L'organisme reconnaît la présence d'**antigènes** grâce à son **système immunitaire**. Il met en jeu deux types de réaction immunitaire.
  • La **réaction non spécifique** se manifeste par une inflammation localisée, dont les signes (douleur, rougeur, chaleur et gonflement) disparaissent avec la **phagocytose**.
  • La **réaction spécifique** se met en place en cas d'agression :
  - par des cellules étrangères : celles-ci sont détruites par les **lymphocytes T** ;
  - par des bactéries (antigènes) : celles-ci sont neutralisées par les **anticorps** fabriqués par les **lymphocytes B**.

Le principe de la vaccination

- Le principe de la vaccination est fondé sur la **mémoire immunitaire :** les lymphocytes B mémoire spécifiques fabriqués gardent en mémoire la rencontre avec l'antigène, ce qui permet des réactions immunitaires plus rapides lors de nouveaux contacts avec le même antigène.
- Le vaccin protège durablement contre la maladie si on fait des injections de **rappel**.

Mots-clés

Système immunitaire : ensemble des mécanismes de défense de l'organisme.

Antigène : substance étrangère à l'organisme, capable de déclencher une réponse immunitaire visant à l'éliminer.

le mémo audio
foucherconnect.fr/20p105

LE QCM INTERACTIF
foucherconnect.fr/20p106

mémo

En schéma

module C7

Le suivi de la santé au travail

Le suivi de la santé au travail

La vaccination

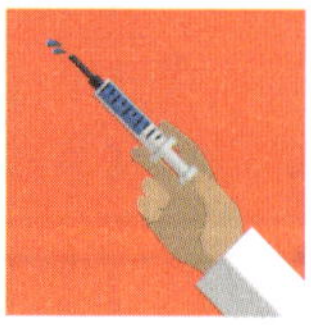

Le principe

Étape 1 : introduction dans l'organisme d'une forme inactive du micro-organisme
Étape 2 : production d'anticorps par le corps pour éliminer le micro-organisme
Étape 3 : intervention rapide des anticorps en cas d'invasion par un micro-organisme actif

L'intérêt

- Protéger l'individu (protection individuelle)
- Éviter qu'il ne contamine son entourage (prévention collective)

Le suivi médical du salarié

- **Examen médical d'aptitude** (EMA) pour les salariés exposés à des risques particuliers
- **Visite d'information et de prévention** (VIP) pour les salariés non exposés à des risques particuliers

La défense de l'organisme contre l'introduction des micro-organismes

Réponse immunitaire non spécifique

Barrières naturelles :
- Mécaniques
- Chimiques
- Biologiques

Réaction inflammatoire locale
- Chaleur
- Rougeur
- Gonflement
- Douleur

Réponse immunitaire spécifique

Réponse cellulaire : lymphocytes T

Réponse humorale : lymphocytes B

Évaluer ses compétences

Refus de vaccination

Dans une affaire récente, la Cour de cassation a confirmé le licenciement d'un salarié des pompes funèbres qui refusait une vaccination obligatoire contre l'hépatite B prescrite par le médecin du travail. Malgré la demande réitérée de l'employeur, le salarié persistait dans son refus et invoquait le risque de développer une sclérose en plaques.
Licencié pour cause réelle et sérieuse peu de temps après, le salarié contestait le bien-fondé de son licenciement.
Pour la Cour de cassation, dès lors que la réglementation applicable à l'entreprise impose la vaccination des salariés exerçant des fonctions les exposant au risque de la maladie considérée et que le médecin du travail a prescrit cette vaccination, le salarié ne peut pas s'y opposer, sauf contre-indication médicale justifiée. Le salarié refusant d'être vacciné s'expose à un licenciement pour cause réelle et sérieuse.

Source : Anceam, « Licenciement d'un salarié suite à un refus de vaccination ».

C2 **1** **Formuler** le problème posé dans la situation. ... / 2

....

C2 **2** **Identifier** les éléments de la situation en renseignant le tableau. ... / 3

Quoi ? Quelle est l'origine du problème ?	....
Qui ? Quelle est la personne concernée ?	....
Où ? Dans quelle entreprise travaille cette personne ?	....
Pourquoi ? Pourquoi le problème se pose-t-il ?	....

C3 **3** À partir du **document A**, **nommer** les organes de la peau qui assurent une barrière contre l'introduction des micro-organismes : ... / 3

- la barrière mécanique : ....
- la barrière chimique : ....

DOC A Une coupe de la peau

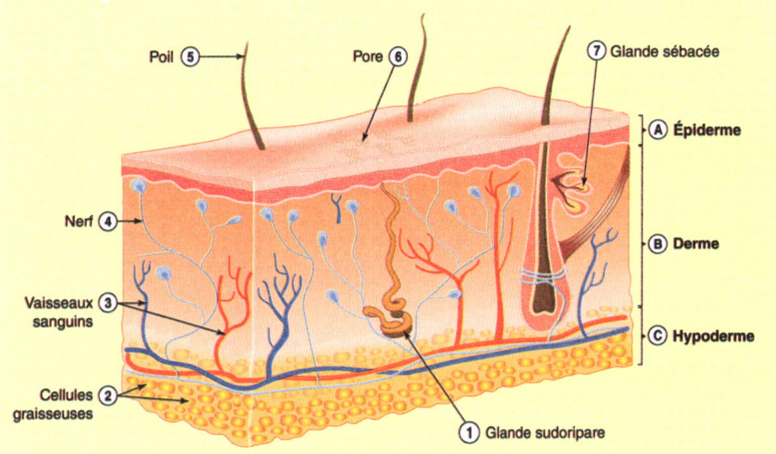

Évaluer ses compétences

C3 **4** À partir du **document B**, ... / 6

4.1 Citer les quatre signes de la réaction inflammatoire locale.

....

....

....

....

4.2 Nommer le mécanisme par lequel certains globules blancs englobent, absorbent et digèrent les micro-organismes.

....

DOC B La réaction inflammatoire

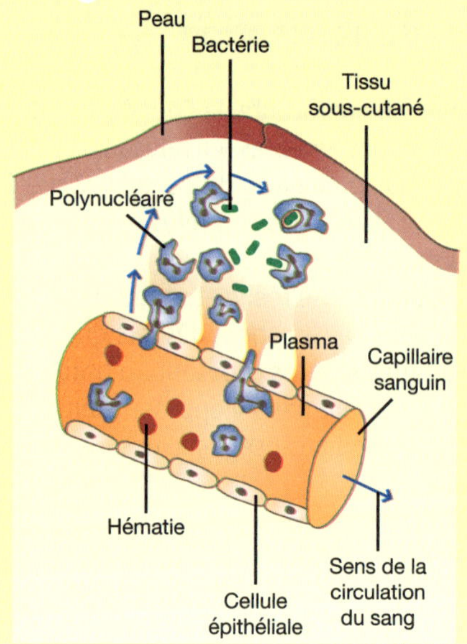

C3 **5** À partir du **document C**, **indiquer** la raison pour laquelle un individu vacciné est protégé. ... / 3

....

....

....

....

....

....

....

DOC C L'évolution de la quantité d'anticorps contre l'hépatite B après deux injections

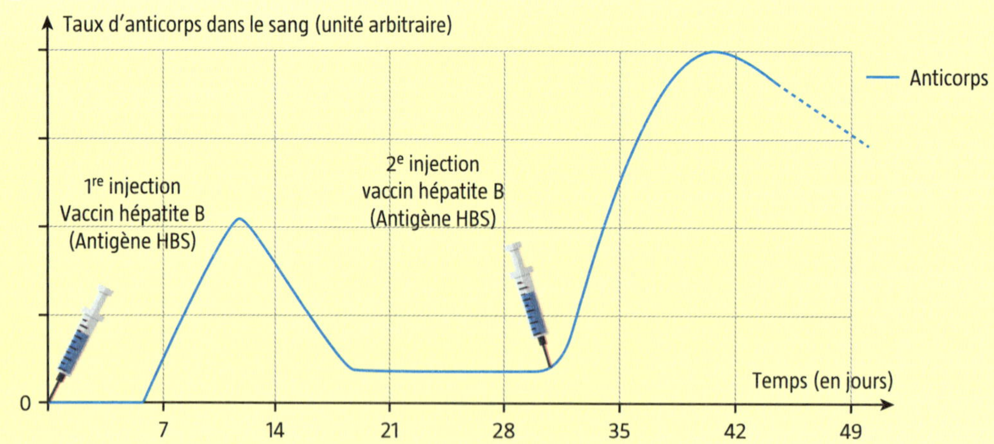

C3 **6** **Indiquer** l'intérêt de la vaccination pour la collectivité. ... / 3

....

....

....

....

....

CHAPITRE 17

Objectif
Indiquer les démarches de déclaration des AT et MP et leurs modalités de réparation.

module C8

La déclaration et la réparation des AT et des MP

Mathéo, cuisinier, est salarié depuis trois ans au restaurant « Le Relais d'Anjou ». En se déplaçant dans la cuisine, son pied droit a glissé sur le sol mouillé et il a chuté. Il n'a pas pu se relever et s'est plaint d'une vive douleur à la jambe droite. Il a été transporté aux urgences où le médecin a diagnostiqué une fracture du péroné. Un arrêt de travail de 45 jours lui a été prescrit, ainsi que des soins infirmiers. C'est son premier accident du travail depuis qu'il a été embauché. Il s'interroge sur les démarches à effectuer et le salaire qu'il va percevoir pendant son arrêt. Il craint une perte de revenus.

ANALYSER LA SITUATION

1 **Formuler** le problème posé dans la situation.

....

....

2 **Identifier** les éléments de la situation en répondant aux questions suivantes.

Quoi ? Quelle est l'origine du problème ? ....

Qui ? Quelle est la personne concernée ? ....

Où ? Où cela s'est-il passé ? ....

Comment ? De quelle manière cela s'est-il passé ? ....

Pourquoi ? Pourquoi le problème se pose-t-il ? ....

Autre situation TEXTE

foucherconnect.fr/20p107

MOBILISER LES CONNAISSANCES

ACTIVITÉ 1 Les démarches en cas d'AT (accident du travail) ou de MP(maladie professionnelle) ....

3 À partir du **document A**,

3.1 Identifier les différents acteurs impliqués dans une procédure de déclaration d'accident du travail.

....

....

....

....

3.2 Indiquer la démarche à effectuer par le salarié suite à un accident du travail.

....

....

....

3.3 Renseigner le tableau.

	Lors d'un accident du travail
Personne qui effectue la déclaration	....
Délai à respecter pour effectuer la déclaration	....
Destinataire de la déclaration	....

DOC A Les démarches à effectuer pour déclarer un accident du travail

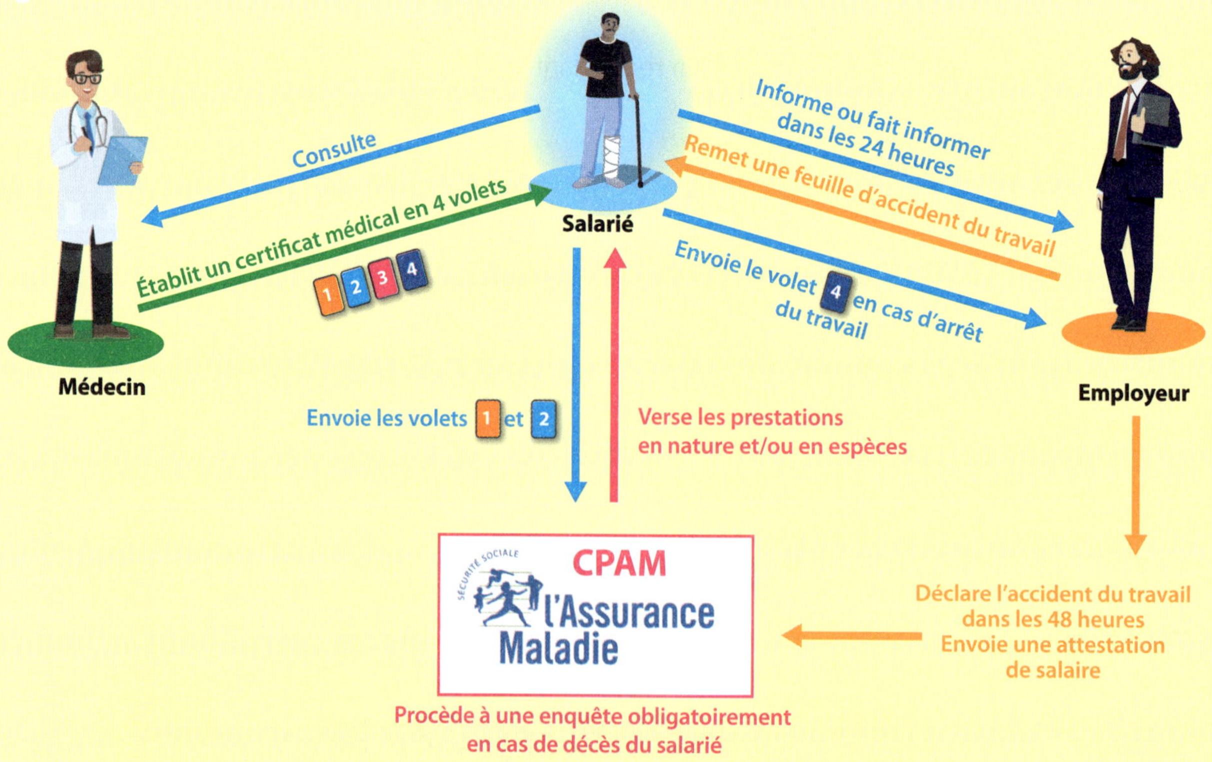

4 À partir du **document B** et de la **vidéo**, **renseigner** le tableau.

 # vidéo
Reconnaître la maladie professionnelle.
foucherconnect.fr/21p006

Les différents acteurs impliqués dans la procédure de déclaration d'une MP	....
La personne qui effectue la déclaration d'une MP	....
Le délai à respecter pour effectuer la déclaration d'une MP	....
Le destinataire de la déclaration d'une MP	....

DOC B La procédure de déclaration d'une maladie professionnelle

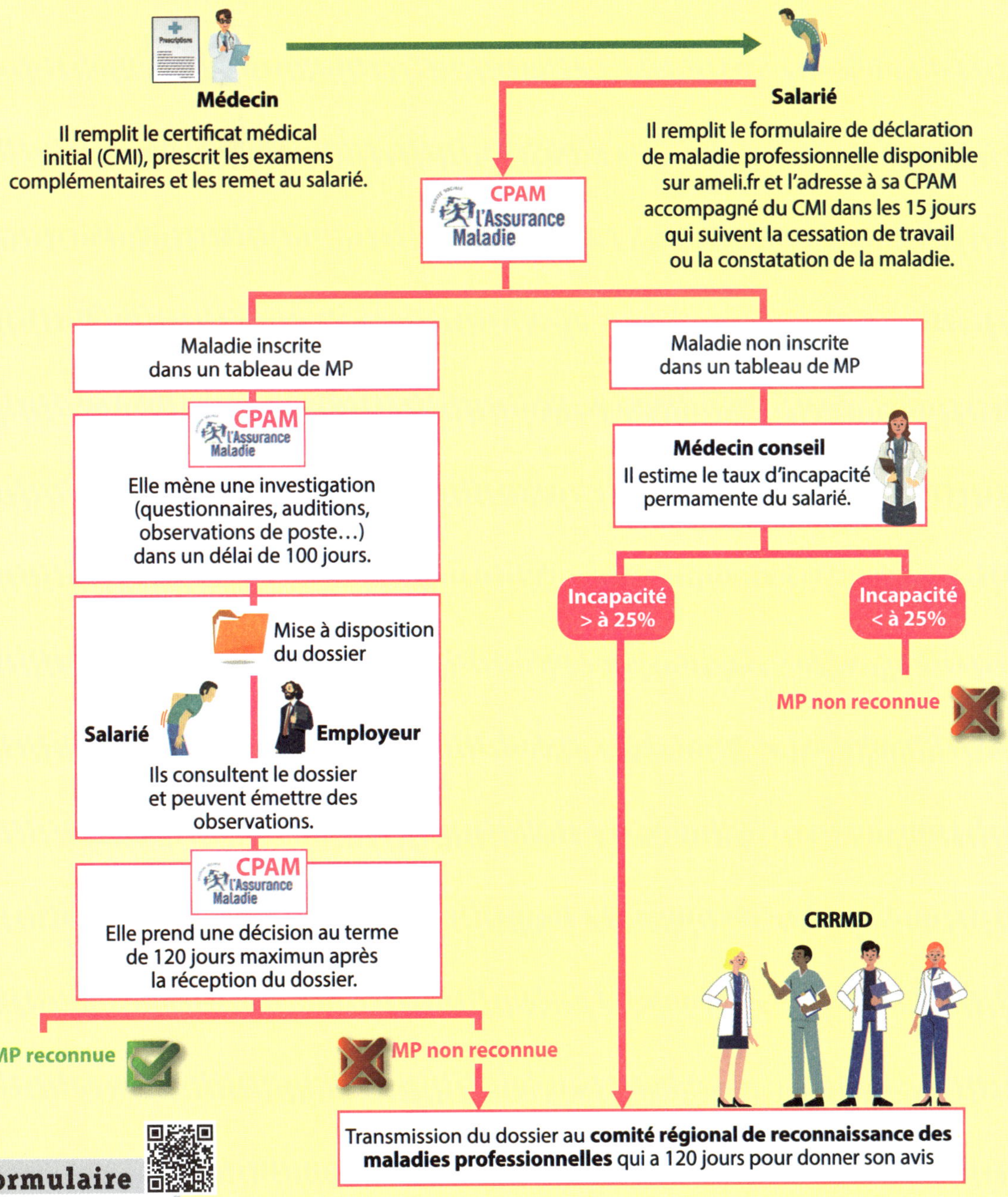

 # formulaire
Formulaire pour déclarer une MP.
foucherconnect.fr/20p109

ACTIVITÉ 2 La responsabilité civile et pénale de l'employeur

5 À partir du **document C**, **nommer** le type de responsabilité décrite.

- Elle vise à réparer les préjudices subis par les victimes.	▶ Responsabilité ....
- Elle vise à punir l'auteur de l'infraction aux règles de santé et sécurité du travail.	▶ Responsabilité ....

DOC C La responsabilité civile et pénale de l'employeur

Si la **responsabilité civile** entraîne la réparation des préjudices subis par des victimes de maladies professionnelles et d'accidents du travail, notamment par l'octroi de dommages et intérêts, la **responsabilité pénale**, quant à elle, conduit à la condamnation du responsable à une peine d'amende et éventuellement à une peine d'emprisonnement, qui visent à punir l'auteur de l'infraction aux règles de santé et sécurité du travail.
Dans la grande majorité des cas, l'accident du travail et la maladie professionnelle relèvent de la responsabilité civile, mais ils peuvent parfois engendrer des suites pénales en cas de violation flagrante des règlements, et la responsabilité pénale de l'employeur est de plus en plus recherchée. Les sanctions pénales dues au non-respect de la législation du travail en matière d'hygiène et sécurité sont devenues [...] plus fréquentes [...] du fait de l'obligation de résultat qui incombe au chef d'entreprise en matière d'évaluation et de prévention des risques professionnels dans son entreprise [...].

Source : *Officiel Prévention*, « accident du travail et responsabilité pénale ».

6 **Surligner**, dans le **document D**, les raisons pour lesquelles la responsabilité pénale de l'employeur a été mise en cause.

DOC D Une condamnation à la suite d'un accident du travail

Le tribunal a condamné un patron d'une entreprise de charpente-couverture dont deux salariés avaient été gravement blessés.
L'accident s'était produit le 4 mai. Les deux charpentiers devaient changer une lucarne et venaient de fixer un échafaudage suspendu qui s'est décroché entraînant les deux ouvriers dans une chute de 6 mètres. Grièvement blessés (multiples fractures), Yann et Xavier n'ont jamais pu reprendre leur travail. Le premier a été déclaré inapte à ce poste et a été licencié ; il est aujourd'hui en recherche d'emploi. Le second s'est reclassé et a trouvé un poste de métreur. Leur ancien patron était poursuivi principalement pour blessures involontaires par violation délibérée d'une obligation de sécurité.
Comme l'a précisé à la barre l'inspectrice du travail, ce type d'échafaudage suspendu est autorisé, mais plus exposé aux accidents qu'un échafaudage sur pied. L'un des couvreurs blessés n'avait d'ailleurs été formé qu'au montage d'échafaudage sur pied. Mais celui de l'entreprise était déjà utilisé sur un autre chantier.
Le point qui pose problème dans ce dossier, c'est que la notice d'utilisation de l'échafaudage suspendu n'a jamais été transmise par le fournisseur et qu'il manquait une pièce essentielle à la sécurité, en l'occurrence un crochet de verrouillage. Mais cette entreprise spécialisée n'a pas fait l'objet de poursuites. À l'audience, les avocats des deux couvreurs blessés ont vivement critiqué l'employeur et demandé sa condamnation pour faute inexcusable.
Le parquet s'est lui aussi montré très critique envers l'entrepreneur. « On a choisi cet échafaudage inadapté en raison de contraintes de temps. Le salarié n'était pas formé et n'avait pas la notice pour l'utiliser. On ne peut pas sacrifier la sécurité à la rentabilité. » Le vice-procureur a requis huit à dix mois d'emprisonnement avec sursis et 20 000 € d'amende.

Source : d'après le Tribunal correctionnel de Blois.

7 À partir du **document E** et de la **vidéo**, **indiquer** l'intérêt, en cas d'AT ou MP, de faire reconnaître la faute inexcusable de l'employeur.

....

....

 # vidéo
La faute inexcusable de l'employeur.
foucherconnect.fr/20p110

DOC E La faute inexcusable de l'employeur

La faute inexcusable de l'employeur correspond au **manquement de ce dernier à son obligation de sécurité de résultat** révélé par un accident du travail ou une maladie professionnelle. L'employeur aurait dû avoir conscience du danger et n'a pas pris les mesures nécessaires pour le prévenir. La reconnaissance de la faute inexcusable résulte d'un accord amiable entre la victime et son employeur ou, à défaut, d'une décision de la juridiction de Sécurité sociale. L'intérêt pour la victime de faire reconnaître la faute inexcusable de son employeur est d'obtenir une majoration de sa rente et la réparation de ses préjudices. Cela a un véritable coût pour l'employeur.

Source : www.droit-travail-france.fr/faute-inexcusable.php

ACTIVITÉ 3 Les modalités d'indemnisation des victimes

8 À l'aide du **document F**,

8.1 Nommer les prestations qui correspondent aux remboursements des frais d'hospitalisation, de rééducation et pharmaceutiques. ....

8.2 Renseigner le tableau.

	Pourcentage du salaire versé par la CPAM	Montant des indemnités journalières versées à M. Martin qui perçoit un salaire journalier de 50 € et qui est arrêté 33 jours
Les 28 premiers jours d'arrêt	....	....
À partir du 29e jour d'arrêt	....	....
Total des indemnités perçues par M. Martin		....

8.3 Cocher les indemnisations auxquelles donnent droit les situations de Paul et Léa.

Situation de Paul, couvreur

Un couvreur réalisait avec l'aide d'un collègue une couverture en plaques ondulées en fibres-ciment en prenant appui directement sur les plaques. Soudain, l'une des plaques s'est brisée sous son poids et il a fait une chute de 4 mètres sur le sol. Atteint d'une fracture du crâne, il est décédé pendant son transport à l'hôpital.

- ❑ Prestations en nature
- ❑ Indemnités journalières
- ❑ Rente d'incapacité
- ❑ Rente aux ayants droit

Situation de Léa, serveuse

Une serveuse de bar à cocktails effectuait son premier jour de travail. En récupérant de la main droite la glace broyée dans le bocal à réception, elle a passé son majeur droit dans l'orifice d'éjection de la glace. Le mécanisme en mouvement a happé l'extrémité du doigt et a coupé la première phalange. Cet accident a entraîné plusieurs jours d'arrêt de travail et une reconnaissance d'incapacité permanente partielle.

- ❑ Prestations en nature
- ❑ Indemnités journalières
- ❑ Rente d'incapacité
- ❑ Rente aux ayants droit

DOC F L'indemnisation suite à un accident du travail ou une maladie professionnelle

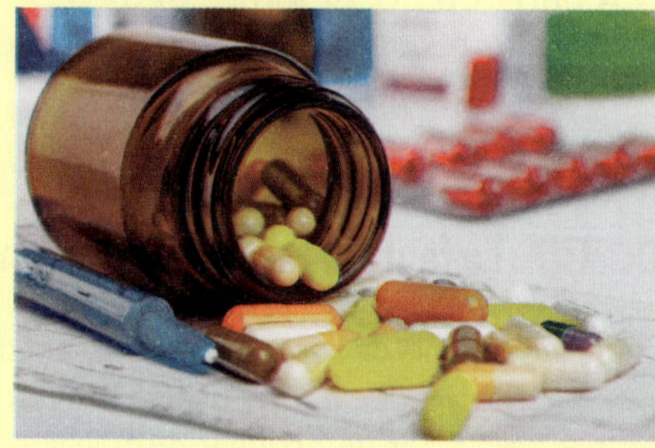

L'accident du travail et la maladie professionnelle donnent droit à deux types de prestations.

- Les **prestations en nature** qui correspondent aux remboursements des soins pris en charge à 100 % par la Caisse primaire d'assurance maladie (CPAM). Elles sont versées directement aux praticiens (médecin, pharmacien...) afin d'éviter l'avance des frais par la victime d'AT ou de MP.

- Les **prestations en espèces** qui comprennent :
  – les **indemnités journalières** versées par la CPAM dès le lendemain de l'accident pour compenser la perte de salaire. Les 28 premiers jours, elles représentent 60 % du salaire journalier et 80 % à partir du 29e jour ;
  – la **rente d'incapacité** attribuée si la victime conserve des séquelles (par exemple : amputation, paralysie...). Elle est calculée en fonction du taux d'incapacité ;
  – la **rente aux ayants droit** attribuée aux enfants, au conjoint en cas de décès de la victime.

PROPOSER DES SOLUTIONS

9 **Renseigner** le tableau.

Éléments de la situation de Mathéo qui permettent d'affirmer qu'il s'agit d'un accident du travail	....
Démarche à effectuer par Mathéo et délai à respecter	....
Prestations auxquelles Mathéo peut prétendre	....
Indemnités journalières perçues par Mathéo	→ Le salaire mensuel de Mathéo est de 1 434 €, soit un salaire journalier de 47,80 € (1 434/30). ....

module C8

La déclaration et la réparation des AT et des MP

mémo

Les démarches en cas d'AT ou de MP

- **En cas d'accident du travail** (AT), la victime doit informer l'employeur dans un délai de 24 heures et l'employeur doit le déclarer dans un délai de 48 heures à la CPAM. Le certificat médical établi par le médecin ainsi que la feuille d'accident du travail permettent à la victime de percevoir des prestations en nature.
- Pour constituer un **dossier de maladie professionnelle** (MP), la victime doit envoyer à la CPAM un formulaire de déclaration accompagné du certificat médical initial établi par le médecin et d'une attestation de salaire dans les 15 jours qui suivent la cessation de travail ou le constat de la maladie.

Les responsabilités de l'employeur

- L'employeur a une obligation de sécurité de résultat. Aussi, il commet une **faute inexcusable** lorsqu'il expose un salarié à un danger dont il avait ou aurait dû avoir conscience et qu'il n'a pas pris les mesures nécessaires pour l'en préserver. En cas d'AT ou de MP, l'employeur engage sa responsabilité.
- Deux types de responsabilité peuvent être mis en jeu :
  - sa **responsabilité civile** qui vise à réparer les préjudices subis par les victimes ;
  - sa **responsabilité pénale** qui vise à punir l'auteur de l'infraction aux règles de santé et sécurité du travail.

Les modalités d'indemnisation des victimes

- Les AT et les MP donnent droit à deux types de prestations :
  - les **prestations en nature** qui correspondent à la prise en charge à 100 % des soins et comprennent les frais pharmaceutiques, médicaux, d'hospitalisation...
  - les **prestations en espèces** qui correspondent :
    - aux indemnités journalières perçues en remplacement du salaire. Elles s'élèvent à 60 % du salaire les 28 premiers jours d'arrêt, puis à 80 % à compter du 29e jour d'arrêt ;
    - à la rente d'incapacité en cas de séquelles ;
    - à la rente aux ayants droit en cas de décès de la victime.

Mots-clés

Accident du travail : accident survenant par le fait ou à l'occasion du travail, quelle qu'en soit la cause. Il est soudain et provoque un dommage physique.

Maladie professionnelle : conséquence de l'exposition, plus ou moins prolongée, d'un salarié ou d'une personne qui a été salariée, à un risque lors de l'exercice habituel de sa profession.

le mémo audio foucherconnect.fr/20p111

LE QCM INTERACTIF foucherconnect.fr/20p112

mémo

En schéma

module C8 La déclaration et la réparation des AT et des MP

La déclaration et la réparation des AT et des MP

Démarches à effectuer

- En cas d'accident du travail
  - L'employeur déclare à la CPAM dans les 48 h
  - La victime informe l'employeur dans les 24 h
- En cas de maladie professionnelle
  - La victime déclare à la CPAM dans les 15 jours qui suivent la cessation de travail ou le constat de la maladie

Indemnisations

- Prestations en nature
  - Remboursements de soins à 100 %
- Prestations en espèces
  - Rente aux ayants droit en cas de décès
  - Rente d'incapacité en cas de séquelles
  - Indemnités journalières

Responsabilité de l'employeur

- Responsabilité civile : réparer les préjudices subis par la victime
- Responsabilité pénale : punir des infractions aux règles de santé et sécurité au travail

Évaluer ses compétences

Arthur, salarié d'un garage automobile, a été victime d'un accident du travail le 4 janvier à 11 h 30. Il a glissé dans l'eau savonneuse présente sur le sol suite au lavage d'un véhicule dans un endroit non aménagé à cet effet.
Suite à ses blessures (contusions, fracture), le médecin lui a prescrit un arrêt de travail de 42 jours. Arthur est très en colère car ce risque a été signalé à deux reprises à l'employeur par le Comité social et économique. Il s'interroge sur les démarches à engager pour faire reconnaître la faute inexcusable de son employeur.

C2 **1** **Formuler** le problème posé dans la situation. ... / 1

....

....

C2 **2** **Repérer** les éléments de la situation en renseignant le tableau. ... / 3

Quoi ? Que s'est-il passé ?	....
Qui ? Qui est concerné ?	....
Où ? Où cela se passe-t-il ?	....
Quand ? Quand cela s'est-il passé ?	....
Comment ? De quelle manière cela s'est-il passé ?	....
Pourquoi ? Pourquoi le problème se pose-t-il ?	....

C2 **3** **Justifier** pourquoi cet accident peut être reconnu comme accident du travail. ... / 4

....

....

....

C2 **4** À partir du **document A**,

4.1 **Indiquer** les démarches à effectuer par Arthur suite à son accident. ... / 3

....

....

....

....

4.2 **Relever** le pourcentage des indemnités journalières perçues par Arthur durant son arrêt de travail. ... / 2

....

....

Évaluer ses compétences

C2 **5** **Justifier** pourquoi, dans le cas de la situation d'accident d'Arthur, la faute inexcusable peut être acquise de droit. ... / 2

....

....

....

....

C3 **6** **Préciser** l'intérêt pour Arthur de faire reconnaître la faute inexcusable de l'employeur. ... / 2

....

....

....

C4 **7** À partir du **document B**, **indiquer** la démarche qu'Arthur doit effectuer pour engager la faute inexcusable de son employeur. ... / 3

....

....

....

....

....

....

DOC A Démarches en cas d'AT

• **Je déclare mon accident**

– **Je préviens rapidement mon employeur** de mon accident, en précisant les circonstances et l'identité du ou des témoin(s) éventuel(s).

– J'envoie le « **certificat médical initial** » remis par mon médecin après mon accident à **ma Caisse primaire d'assurance maladie.**

• **Le versement d'indemnités journalières**

En cas d'arrêt de travail et si je remplis certaines conditions, l'Assurance maladie peut me verser des indemnités.

Je bénéficie de ces indemnités journalières pour tous les jours de la semaine (samedi, dimanche et jours fériés compris) et ce dès le lendemain de mon accident et jusqu'à ma guérison. Le salaire du jour de l'accident reste à la charge de mon employeur, sauf convention collective particulière.

→ Les indemnités journalières sont calculées à partir de mon dernier salaire brut :

Jour 1 – Jour 2 – ... – Jour 28 : 60 % du dernier salaire brut

Jour 29 – ... : 80 % du dernier salaire brut

DOC B La faute inexcusable

C'est à la victime ou ses ayants droit d'apporter une **preuve du lien** entre le dommage subi et le manquement de l'employeur à ses obligations en matière de prévention. La faute inexcusable peut également être **acquise de droit ou présumée acquise** :

1. lorsque la victime de l'accident ou un représentant du CSE avait préalablement signalé à l'employeur le risque qui s'est matérialisé (art. L. 413-4 du Code du travail) ;

2. lorsque la victime d'un accident du travail ou d'une maladie professionnelle est un travailleur intérimaire, ou titulaire d'un CDD, ou un stagiaire affecté à un poste de travail présentant des risques particuliers sans avoir bénéficié au préalable d'une formation renforcée à la sécurité (art. L. 4154-3 du Code du travail).

Lorsque la faute inexcusable de l'employeur est reconnue, la victime obtient une indemnisation complémentaire (rente complémentaire, dommages et intérêts), outre les prestations auxquelles elle avait déjà droit en application du Code de la Sécurité sociale.

Le salarié souhaitant faire reconnaître la faute inexcusable de son employeur adresse une demande à la caisse de Sécurité sociale dont il dépend, et dispose pour cela d'un délai de prescription de deux ans. La caisse propose tout d'abord une conciliation entre l'employeur et son salarié. En cas d'échec, le salarié doit saisir le tribunal des affaires de la Sécurité sociale (TASS) de sa demande de reconnaissance de la faute inexcusable.

Afin de voir écartée sa faute inexcusable, l'employeur doit apporter la preuve qu'il ne pouvait pas avoir conscience du risque, ou qu'il a pris toutes les mesures nécessaires pour préserver la santé et la sécurité des salariés.

Source : Fiche prévention de l'OPPBTP, A1F, 13-18/03/2018.

Objectif
Prévenir les risques psychosociaux.

module C9 Les risques psychosociaux

Parmi les actifs français :

- **45 %** déclarent devoir (toujours, souvent) se dépêcher dans leur travail.
- **25 %** déclarent devoir cacher leurs émotions, faire semblant d'être de bonne humeur.
- **25 %** craignent de perdre leur emploi.
- **10 %** disent devoir faire des choses dans leur travail qu'ils désapprouvent.
- **30 %** signalent avoir subi au moins un comportement hostile dans le cadre du travail au cours des 12 derniers mois.

Source : Enquête DARES « conditions de travail – risques psychosociaux », 2016.

ANALYSER LA SITUATION

1 Formuler le problème posé dans la situation.

....

2 Identifier les éléments de la situation en répondant aux questions suivantes.

Quoi ?	**Quelle est l'origine du problème ?**	....
Qui ?	**Qui sont les personnes concernées ?**	....
Où ?	**Où a lieu le problème ?**	....
Comment ?	**Quels sont les deux principaux facteurs de risque à l'origine du problème ?**	....
Pourquoi ?	**Pourquoi est-il important de régler le problème ?**	....

Autre situation VIDÉO

foucherconnect.fr/20p113

MOBILISER LES CONNAISSANCES

ACTIVITÉ 1 Les principaux facteurs de risques psychosociaux

3 **Surligner**, dans le **document A**, la définition des risques psychosociaux.

DOC A La définition des risques psychosociaux

Les **risques psychosociaux** (RPS) correspondent à des situations de travail où sont présents, combinés ou non, plusieurs facteurs.

Violences externes : insultes, menaces, incivilités, agressions.	**Stress** : déséquilibre entre les contraintes et les ressources.	**Violences internes** : harcèlement moral ou sexuel, conflits exacerbés.

Ce sont des risques qui mettent en danger l'intégrité physique et la santé mentale des salariés et impactent le fonctionnement des entreprises. Ils peuvent être induits par l'activité elle-même ou générés par l'organisation et les relations de travail.

 # vidéo
Violences externes : nul n'est à l'abri !
foucherconnect.fr/20p114

4 À partir du **document A** et/ou de la **vidéo**, **identifier**, pour chaque témoignage, le RPS dont il s'agit.

Témoignages	 « Je travaille dans un cabinet d'architecte. Je dois gérer en même temps un appel téléphonique, une urgence sur un chantier et la finition d'un dossier à rendre ce soir. »	 « Mon chef de service m'interrompt régulièrement dans mon travail qu'il dévalorise. Nous sommes sans cesse en conflit. »	 « Le client est mécontent car le délai de livraison est retardé. Au cours de notre discussion, il m'insulte et me menace. »
RPS	....	....	....

5 Pour la situation professionnelle de Leïa, **illustrer** chaque facteur de RPS en vous aidant du **document B**.

Situation professionnelle de Leïa, vendeuse dans un magasin de petit et gros électroménager, mobilier d'intérieur

« Tous les jours, le chef des ventes nous donne des ordres en hurlant. Il nous rappelle que nous devons garder le sourire et nous rendre disponibles pour tous les clients, même s'ils sont agressifs envers nous. Il exige que nous incitions les clients à souscrire à la carte de crédit du magasin au risque d'entraîner des clients à très faibles revenus dans une difficulté financière. C'est en total désaccord avec mes convictions éthiques.
Enfin, tous les soirs, je quitte mon travail avec 30 minutes de retard pour terminer ce que je n'ai pas eu le temps de faire dans la journée car le rythme est très intense et le travail mal réparti. Avec l'équipe, nous avons des idées pour améliorer nos conditions de travail mais le chef des ventes ne nous écoute pas. Je ne supporte pas cette situation, mais je suis en contrat à durée déterminée (CDD) et j'ai peur de perdre mon travail. »

Les principaux facteurs de risques psychosociaux

Intensité et temps de travail	....
Exigences émotionnelles	....
Manque d'autonomie	....
Rapports sociaux au travail dégradés	....
Conflits de valeurs	....
Insécurité de la situation de travail	....

DOC B Les six catégories de facteurs de risques psychosociaux

❶ Intensité et temps de travail
Surcharge de travail, objectifs irréalistes ou flous, longueur des journées de travail, instructions contradictoires, travail en horaires atypiques, imprévisibilité des horaires de travail...

❷ Exigences émotionnelles
Tensions avec le public, contact avec la souffrance ou la détresse humaine, exigence de devoir cacher ses émotions...

❸ Manque d'autonomie
Faibles marges de manœuvres pour faire son travail, rythme de travail imposé, impossibilité de développer ses compétences et de participer aux décisions...

❹ Rapports sociaux au travail dégradés
Relations conflictuelles avec les collègues ou avec la hiérarchie, manque de reconnaissance, harcèlement moral...

❺ Conflits de valeurs
Ne pas être fier de son travail, ne pas pouvoir faire un travail de qualité, souffrance éthique...

❻ Insécurité de la situation de travail
Peur de perdre son emploi, non maintien du niveau de salaire, contrat de travail précaire, restructurations, incertitude sur l'avenir de son métier...

Remarque : l'accumulation des facteurs de RPS dans une situation professionnelle est un élément aggravant pour la santé du salarié et pour l'image de l'entreprise.

ACTIVITÉ 2 Les conséquences des risques psychosociaux sur la santé ....

6 À l'aide du **document C**,

6.1 Surligner, dans chaque situation, les conséquences des RPS sur la santé.

6.2 Cocher s'il s'agit d'une atteinte à l'intégrité physique ou à l'intégrité mentale du salarié.

Témoignages		Nature des dommages
Théo, peintre 	« Depuis trois mois, deux de mes collègues sont en arrêt de travail et ne sont pas remplacés. Or, nous devons terminer les chantiers dans les délais impartis. Je travaille plus de 10 heures par jour. Depuis plusieurs semaines, je ressens de vives douleurs au niveau des poignets et des épaules. Mon médecin a diagnostiqué des troubles musculo-squelettiques. »	❑ Intégrité physique. ❑ Intégrité mentale.
Mathis, agent de maintenance 	« Je suis tout le temps humilié, dénigré, méprisé par mon collègue. Je me sens dévalorisé et je doute de mes capacités. Je n'ai plus envie d'aller au travail. Je suis démotivé et cela a des répercussions sur ma vie personnelle. Un ami m'a conseillé de consulter mon médecin, car il trouve que je déprime. »	❑ Intégrité physique. ❑ Intégrité mentale.
Aline, secrétaire 	« Depuis plusieurs mois, la charge de travail a augmenté. Je dois gérer les dossiers en cours, prendre en charge de nouveaux dossiers et répondre aux appels des clients. À la fin de la journée, je ressens des douleurs au niveau du dos et des articulations des membres supérieurs. J'ai des troubles de la concentration, je suis très irritable et j'ai un sommeil perturbé. Je suis épuisée physiquement et intellectuellement. »	❑ Intégrité physique. ❑ Intégrité mentale.

DOC C Les atteintes à la personne (définition juridique)

Les **atteintes à la personne** désignent toutes les formes d'infractions qui ont pour motivation ou pour effet de porter atteinte à l'intégrité physique ou psychologique d'autrui [...].

Les atteintes à la personne peuvent être divisées en deux catégories :

- les **atteintes à la dignité et à l'honneur d'autrui** : diffamation et autres atteintes à la vie privée, discrimination, abus de faiblesse...

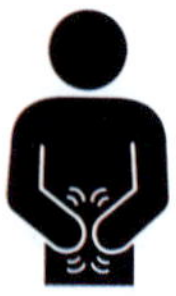

- les **atteintes au corps d'autrui** : violences, viol, torture, homicide, harcèlement moral et sexuel...

Source : www.jurifiable.com/conseil-juridique/droit-penal/atteintes-la-personne

7 À partir du **document D** et de la **vidéo**,

7.1 Caractériser le *burn-out* et le *bore-out*.

....

....

....

....

....

 # vidéo
Le *burn-out* fait son entrée dans la classification des maladies de l'OMS.
foucherconnect.fr/20p115

7.2 Surligner :

- en bleu les symptômes du *burn-out* et du *bore-out* ;
- en vert les maladies consécutives au *burn-out* et au *bore-out*.

DOC D Le *burn-out* et le *bore-out*, des phénomènes liés au travail

• Le ***burn-out***

Également appelé « syndrome d'épuisement professionnel », il apparaît lorsqu'il y a une **surcharge importante de travail.**

Il se caractérise par trois dimensions :
– l'**épuisement** à la fois physique et psychique ;
– la **dépersonnalisation** (ou cynisme) se traduisant par un retrait et une indifférence vis-à-vis du travail ;
– la **perte d'efficacité** au travail et la **dévalorisation de soi**.

• Le ***bore-out***

C'est l'exact contraire du *burn-out*.

Du verbe anglais « bore », qui signifie littéralement « ennuyer », il se produit lorsque le salarié est confronté à une **sous-charge de travail** ou qu'il est cantonné à des **tâches rébarbatives**.

Il s'accompagne d'un manque de stimulation intellectuelle, d'une dévalorisation et d'un sentiment d'inutilité.

• Dans les deux cas, cela se manifeste par des troubles physiques comme des migraines, une perte d'appétit, des douleurs ou une fatigue musculaire entraînant par exemple des troubles musculo-squelettiques, des maladies cardiovasculaires et des troubles psychiques et émotionnels comme un stress chronique, des angoisses pouvant aller jusqu'à une dépression.

8 À partir du **document E**, **renseigner** le tableau.

Les personnes les plus exposées au *burn-out*	
Nombre d'actifs présentant un risque	....
Sexe	....
Tranche d'âge	....
Professions	....

DOC E Le portrait-robot des personnes exposées à un *burn-out*

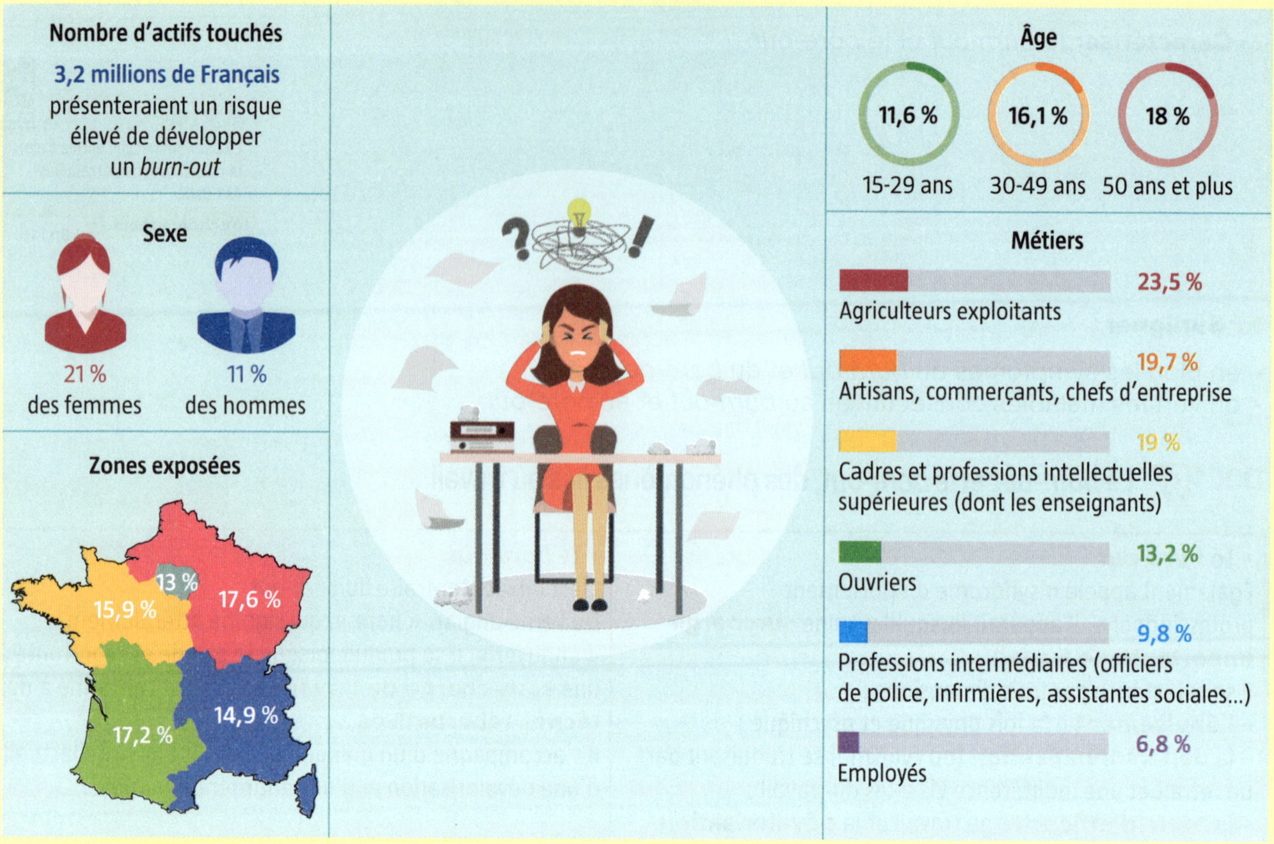

ACTIVITÉ 3 Les conséquences des risques psychosociaux sur l'entreprise

9 À partir du **document F**, **expliquer** pourquoi les RPS ont un impact sur le climat social de l'entreprise et engendrent un coût pour l'entreprise.

DOC F Les conséquences des risques psychosociaux sur l'entreprise

ACTIVITÉ 4 Les mesures de prévention

10 À partir du **document G**, **identifier** en les surlignant :
- en jaune les obligations de l'employeur face aux RPS ;
- en bleu les deux accords nationaux interprofessionnels ;
- en vert les objectifs de chaque accord.

DOC G Le cadre réglementaire

• Selon l'article L. 4121-1 du Code du travail, l'employeur a l'obligation d'évaluer les risques, y compris psychosociaux, et de prendre les mesures nécessaires pour assurer la sécurité et protéger la santé physique et mentale de ses salariés.

• En dehors des dispositions générales et particulières prévues par la réglementation, les entreprises sont également soumises à **deux accords nationaux interprofessionnels** sur le stress au travail, le harcèlement moral et la violence au travail.

- L'**accord national interprofessionnel sur le stress** du 2 juillet 2008 : cet accord propose des indicateurs pour dépister le stress au travail et un cadre pour le prévenir. L'accord précise également quelques facteurs de stress à prendre en compte, comme « l'organisation et les processus de travail, les conditions et l'environnement du travail, la communication et des facteurs subjectifs ». Il rappelle que, dès qu'un problème de stress a été identifié, une action doit être entreprise pour le prévenir, l'éliminer, ou, à défaut, le réduire.

- L'**accord national interprofessionnel sur le harcèlement et la violence au travail** du 26 mars 2010 : cet accord rappelle que le harcèlement et la violence sur le lieu de travail ne sont pas tolérés et que l'entreprise a l'obligation de prévoir des mesures appropriées de gestion et de prévention. Il fournit une trame d'intervention à formaliser par l'entreprise : suivi des plaintes, respect de la confidentialité, prise en compte des avis de toutes les parties concernées, sanction disciplinaire en cas de fausse accusation, recours à un avis extérieur, médiation...

11 À partir du **document H**, **indiquer** les particularités de la démarche de prévention des RPS.

....
....
....
....
....
....

DOC H La démarche de prévention des RPS

D'une entreprise à l'autre, d'une situation de travail à l'autre, les facteurs de RPS sont différents. Les solutions sont donc à rechercher pour chaque entreprise après une évaluation ou un diagnostic approfondi des facteurs de RPS qui lui sont propres. Une **démarche de prévention collective (ou globale)**, centrée sur le travail et son organisation, doit permettre d'évaluer précisément le niveau de risques, d'en identifier les sources et de mettre en place un plan d'action. Une telle démarche permet une prévention efficace et durable.

12 À partir du **document I**,

12.1 **Indiquer** l'intérêt d'un questionnaire lors de l'évaluation des facteurs des RPS.

....
....
....

12.2 **Préciser** les précautions à prendre lors de son utilisation.

....
....
....

DOC I Les questionnaires, un outil d'évaluation des RPS

Les **questionnaires** sont des outils de mesure utilisés dans les démarches de prévention des RPS. Ils permettent de recueillir des informations, au niveau de l'ensemble des salariés, sur la perception de leur situation de travail, leur niveau de stress, les symptômes ressentis, leur état de santé...

Le questionnaire issu des travaux de Karasek* est l'un des outils les plus connus pour évaluer les facteurs de RPS. S'il permet dans certains cas d'identifier les facteurs de risques propres à un contexte de travail donné, il n'est pas adapté à toutes les situations. Les questionnaires doivent dans tous les cas être complétés par d'autres méthodes ou sources d'informations : analyse documentaire, entretiens, observations au poste de travail...

* Karasek : sociologue et psychologue américain, dont les travaux datent de 1979.

13 À partir du **document J**, **proposer** des mesures de prévention pour chaque situation professionnelle.

Situations professionnelles	Mesures de prévention
Le personnel d'une boutique de prêt à porter n'est pas associé aux évolutions professionnelles suite à la réorganisation du magasin.	
Malgré leur investissement, les agents d'accueil et les agents administratifs d'une entreprise ne se sentent pas reconnus dans leur travail.	
Depuis plusieurs mois, les salariés d'une entreprise agroalimentaire n'arrivent pas à terminer le travail demandé dans la journée. Ils sont obligés d'empiéter sur leur temps de pause. Cela engendre du stress.	

DOC J La prévention des RPS

Les mesures de prévention des RPS visent à :

- **optimiser la gestion des ressources humaines** en :
  - favorisant l'évolution professionnelle, facteur d'épanouissement et de motivation au travail ;
  - témoignant de la reconnaissance pour éviter la démotivation, une perte de sens au travail et un sentiment d'injustice ;
  - favorisant les collaborations entre les jeunes et les anciens salariés pour éviter l'apparition d'un conflit de génération ;
  - mettant en place des formations pour permettre aux salariés de faire face aux exigences de leur travail ;
- **repenser l'organisation du travail** en :
  - impliquant les salariés en amont des changements pour éviter les choix inadaptés à la réalité du terrain ;
  - donnant de l'autonomie aux salariés pour leur permettre d'organiser leurs activités, leurs plannings ;
  - régulant la charge de travail et adaptant les moyens aux objectifs ;
  - facilitant la conciliation entre le travail et la vie privée.

 # affiche
9 conseils pour agir au quotidien.
foucherconnect.fr/21p007

PROPOSER DES SOLUTIONS

14 Pour la situation de la page 187, **indiquer** les mesures collectives à mettre en place pour le bien-être au travail des salariés.

Facteurs à l'origine des RPS	Propositions
Travail intense et manque de temps (45 %)	
Comportement hostile au travail (30 %)	

module C9

Les risques psychosociaux

mémo

Les principaux facteurs de risques psychosociaux

- Les risques psychosociaux (RPS) correspondent à des situations de travail où sont présents, combinés ou non :
  - du **stress** ;
  - des **violences internes** ;
  - des **violences externes**.

Ce sont des risques qui peuvent être induits par l'activité elle-même ou générés par l'organisation et les relations de travail.

- Ils sont regroupés en **six catégories** :
  - intensité et temps de travail ;
  - exigences émotionnelles ;
  - manque d'autonomie ;
  - rapports sociaux au travail dégradés ;
  - conflits de valeurs ;
  - insécurité de la situation de travail.

Les conséquences des RPS sur la santé

- L'exposition aux RPS entraîne des **dommages** sur l'**intégrité physique** (maladies cardiovasculaires, troubles musculo-squeletiques) et l'**intégrité mentale** des salariés (troubles anxiodépressifs pouvant aller jusqu'au ***burn-out*** ou le ***bore-out***, voire le suicide).

Les conséquences des RPS sur l'entreprise

- Les RPS ont des **répercussions organisationnelles** et **économiques** qui coûtent cher à l'entreprise : dégradation de la productivité, augmentation de l'absentéisme et du *turn-over*, augmentation des accidents du travail, démotivation, baisse de créativité, dégradation du climat social…

Les mesures de prévention

- La prévention des RPS s'inscrit dans l'**obligation générale de sécurité** qui incombe à l'employeur d'évaluer les risques et de prendre les mesures nécessaires pour assurer la sécurité et protéger la santé physique et mentale de ses salariés. Elle est complétée par **deux accords nationaux interprofessionnels** sur le stress au travail, le harcèlement moral et la violence au travail.
- La **prévention collective** (dite globale) est à privilégier. Elle est centrée sur le travail et son organisation (réorganisation du travail pour le rendre stimulant, répartition de la charge de travail, communication facilitée…). Elle peut être complétée par des **formations** et des **informations** sur la gestion du stress, la qualité de vie au travail…

Mots-clés

***Burn-out* :** état d'épuisement physique, émotionnel et mental lié à une dégradation du rapport d'une personne à son travail.

***Bore-out* :** état d'épuisement physique, émotionnel et mental lié à l'ennui au travail.

le mémo audio
foucherconnect.fr/20p116

LE QCM INTERACTIF
foucherconnect.fr/20p117

En schéma

module C9 Les risques psychosociaux

Les risques psychosociaux (RPS)

Familles de RPS
- Stress

- Violences internes

- Violences externes

Facteurs de RPS
- Manque d'autonomie
- Exigences émotionnelles
- Intensité et temps de travail
- Insécurité de la situation de travail
- Conflits de valeurs
- Rapports sociaux dégradés

Conséquences
- Sur le salarié
  - Atteinte à l'intégrité physique : maladies cardiovasculaires, TMS
  - Atteinte à l'intégrité mentale : dépression, anxiété, *burn-out*, *bore-out*, suicide
- Sur l'entreprise
  - Climat social dégradé
  - Coût économique important

Mesures de prévention
- Prévention collective
  - Réorganiser le travail
  - Répartir la charge de travail
  - Donner de l'autonomie aux salariés
- Formation et information
  - Former à la gestion du stress
  - Former à la gestion des conflits

Évaluer ses compétences

L'exposition personnelle à des situations de harcèlement sur son lieu de travail

Base pour l'enquête : femmes âgées de 15 ans et plus ayant déjà travaillé au cours de leur vie (92 %)

Question : au cours de votre vie professionnelle, vous est-il arrivé sur votre lieu de travail... ?

Harcèlement verbal ou visuel

- De faire l'objet de sifflements, de gestes ou de commentaires grossiers, ou encore de regards concupiscents (ex. : clins d'œil, regards libidineux...)
- De faire l'objet de remarques gênantes sur votre tenue ou votre physique
- De devoir subir des propos obscènes ou des écrits à connotation sexuelle
- De devoir voir ou recevoir des textes, photos ou vidéos à caractère sexuel malgré vos marques de désintérêts pour ce type de contenu

Harcèlement physique

- De vous voir imposer des contacts physiques légers comme par exemple un effleurement des mains, des cheveux, du visage ou des jambes

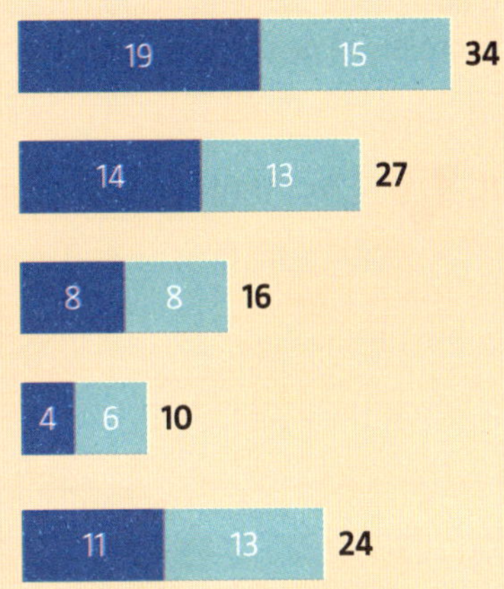

Oui, de façon répétée — Oui, mais à une seule reprise — **Total** « En a été victime au moins une fois »

Source de l'enquête : étude Ifop pour VieHealthy.com réalisée par questionnaire auto-administré en ligne du 26 au 29 janvier 2018 auprès d'un échantillon de 2 008 femmes.

C2 ① **Formuler** le problème posé dans la situation. ... / 1

....

....

C2 ② **Identifier** les éléments de la situation en renseignant le tableau. ... / 8

Quoi ? Quelle est la nature du problème ?	....
Qui ? Quelles sont les personnes concernées par le problème ?	....
Où ? Où se situe le problème ?	....
Comment ? Comment se manifeste le problème ?	....
Pourquoi ? Pourquoi est-ce important de régler le problème ?	....

Évaluer ses compétences

C2 **3** À l'aide du **document A**, **repérer** pour Léo les facteurs de risques psychosociaux auxquels il est exposé. ... / 3

Léo, serveur dans une pizzeria, en CDD	Facteurs à l'origine des RPS
« Le midi, je dois servir rapidement de nombreux clients, car ils disposent de peu de temps pour déjeuner. »	....
« Je dois rester calme et disponible malgré le mécontentement et l'agressivité de certains clients. »	....

DOC A Les facteurs de risques psychosociaux (RPS)

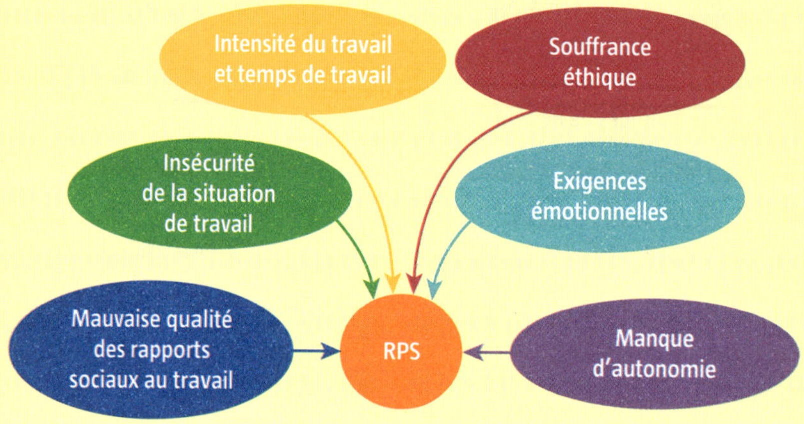

C3 **4** À partir du **document B**, **identifier** les principales conséquences des RPS sur la santé. ... / 5

Atteinte à l'intégrité physique	Atteinte à l'intégrité mentale
....	....
....	....
....	....

C4 **5** À partir de la situation d'introduction, **proposer** trois mesures de prévention. ... / 3

....

....

....

....

....

....

....

DOC B Les conséquences des RPS

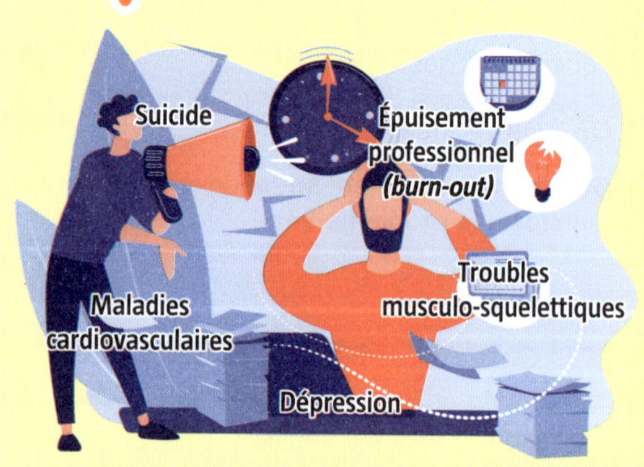

Objectif
Prévenir les risques liés à l'activité physique.

module C10 Les risques liés à l'activité physique

Zora est titulaire du bac pro Accompagnement, soins et services à la personne (ASSP). Elle est employée par Prestadomi, une association d'aide à domicile, pour intervenir auprès de personnes âgées à mobilité réduite afin de pratiquer des activités d'hygiène, de soins et de confort. Elle les assiste en particulier au moment du lever et du coucher et effectue ainsi à domicile 20 transferts[1] du lit au fauteuil et du fauteuil au lit par jour.

1. Action de faire passer une personne d'un support à un autre, comme par exemple passer du lit au fauteuil roulant.

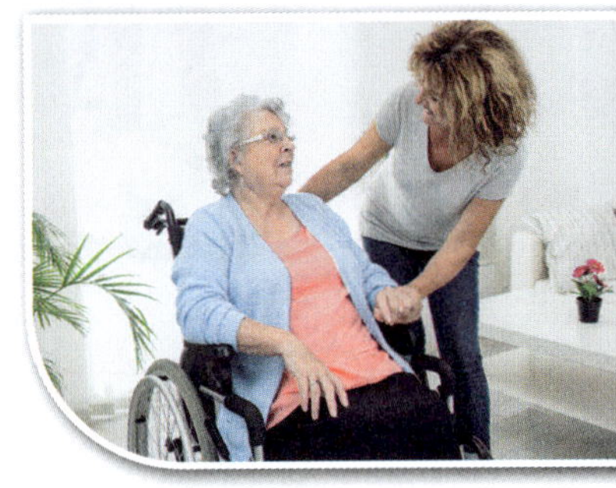

ANALYSER LA SITUATION

1 **Identifier** les composantes de l'activité de travail de Zora à partir de l'outil d'analyse QQOQCP.

Qui ? ……………………………………………………………………

Quoi ? ……………………………………………………………………

Où ? ……………………………………………………………………

Quand ? ……………………………………………………………………

Comment ? ……………………………………………………………………

Pourquoi ? ……………………………………………………………………

2 À partir de l'activité de travail de Zora et de la fiche « L'analyse des risques professionnels »,

2.1 **Proposer** une représentation mettant en lien les éléments du processus d'apparition d'un dommage.

2.2 **Évaluer** le risque en renseignant le tableau.

Estimation du risque	Niveau de gravité du dommage	N° ..
	Niveau de probabilité d'apparition du dommage	N° ..
Évaluation du risque	……………………………………………	

Autre situation VIDÉO

foucherconnect.fr/20p118

MOBILISER LES CONNAISSANCES

ACTIVITÉ 1 Les facteurs de risques liés à l'activité physique au travail ....

3 À partir du **document A**, **nommer**, sous chaque situation de travail, le facteur de risques lié à l'activité physique.

		 ....
		 ....

DOC A Les facteurs de risques liés à l'activité physique

L'**activité physique**, qu'elle soit sportive ou pratiquée dans le cadre de la vie courante ou professionnelle, a de nombreux **bienfaits** sur la santé physique, psychique et mentale de l'individu. Elle mobilise l'appareil locomoteur pour se déplacer, transporter, soulever, bouger, tirer, pousser, actionner… Cependant, les facteurs individuels (âge, expérience professionnelle), le poste de travail (répétition des mêmes gestes, exposition aux vibrations, efforts importants, postures contraignantes), l'organisation du travail (tâches monotones, délais de réalisation trop courts), le climat social dans la collectivité (mauvaises relations de travail, manque de reconnaissance) sont des facteurs qui peuvent être à la **source des risques** liés à l'activité physique au travail.

Malgré les progrès techniques qui permettent d'alléger les tâches les plus dures, l'activité physique au travail reste l'une des principales causes d'accidents du travail, de maladies professionnelles et d'inaptitudes au travail.

4 À partir du **document B**, **renseigner** le tableau.

Exemples d'activités de travail	Activité dynamique ou statique	Justification
	❑ Activité dynamique ❑ Activité statique	....
	❑ Activité dynamique ❑ Activité statique	....

DOC B Les effets d'une activité statique et dynamique sur les muscles

• Dans le cas d'une **activité physique statique**, l'opérateur maintient une posture précise.

Contraction prolongée du muscle du bras (biceps)

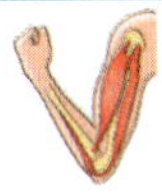

↓

Consommation par le muscle de glucose et de dioxygène apportés par le sang

↓

Production de déchets (acide lactique, dioxyde de carbone) par le muscle

↓

Fatigue prématurée du muscle suite à la diminution de l'arrivée de glucose et de dioxygène par le sang et à l'absence d'évacuation des déchets

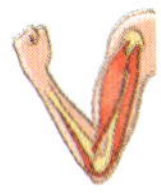

• Dans le cas d'une **activité physique dynamique**, l'opérateur est en mouvement continu.

Contraction du muscle du bras (biceps)

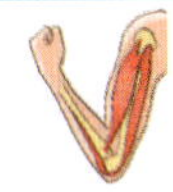

→ Consommation par le muscle de glucose et de dioxygène apportés par le sang

→ Production de déchets (acide lactique, dioxyde de carbone) par le muscle

→ **Relâchement** du muscle du bras (biceps)

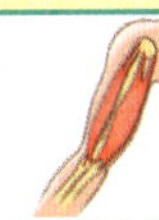

→ Élimination par le sang des déchets produits par le muscle

→ Nouvel apport par le sang de dioxygène et de glucose

→ (retour à la contraction)

ACTIVITÉ 2 Les effets sur la santé

5 À partir du **document B**, **nommer** l'activité qui génère le plus de fatigue musculaire pour l'opérateur et **justifier** la réponse.

....

....

6 À partir du **document C**, **identifier**, dans chaque situation professionnelle, les dommages occasionnés par l'activité physique en les surlignant.

Situations professionnelles

❶ Aurore, esthéticienne, travaille en position débout prolongée et piétine en permanence. En fin de journée, elle a une sensation de jambes lourdes, signe annonciateur de varices.

❷ Julia, aide à domicile, monte sur un escabeau pour nettoyer les vitres de la salle de bain en hauteur. Surprise par la sonnette d'entrée, elle sursaute, est déséquilibrée et chute de l'escabeau. Elle se fracture le poignet.

❸ Lucas manutentionne des charges plus de 10 heures par semaine sur son lieu de travail. Depuis plus de trois mois, il ressent des douleurs au niveau des vertèbres lombaires.

DOC C Des effets de l'activité physique au travail sur la santé

L'activité physique au travail peut être la cause d'**accidents de type traumatique** (atteintes lombaires, contusions, coupures, entorses, fractures, déchirures musculaires, luxations...) qui peuvent être source d'handicap physique. Elle peut également entraîner **fatigue** et **douleur** qui sont souvent ignorées alors qu'elles sont des signes précoces de surcharge de l'appareil locomoteur à ne pas négliger. Elle peut aussi être à l'origine de risques **cardiovasculaires** dont les troubles circulatoires, d'atteintes **cutanées**, ou encore de troubles **musculo-squelettiques**. Les atteintes sont dites **aiguës** lorsqu'elles surviennent soudainement et disparaissent rapidement, alors que les atteintes **chroniques** sont insidieuses et persistent dans la durée.

7 À partir du **document D**,

7.1 Définir les TMS.

....

....

7.2 Sous chaque activité professionnelle à risques, **nommer** :

- la (ou les) articulation(s) de l'opérateur la (ou les) plus sollicitée(s) ;
- le ou les TMS susceptibles de se développer.

Des activités professionnelles à risques de TMS

Articulation(s) la (ou les) plus sollicitée(s)	....	....	....
TMS susceptible(s) de se développer	....	....	....

DOC D Les troubles musculo-squelettiques

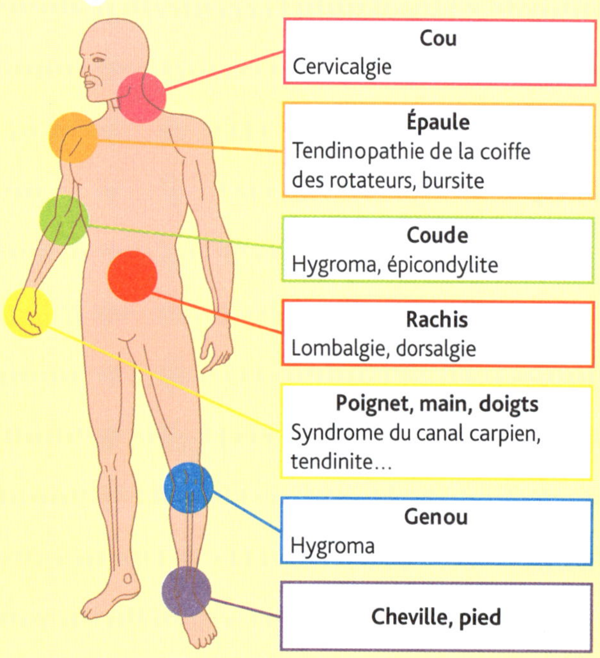

Les troubles musculo-squelettiques (TMS) sont des atteintes douloureuses qui touchent les tissus situés autour des articulations. Ils sont liés à des sollicitations excessives de situations de travail et commencent par des douleurs, la perte de mobilité ou la perte de force. Si ces sollicitations se répètent dans le temps, les capacités de récupération de l'organisme peuvent être dépassées et des lésions vont apparaître :
- **inflammation des tendons** (épaules, coudes, avant-bras, poignets) ;
- **dégénérescence des articulations vertébrales** (rachis cervical et lombaire) ;
- **compression de nerfs** (nerf médian en cas de syndrome du canal carpien, nerf sciatique) ;
- **atteinte des muscles** (surtout du cou et des épaules).

Ce qui fait la gravité de la problématique des TMS, c'est qu'ils démarrent insidieusement par de petits signes auxquels on ne prête pas forcément attention, ou que l'on relie difficilement au travail (douleurs nocturnes).
La Caisse primaire d'assurance maladie reconnaît et indemnise certains TMS au titre des maladies professionnelles.

ACTIVITÉ 3 D'autres effets : les atteintes de la colonne vertébrale

8 À partir de vos connaissances et de la **vidéo**,

8.1 Indiquer les trois rôles de la colonne vertébrale.

....

....

....

 # vidéo
La colonne vertébrale, régions vertébrales et courbures vertébrales.
foucherconnect.fr/20p119

8.2 Nommer, sur le schéma de la colonne vertébrale, les cinq types de vertèbres et les différentes charnières.

8.3 Relier chaque illustration à la charnière sollicitée.

8.4 Colorier, sur le schéma vu de face, la charnière la plus sollicitée lors de vos activités professionnelles.

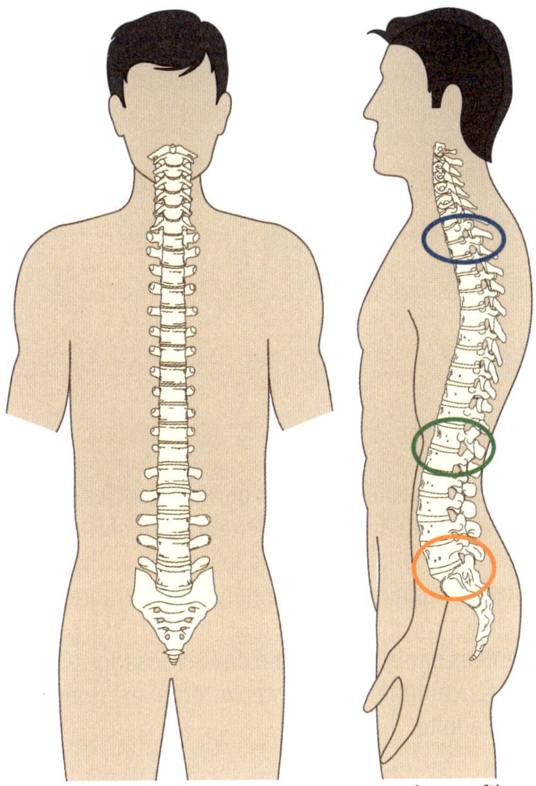

vue de face　vue de profil

Schéma de la colonne vertébrale

7 vertèbres ....

Charnière ....
....

12 vertèbres ....
....

Charnière ....
....

5 vertèbres ....

Charnière ....
....

5 vertèbres ....

3 à 5 vertèbres ....

9 À partir du **document E**,

9.1 Relever les éléments qui permettent l'articulation des vertèbres entre elles.

....

9.2 Nommer l'élément qui limite l'amplitude des mouvements d'extension : ....

DOC E L'articulation vertébrale

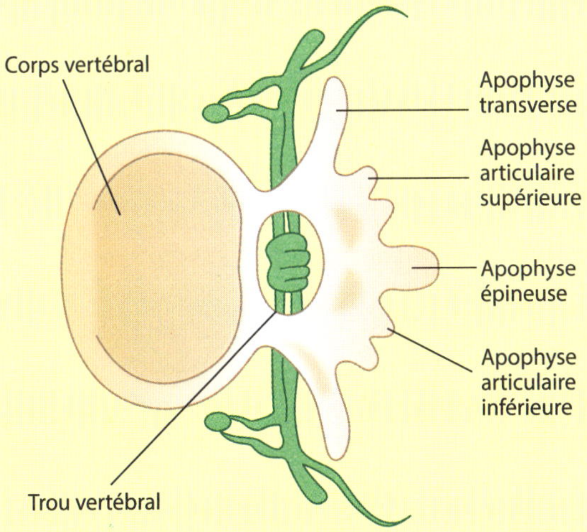

Schéma d'une vertèbre vue de dessus

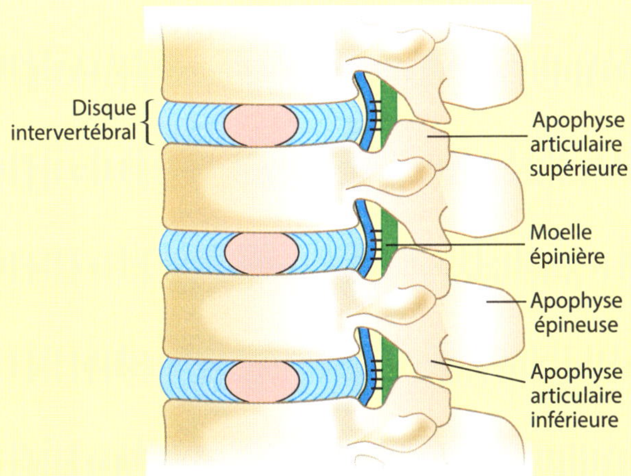

Schéma de l'articulation vertébrale

10 À partir du **document F**, **légender** le schéma.

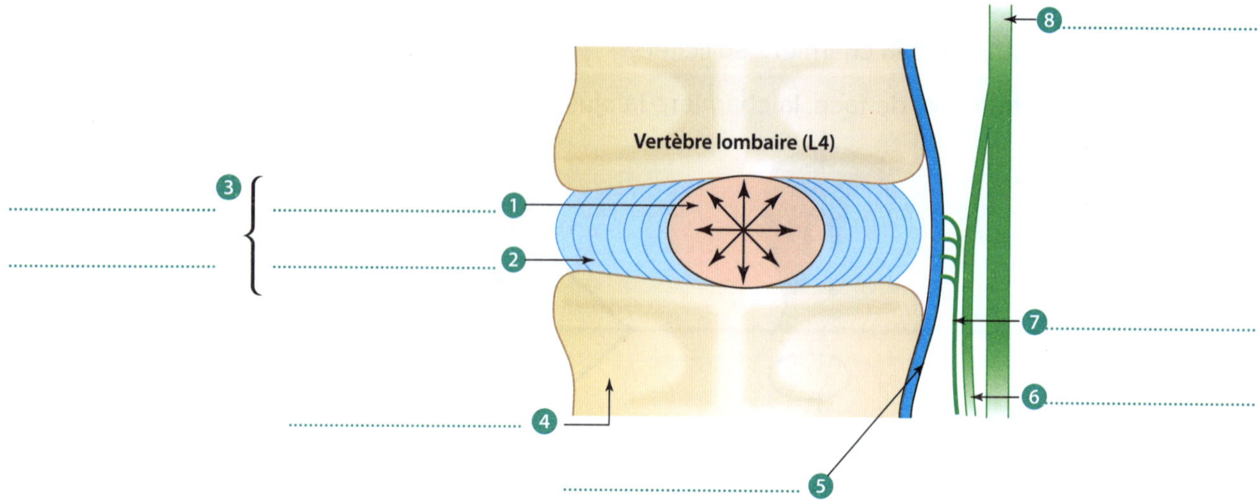

DOC F Le disque intervertébral

Entre chaque vertèbre, il y a un **disque intervertébral** constitué d'**anneaux fibreux** que l'on peut comparer à des petits élastiques disposés concentriquement autour d'un **noyau** gélatineux. Ce noyau se déforme sans se laisser comprimer. Il est comparable à un petit sac étanche rempli d'un liquide visqueux. Les éléments composant ce disque renferment environ 90 % d'eau. Le **ligament commun postérieur**, placé en arrière des vertèbres, permet leur maintien. Ce ligament est pourvu de nerfs sensitifs qui détectent les défauts de fonctionnement du disque intervertébral. Au niveau de la quatrième vertèbre lombaire débute le **nerf sciatique** qui part de la moelle épinière et qui innerve les membres inférieurs. Les cellules constituant le disque intervertébral cessent d'être alimentées par le sang à la fin de la croissance.
Toute lésion touchant le disque intervertébral est donc irréversible chez l'adulte.

11 À partir des illustrations, **citer** les deux rôles du disque intervertébral.

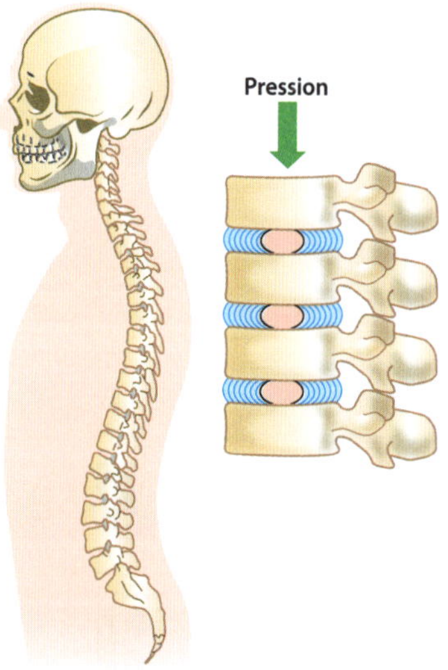

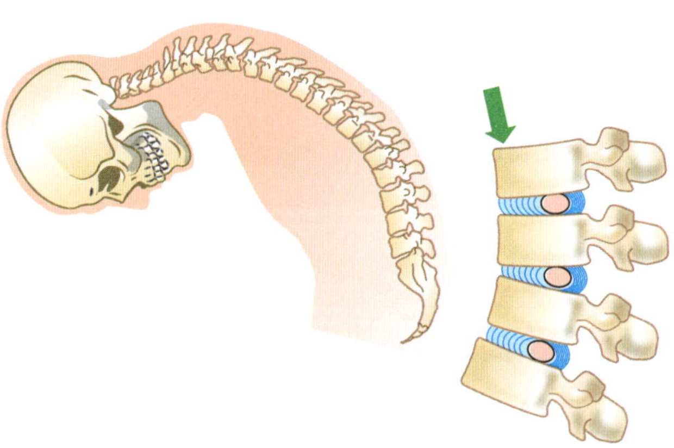

12 À partir des **vidéos**, **décrire**, pour chaque schéma, les modifications physiopathologiques subies par le disque intervertébral.

 # vidéo
Le vieillissement de la colonne vertébrale.
foucherconnect.fr/20p120

 # vidéo
La sciatique : un symptôme douloureux.
foucherconnect.fr/20p121

Les quatre formes de l'accident discal

Nom	Schéma	Description
Lumbago	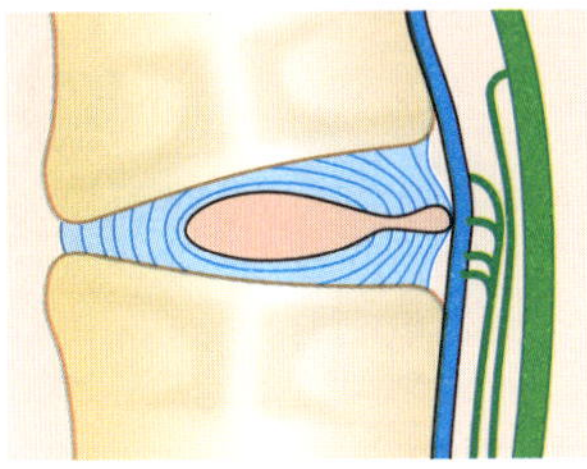	....
Sciatique	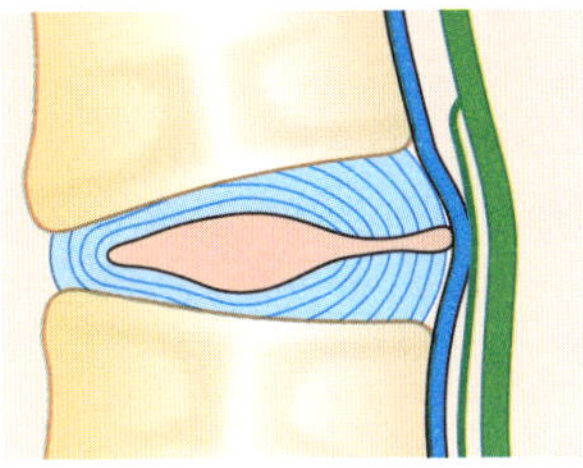	....
Hernie discale	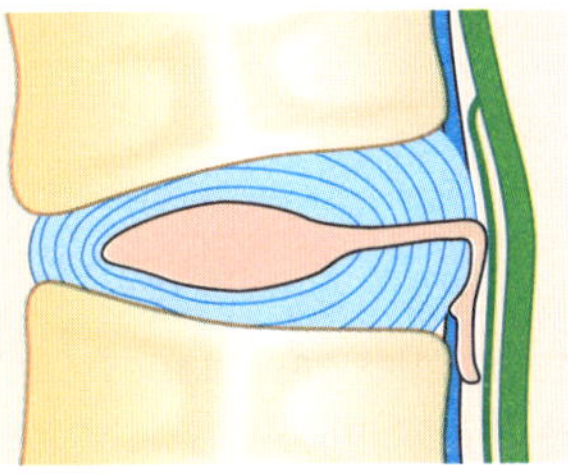	....
Tassement discal	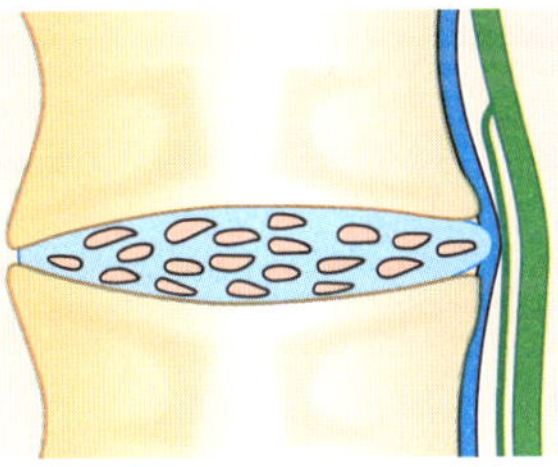	....

13 **Indiquer**, sous chaque illustration, les facteurs qui peuvent aggraver les risques d'accidents discaux.

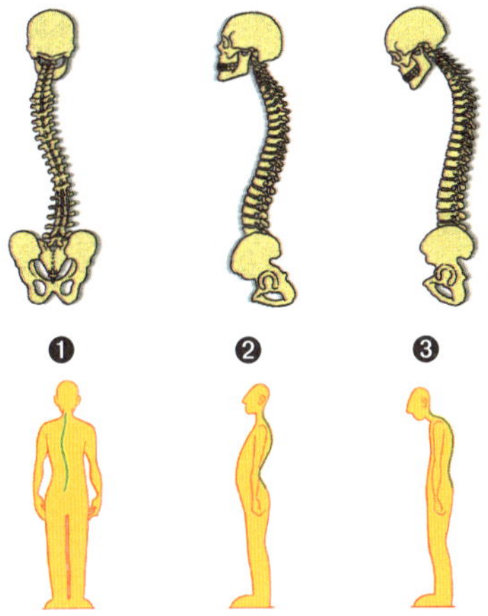

Scoliose Hyperlordose Cyphose

....

Disque intervertébral d'un homme de 65 ans

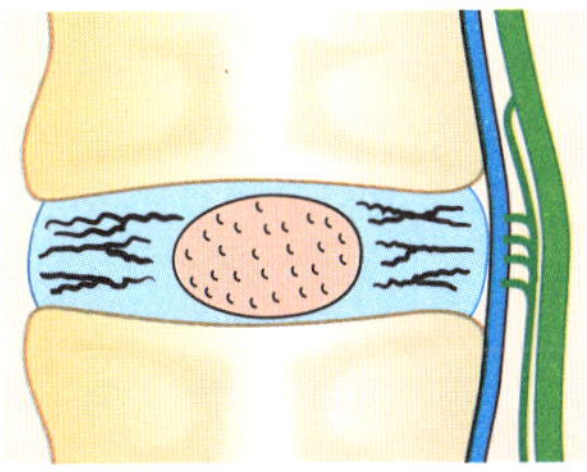

La formation de fissures et le fait que le noyau devienne granuleux sont des conséquences de la diminution de la teneur en eau.

....

....

ACTIVITÉ 4 Des mesures de prévention

14 À partir du **document G**, **repérer**, pour l'activité de travail d'Ulysse, la hauteur de plan de travail recommandée en cochant la réponse exacte et **justifier** ce choix.

Activité de travail d'Ulysse

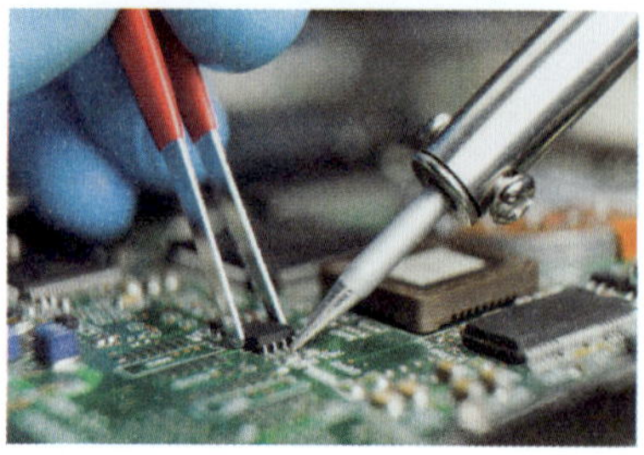

Ulysse, microtechnicien, est spécialiste de l'infiniment petit. À partir de schémas et de plans, il assemble et monte les produits par soudage. Il doit faire preuve de minutie et de dextérité.

Justification : ....
....
....
....

15 **Citer** deux conséquences du non-respect des zones de travail.

....
....

DOC G L'aménagement des postes de travail

S'attaquer au problème des postures oblige à s'interroger sur les caractéristiques des salariés, sur les dimensions du poste de travail, mais aussi sur le travail lui-même, ses exigences, ses contraintes et les conditions de son exécution.

Le dimensionnement du poste de travail debout (valeurs européennes)

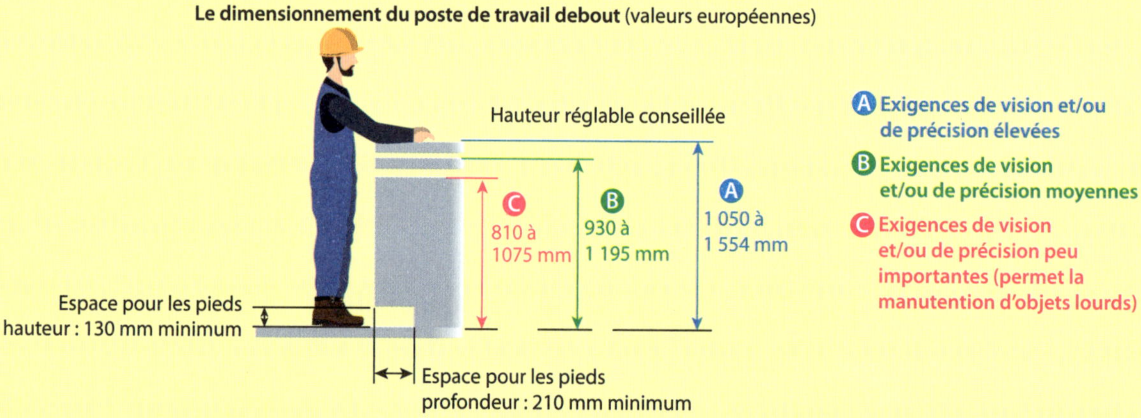

Les zones de travail conseillées (mesures fondées sur une surface de siège horizontale)

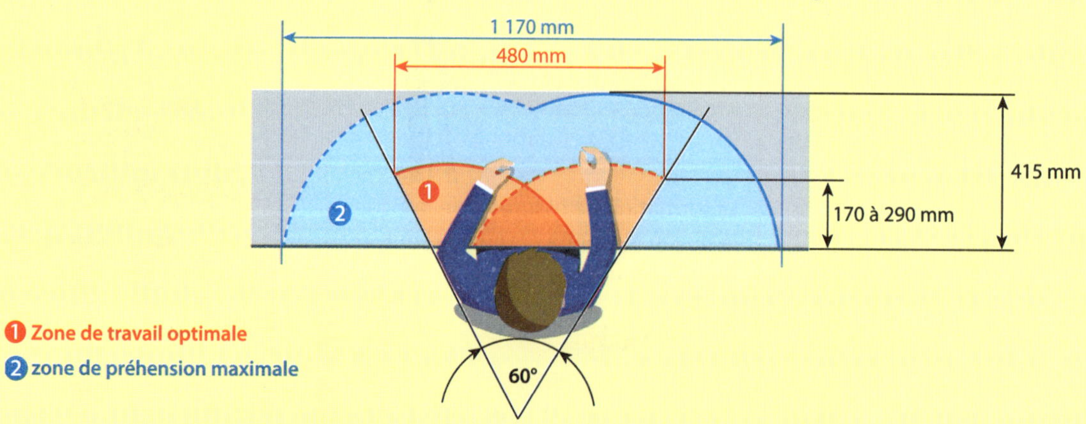

16 À partir du **document H** et de la **vidéo**, **justifier** pourquoi la position de travail préconisée permet d'éviter :

- les TMS de la main (syndrome du canal carpien) :

....

....

....

 # vidéo
Travail sur écran.
foucherconnect.fr/20p122

- les pathologies de la colonne vertébrale (cervicalgies, lombalgies, dorsalgies) :

....

....

....

....

DOC H Les postures à adopter au poste de travail pour éviter les TMS

Mauvaise posture — Bonne posture

17 **Nommer**, sous chaque photo, l'aide à la manutention proposée.

....

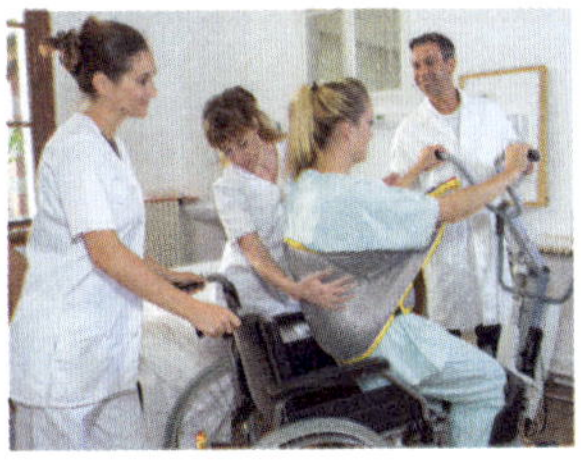

....

....

....

18 **Indiquer** deux aides à la manutention utilisées dans votre secteur professionnel.

....

19 À partir du **document I**,

19.1 **Calculer** la charge maximale que peut porter un jeune de 17 ans pesant 70 kg.

....

19.2 **Indiquer** la charge unitaire maximale que vous pouvez porter.

....

DOC I Les seuils fixés par le Code du travail pour la manutention de charges

Le Code du travail précise qu'il faut privilégier la manutention mécanique. Lorsque celle-ci ne peut pas être mise en œuvre, le recours à la manutention manuelle est possible dans le respect des **seuils fixés par le Code du Travail**.

Femme	- Poids maximal de 25 kg.
Homme	- Poids maximal de 55 kg de façon habituelle. - Jusqu'à 105 kg, à condition d'avoir été reconnu apte par le médecin du travail.
Jeune de moins de 18 ans	- Poids ne devant pas excéder 20 % du poids total du jeune. - Poids excédant 20 % du poids total du jeune, à condition d'avoir été reconnu apte par le médecin du travail.

Source : articles du Code du travail R. 4541.9 et R. 4153-52.

20 À partir des illustrations, **retrouver** les gestes à respecter pour manutentionner les charges, puis les **justifier**.

Postures	Les cinq principes de sécurité	Justifications
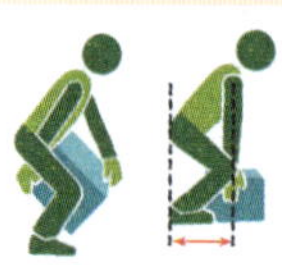	....	....
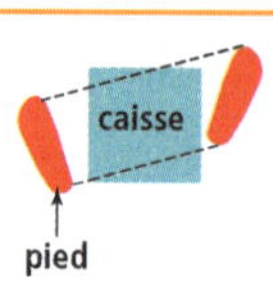	....	....
	....	....
	....	....
	....	....

Postures	Les trois principes d'économie d'effort
	....

PROPOSER DES SOLUTIONS

21 **Proposer** deux solutions pour préserver le dos de Zora lorsqu'elle manutentionne une personne à mobilité réduite.

....

....

module C10

Les risques liés à l'activité physique

mémo

Les facteurs de risques liés à l'activité physique au travail

- Ils sont liés aux **efforts physiques excessifs ou répétés** : manutentions manuelles, postures de travail contraignantes, gestes répétitifs, déplacements à pied.

Les effets sur la santé

L'activité physique au travail peut être à l'origine de différents dommages :

- Une **fatigue musculaire** liée à l'activité de **travail statique** car l'opérateur doit maintenir une posture pendant une période prolongée. Il faut privilégier le travail **dynamique** car l'opérateur est en mouvement continu.
- Des **troubles circulatoires** pouvant être à l'origine de varices.
- Des **troubles musculo-squelettiques (TMS)**.
- Des **traumatismes** : plaies, coupures, entorses...

Des atteintes de la colonne vertébrale

- La **colonne vertébrale** est formée d'un empilement de 33 vertèbres : cervicales, thoraciques, lombaires, sacrées et coccygiennes, qui dessinent des courbures naturelles.
- Les **disques intervertébraux**, qui amortissent et répartissent les pressions, permettent les mouvements de la colonne vertébrale. Les **vertèbres lombaires** sont les plus sollicitées par ces pressions.
- Lors des mouvements de flexion, le noyau est chassé vers l'arrière par le pincement des vertèbres. À court, moyen ou long terme, la répétition de ces mouvements conduit à une détérioration des disques intervertébraux et provoque des accidents discaux : **lumbago**, **sciatique**, **hernie discale** ou/et **tassement discal**. Des facteurs peuvent aggraver les risques d'accidents discaux tels que le vieillissement naturel, les déformations de la colonne vertébrale, le port de charges lourdes.

Les mesures de prévention

- La prévention doit s'inscrire dans une démarche globale visant à prendre en compte l'ensemble des facteurs de risques (physiques, organisationnels, environnementaux, psychiques).
  - **Prévention visant à supprimer** ou **réduire le risque** : automatisation des manutentions manuelles (convoyeur...).
  - **Protection collective** : utilisation des aides à la manutention (palan, chariot...) ; respect des limites de port de charge unitaire ; aménagement des postes de travail ;
  - **Protection individuelle** : port des EPI (gants, chaussures de sécurité...).
  - **Formation** et **information** : formation aux techniques gestuelles (PRAP).

Mots-clés

Lumbago : déformation du disque intervertébral due au noyau gélatineux, resté coincé dans les anneaux fibreux fissurés qui touchent les nerfs sensitifs.

TMS : ensemble d'atteintes douloureuses des tissus mous que sont les muscles, nerfs, tendons, ligaments situés autour des articulations.

le mémo audio
foucherconnect.fr/20p123

LE QCM INTERACTIF
foucherconnect.fr/20p124

mémo

En schéma

module C10

Les risques liés à l'activité physique

Les risques liés à l'activité physique

- **Atteinte à la santé**
  - Fatigue musculaire
  - Traumatismes physiques
    - Coupures
    - Entorses
    - Fractures
  - Troubles circulatoires
    - Varices
  - Troubles musculo-squelettiques
    - Hygroma
    - Tendinite
    - Lombalgie
- **Atteinte de la colonne vertébrale**
  - Tassement discal
  - Hernie discale
  - Sciatique
  - Lumbago

- **Facteurs de risques**
  - Travail statique
  - Travail dynamique

- **Mesures de prévention**
  - Prévention visant à supprimer ou réduire le risque
    - Automatiser les manutentions manuelles
  - Protection collective
    - Aménager les postes de travail
    - Prévoir des aides à la manutention
  - Protection individuelle
    - Porter des EPI
  - Formation et information
    - Former aux techniques gestuelles (PRAP)

Évaluer ses compétences

Les TMS en entreprise

Les TMS sont des maladies qui affectent les muscles, les tendons et les nerfs.

87 % des maladies professionnelles reconnues sont des TMS.

20 % des accidents du travail sont liés au mal de dos.

Quelles conséquences pour les salariés ?

La lombalgie représente **la première** cause d'inaptitude avant 45 ans.

45 % des TMS entraînent des séquelles lourdes (incapacités permanentes).

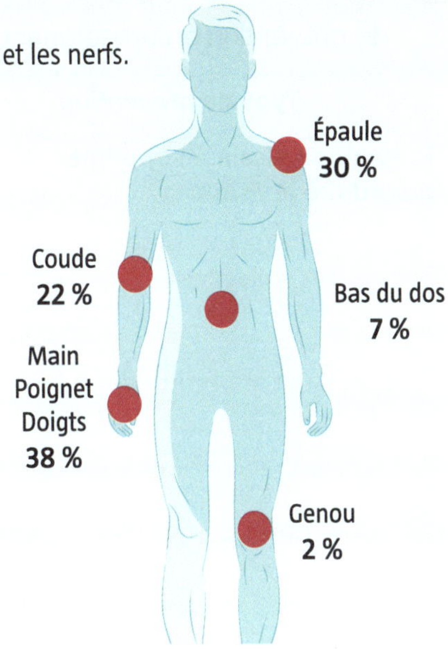

Les parties du corps les plus touchées

Source des chiffres : Ameli.

C2 **1** **Formuler** le problème posé dans la situation (infographie). ... / 2

....

C2 **2** **Identifier** les éléments de la situation en répondant aux questions suivantes. ... / 4

Qui ? Qui sont les victimes ?	....
Où ? Où a lieu le problème ?	....
Comment ? Quelles sont les trois parties du corps les plus touchées ?	....
Pourquoi ? Pourquoi faut-il régler le problème ?	....

C3 **3** **Repérer** le schéma correspondant au lumbago en l'entourant et **expliquer** les modifications physiopathologiques liées à cette atteinte. ... / 4

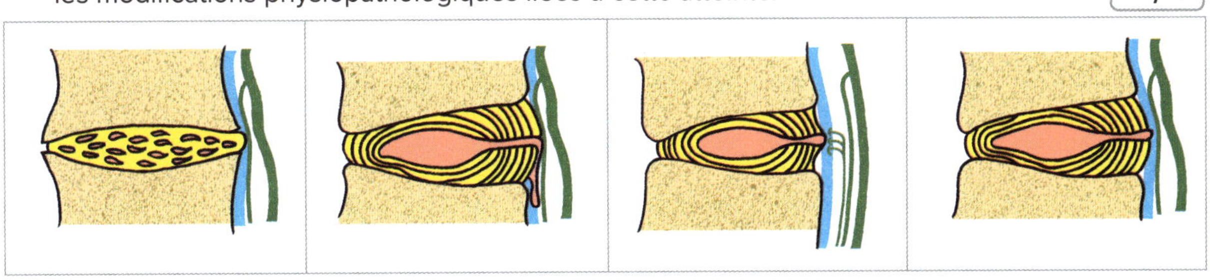

....

....

Évaluer ses compétences

C4 **4** Le lumbago aigu peut être occasionné par le port de charges. **Proposer** des mesures de prévention en renseignant le tableau. ... / 3

Type de prévention	Un exemple de mesure de prévention
Prévention visant à supprimer ou réduire le risque	....
Protection collective	....
Formation et information	....

C3 **5** À partir du **document A**, **lister** trois facteurs physiques favorisant l'apparition de TMS. ... / 3

....

....

DOC A Les TMS, des causes multiples qui se combinent

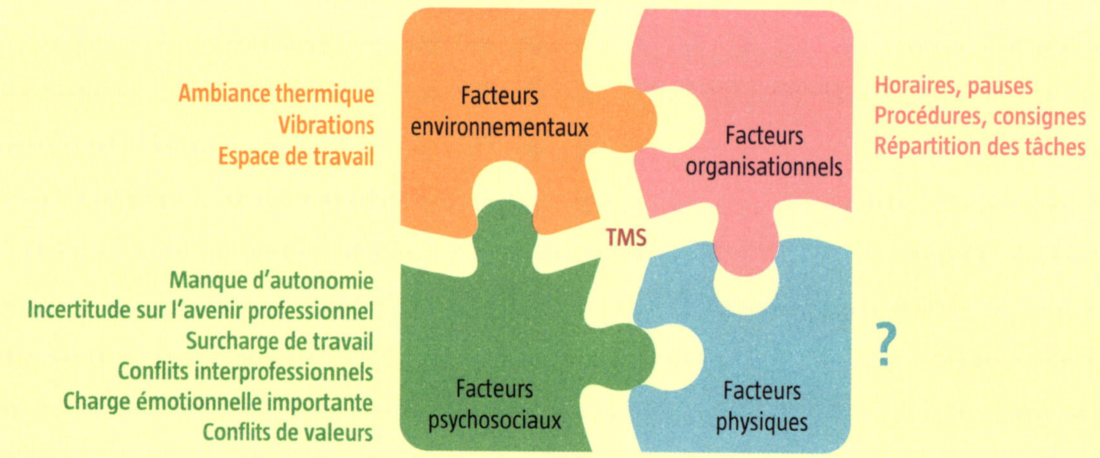

C4 **6** À partir du **document A**, **proposer** une mesure de prévention pour chaque facteur responsable de l'apparition des TMS. ... / 4

Facteurs environnementaux	....
Facteurs psychosociaux	....
Facteurs organisationnels	....
Facteurs physiques	....

Objectif
Analyser une situation de travail comportant une activité physique pour proposer des mesures de prévention.

module C11 L'analyse d'une situation de travail

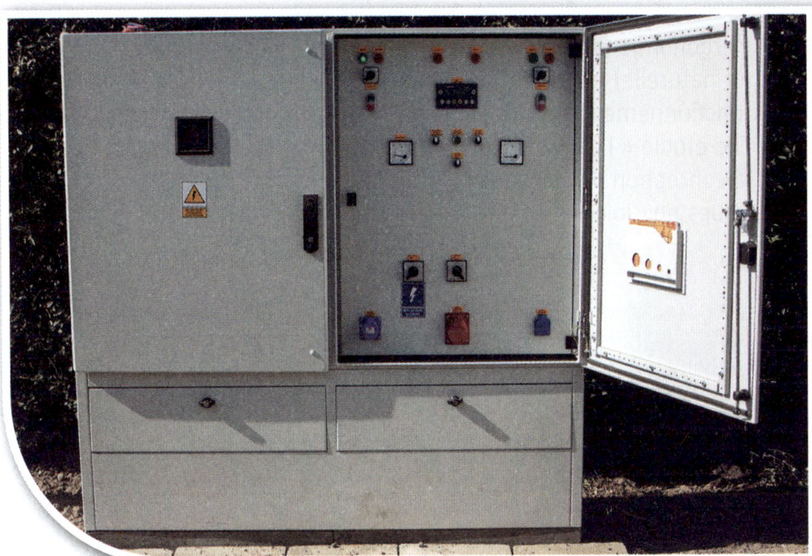

L'entreprise G., 80 salariés, est spécialisée dans la conception et la fabrication d'armoires métalliques d'énergie. Le CSE analyse la situation de travail des opérateurs afin d'apporter des améliorations et d'actualiser le document unique.
Actuellement, l'étude porte sur le poste de poinçonnage qui concerne 10 opérateurs, selon une organisation en travail posté (3 x 8) du lundi au vendredi. Le poste comporte une poinçonneuse à commande numérique, une palette de plaques métalliques à poinçonner et une palette de réception pour déposer les plaques poinçonnées. Les opérateurs travaillent dans un environnement thermique adapté et avec un niveau sonore qui oscille entre 78 dB(A) et 86 dB(A) lors du fonctionnement de la poinçonneuse.
Ce poste pose problème car l'augmentation du nombre de commandes des derniers mois entraîne une cadence de travail plus soutenue. Quelques salariés se plaignent de douleurs au niveau du dos et des membres supérieurs.

ANALYSER LA SITUATION

1 **Identifier** les éléments de la situation de travail en renseignant les rubriques suivantes.

Poste étudié	....
Nombre d'opérateurs travaillant sur ce poste	....
Temps d'occupation du poste	....
Constat à ce poste	....
Personnes participant à l'analyse de la situation de travail	....
Objectif de la démarche	....

ACTIVITÉ 1 Les composantes d'une situation de travail présentant une problématique liée à l'activité physique

 # vidéo
L'ergonomie au travail - film d'entreprise QHSE, sécurité au travail.
foucherconnect.fr/20p126

2 À partir du **document A** et de la **vidéo**, **repérer** en les surlignant :
- en bleu, la définition de l'ergonomie ;
- en vert, les différents acteurs en ergonomie.

DOC A L'ergonomie et ses applications

L'ergonomie (du grec *ergon* signifiant « travail » et *nomos*, loi naturelle) est une discipline scientifique qui analyse le fonctionnement de l'homme en activité professionnelle. Elle étudie « l'activité de travail afin de mieux contribuer à la conception des moyens de travail adaptés aux caractéristiques physiologiques et psychologiques de l'être humain, avec des critères de santé et d'efficacité économique » (F. Daniellou, ergonome).
La notion d'**acteur ergonomique** concerne toute personne qui, à l'occasion de son travail, agit dans le champ de l'ergonomie pour améliorer une situation de travail (exemples : chefs d'atelier, opérateurs, médecin du travail...).

3 **Justifier** pourquoi tout salarié peut être acteur en ergonomie.

....

....

....

....

4 À partir de la situation de travail de Clément (p. 215), du **document B**, du rabat « L'analyse d'une situation de travail » et de la **vidéo**, **repérer** les déterminants « opérateur » et « entreprise » en renseignant le tableau.

	Définitions spécifiques en ergonomie	Déterminants de la situation de travail de Clément
Déterminants « opérateur » 	Caractéristiques de l'opérateur (âge, taille, qualification, ancienneté...).	....
Déterminants « entreprise » 	Ce que l'entreprise met à disposition de l'opérateur (outils, machines, espace, matériaux, EPI, ambiances physiques...).	.... - Niveau sonore entre 78 dB(A) et 86 dB(A). - EPI : chaussures de sécurité, tenue de travail, bouchons d'oreilles et casque anti-bruit. - Horaires : 3 × 8 (5 h-13 h ; 13 h-21 h ; 21 h-5 h) du lundi au vendredi.

 # vidéo
Situation de travail de Clément.
foucherconnect.fr/20p127

La situation de travail de Clément

Embauché depuis quatre ans dans l'entreprise G., Clément, 43 ans, 1,65 m, droitier, est au poste de poinçonnage depuis huit mois. Chaque jour, pendant 7 heures, il doit poinçonner des plaques métalliques de dimensions différentes, dont la superficie est comprise entre 1 m^2 et 1,5 m^2, soit 8 à 10 kg la plaque. Tout d'abord, à l'aide des deux mains, il saisit une plaque située sur une palette, bras et jambes tendus, dos courbé, puis il se redresse, pivote en exerçant une torsion du buste et se déplace de 5 m en portant la plaque bras tendus et levés au-dessus des épaules.
Il dépose la plaque à l'horizontale sur la table de la poinçonneuse, bras tendus et levés au-dessus des épaules, puis il se penche, dos courbé, vers l'avant.
À l'aide de la pédale, il exerce une pression du pied pour desserrer la plaque précédente qui a été poinçonnée, la tire puis la soulève, bras tendus et levés au-dessus des épaules, dos courbé vers l'arrière, pivote en exerçant une torsion du buste et se déplace de 5 m pour déposer la plaque poinçonnée sur une palette, bras et jambes tendus.
Il marche sans charge et revient vers la plaque à poinçonner qu'il pousse à l'aide des deux mains, bras tendus, buste allongé sur la table afin qu'elle atteigne la butée. Il serre la plaque à l'aide de la pédale en exerçant une pression du pied, puis se déplace vers la commande. À l'aide de la main droite, il active le programme de poinçonnage à l'origine de sons impulsionnels.
À la fin de la journée, il ressent parfois des douleurs aux épaules et au dos, ainsi que des bourdonnements d'oreilles. Il reconnaît ne pas toujours porter ses bouchons d'oreilles ou son casque anti-bruit que l'entreprise met à sa disposition. L'entreprise met également à disposition des gants, des vêtements de travail et des chaussures de sécurité. Elle est en effet soucieuse de protéger la santé de ses salariés et de diminuer le nombre d'accidents du travail.
Clément est satisfait de son travail. Il souhaite évoluer dans l'entreprise et se former à un autre poste plus complexe.

DOC B Les composantes d'une situation de travail

Pour décrire une situation de travail, il faut recueillir un maximum d'informations en utilisant des outils d'analyse tels que ITAMaMi, les 5M, le QQOQCP...

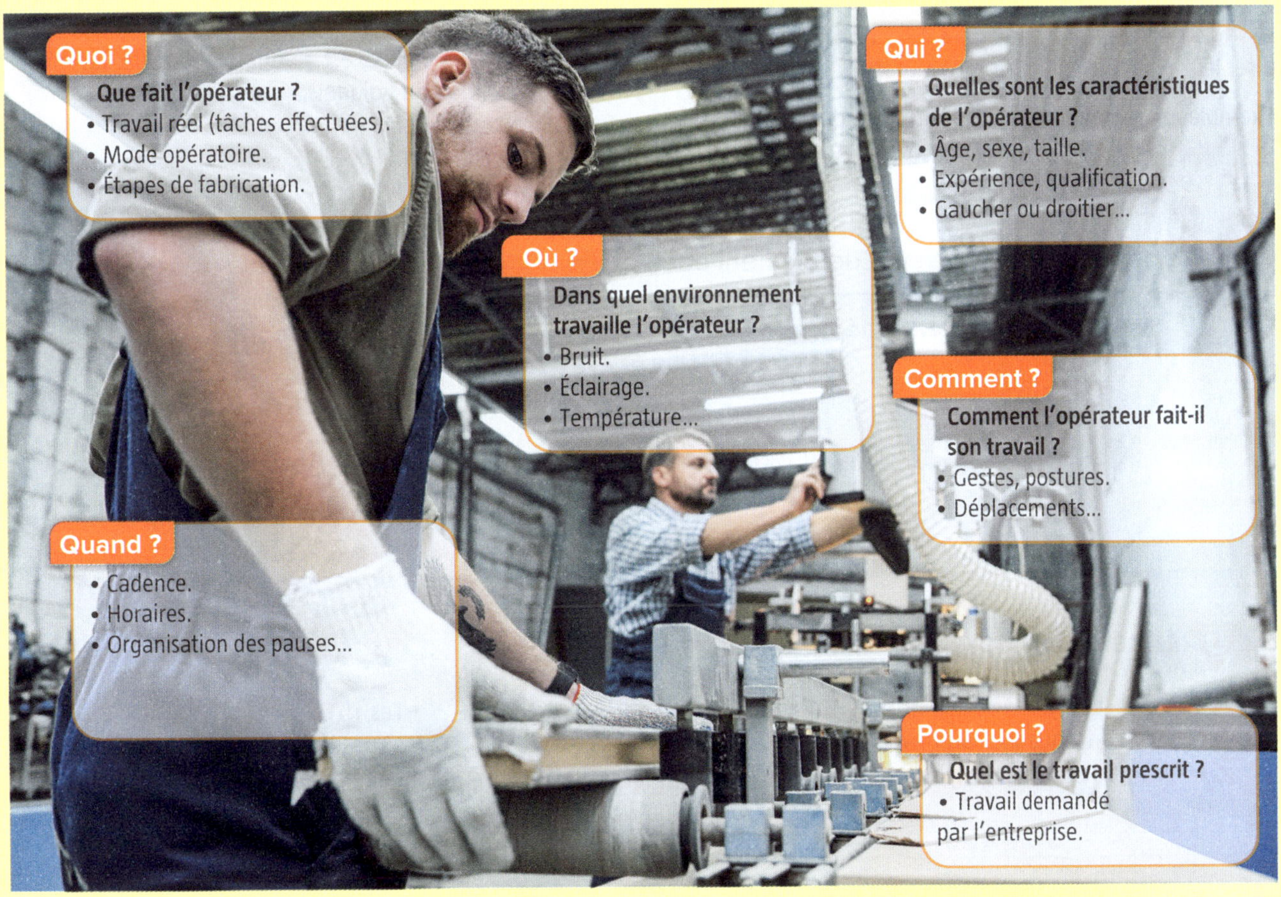

5 À partir du **document C**,

5.1 Différencier le travail réel du travail prescrit.

....

....

5.2 Indiquer pour chaque observation du travail réel s'il s'agit d'une tâche ou d'une activité en cochant la réponse exacte.

Des observations du travail réel	Tâche	Activité
❶ Fanny nettoie les plans de travail.	☐	☐
❷ Victor est couché sous la voiture, les deux bras en hauteur.	☐	☐
❸ Marwa a le bras au-dessus de la tête.	☐	☐
❹ Martin charge le camion de sacs de ciment.	☐	☐
❺ Chloé effectue des mouvements circulaires avec son poignet, son coude et son épaule.	☐	☐
❻ Hassan tourne la tête, regarde le client et sourit.	☐	☐

DOC C Des définitions spécifiques à la démarche ergonomique (ou l'approche par le travail)

• Le **travail prescrit** correspond à ce que l'entreprise demande à l'opérateur.

• Le **travail réel** est l'ensemble des tâches réelles et des activités réelles.

• La **tâche** correspond à **ce que fait l'opérateur** pour réaliser le travail prescrit en termes d'étapes.

→ Exemples : il rassemble les matériaux, il enduit le support…

• L'**activité** désigne l'ensemble des actions physiques et mentales pour réaliser la tâche, c'est-à-dire **comment l'opérateur accomplit la tâche**. Elle se décrit à l'aide d'observables tels que les déplacements, les postures, la prise d'informations par le toucher ou la vue, les mouvements…

→ Exemples : il se déplace, est à genoux, effectue des mouvements de rotation du poignet…

6 À partir de la situation de travail de Clément et du **document D**, **identifier** les effets du travail réel.

Effets sur l'opérateur (Clément)	Effets sur l'entreprise
....	....
....	....
....	....
....	....
....	....

DOC D Les effets du travail réel

• Les **effets sur l'opérateur** sont les conséquences du travail réel sur la santé, la sécurité et la satisfaction de l'opérateur.

• Les **effets sur l'entreprise** sont les conséquences du travail réel sur la qualité du produit fini, la productivité, l'image de l'entreprise…

Dans les deux cas, les effets peuvent être positifs ou négatifs.

ACTIVITÉ 2 La relation entre un effet constaté et les facteurs de causes dans la situation de travail

 # vidéo
Décrire une situation de travail.
foucherconnect.fr/20p128

7 À partir des activités 4, 5 et 6 se rapportant à la situation de travail de Clément (p. 215), de la fiche « L'analyse d'une situation de travail » et de la **vidéo**, **compléter** le schéma de compréhension.

LE SCHÉMA DE COMPRÉHENSION DE LA SITUATION DE TRAVAIL DE CLÉMENT

(correspond aux composantes de la situation de travail étudiée)

DÉTERMINANTS OPÉRATEUR
(ce qui caractérise l'opérateur)

DÉTERMINANTS ENTREPRISE
(ce que l'entreprise met à disposition de l'opérateur)

- Environnement thermique adapté.
- Ambiance sonore qui oscille entre 78 dB(A) et 86 dB(A).
- EPI : chaussures de sécurité, tenue de travail, bouchons d'oreilles et casque anti-bruit.
- Horaires : 3 x 8 (5 h-13 h ; 13 h-21 h ; 21 h-5 h) du lundi au vendredi.
- Pauses : 2 x 10 min et 20 min.

TRAVAIL PRESCRIT
(ce que l'entreprise demande à l'opérateur)

TRAVAIL RÉEL
(ce que réalise l'opérateur)

Tâches réelles *(ensemble des actions sur les objets et l'environnement)*	**Activités réelles** *(ensemble des actions physiques et mentales pour réaliser les tâches réelles)*
2. Il se redresse, pivote.	
	3. À l'horizontale, bras tendus au-dessus des épaules et dos courbé vers l'avant.
	4. Pression du pied, bras tendus au-dessus des épaules et dos courbé vers l'arrière.
5. Il pivote.	
6. Il porte la plaque, se déplace et la dépose.	
7. Il pousse la plaque à poinçonner.	
8. Il serre la plaque, se déplace et active le programme.	8. Pression du pied, à l'aide de la main droite.

EFFETS SUR L'OPÉRATEUR
(ce que le travail réel peut provoquer – positif ou négatif – sur l'opérateur)

EFFETS SUR L'ENTREPRISE
(ce que le travail réel apporte – positif ou négatif – à l'entreprise)

Baisse du rendement.

8 À partir du **document E** et de l'effet « douleurs aux épaules »,

8.1 Tracer, sur le schéma de compréhension de Clément (p. 217), les liens de causalité qui existent entre l'effet « douleurs aux épaules » et les déterminants *via* le travail réel.

DOC E La relation entre les effets constatés et les facteurs de causes

L'identification des causes souvent multifactorielles qui entraînent des effets négatifs sur l'opérateur et l'entreprise est nécessaire pour proposer des mesures de prévention.
L'analyse consiste alors à établir des relations de causalité entre chaque effet pris séparément, et les déterminants *via* le travail réel, selon le questionnement suivant :

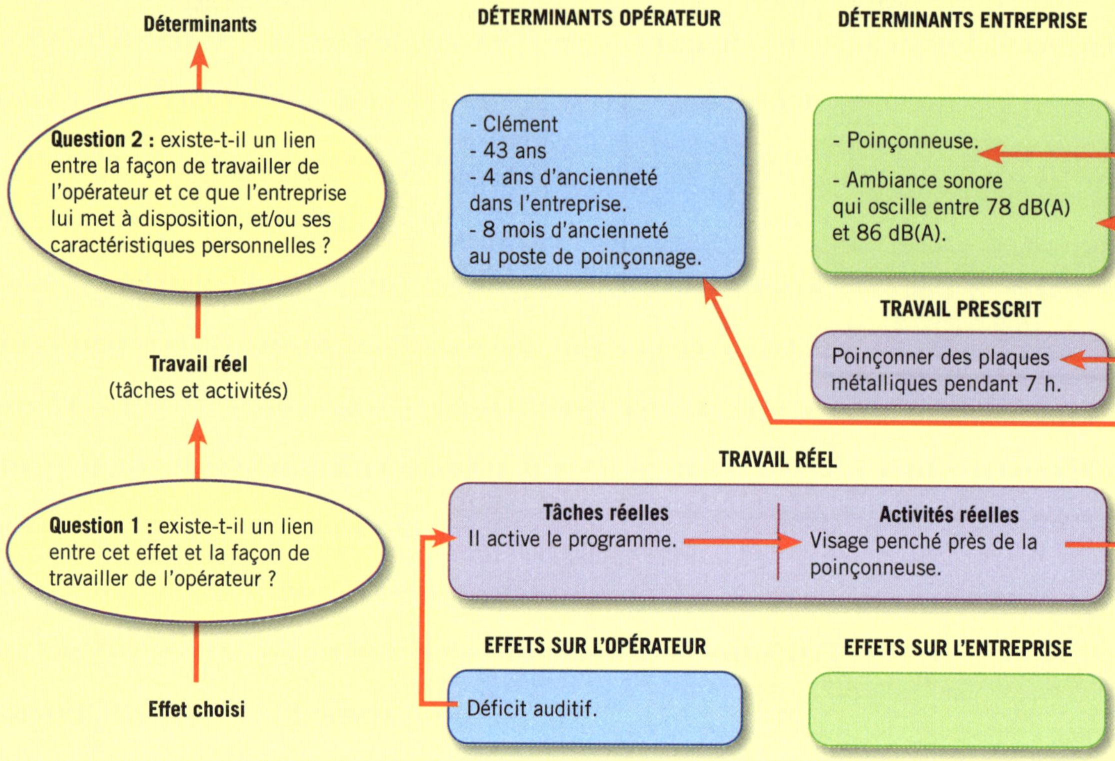

8.2 Rédiger une phrase mettant en évidence les liens de causalité entre les déterminants opérateur et entreprise, le travail réel et l'effet « douleurs aux épaules ».

....

....

....

....

....

....

....

....

....

....

....

....

....

....

....

....

ACTIVITÉ 3 Des mesures de prévention visant à la suppression ou à la réduction du risque

9 **Proposer** des mesures de prévention pour éviter les douleurs aux épaules dans la situation de travail de Clément.

Du plus efficace au moins efficace

Mesures de prévention		Situation de travail de Clément	
		Déficit auditif.	Douleurs aux épaules.
Prévention visant à	supprimer le risque	Remplacement de la machine par une moins bruyante. Lors du remplacement de la machine, intégration des critères acoustiques dans le cahier des charges pour réduire le niveau sonore.	
	réduire le risque	Limitation de la durée d'exposition.	
Protection	collective	Isolation acoustique de la poinçonneuse (encoffrement) pour réduire la propagation.	
	individuelle	Port de bouchons d'oreilles ou casque anti-bruit ou prothèses moulées.	
Formation et information		Affiche de sensibilisation. Panneau de signalisation.	

PROPOSER DES SOLUTIONS

10 Lors de votre PFMP, **analyser** une situation de travail présentant une problématique.

10.1 **Recueillir** et **classer** les composantes de la situation de travail (**renseigner** le schéma de compréhension de la page 220).

10.2 **Tracer** sur le schéma de compréhension les liens de causalité qui existent entre l'effet choisi et les déterminants *via* le travail réel.

10.3 **Rédiger** une phrase mettant en évidence les liens de causalité entre les déterminants homme et entreprise, le travail réel et l'effet choisi.

10.4 **Proposer** des mesures de prévention pour cette situation de travail.

....

LE SCHÉMA DE COMPRÉHENSION DE LA SITUATION DE TRAVAIL DE ....

(= les composantes de la situation de travail étudiée)

DÉTERMINANTS OPÉRATEUR

(ce qui caractérise l'opérateur)

DÉTERMINANTS ENTREPRISE

(ce que l'entreprise met à disposition de l'opérateur)

TRAVAIL PRESCRIT

(ce que l'entreprise demande à l'opérateur)

TRAVAIL RÉEL

(ce que réalise l'opérateur)

Tâches réelles *(ensemble des actions sur les objets et l'environnement)*	**Activités réelles** *(ensemble des actions physiques et mentales pour réaliser les tâches réelles)*

EFFETS SUR L'OPÉRATEUR

(ce que le travail réel peut provoquer sur l'opérateur)

EFFETS SUR L'ENTREPRISE

(ce que le travail réel apporte à l'entreprise)

module C11

L'analyse d'une situation de travail

mémo

Les composantes d'une situation de travail présentant une problématique liée à l'activité physique

- L'ergonomie est centrée sur l'**activité de travail de l'opérateur**. Elle a pour objet d'améliorer les conditions de travail : éliminer la pénibilité ; améliorer la sécurité, le rendement et la qualité.
- Pour décrire une situation de travail, il faut recueillir un maximum d'informations à partir d'un outil d'analyse (iTAMaMi, QQOQCP...). Cette étape permet ensuite d'identifier les **composantes d'une situation de travail** :
  - les **déterminants « opérateur »** : ce qui caractérise l'opérateur (son âge, sa taille, sa qualification, son ancienneté dans l'entreprise...) ;
  - les **déterminants « entreprise »** : ce que l'entreprise met à la disposition de l'opérateur – les outils, les machines, les matériaux, les horaires, les espaces de travail, les ambiances physiques (bruit, éclairage, poussières, températures, vibrations...), les équipements de protection individuelle...
  - le **travail prescrit** : ce que l'entreprise demande à l'opérateur (quoi ? quels délais ? etc.) ;
  - le **travail réel** : ce que réalise l'opérateur. Il se décompose en :
    - **tâches réelles** : ce que fait l'opérateur (exemples : il charge la palette, il meule, il prend la visseuse...) ;
    - **activités réelles** : comment l'opérateur réalise la tâche (exemples : il est à genoux, bras en hauteur, dos courbé...) ;
  - les **effets sur l'opérateur** : les conséquences du travail réel sur la santé, la sécurité, les compétences, la motivation de l'individu...
  - les **effets sur l'entreprise** : la qualité du produit fini, la productivité, les bénéfices de l'entreprise...

  Toutes ces composantes peuvent être consignées dans un outil appelé « **schéma de compréhension** ».

La relation entre un effet constaté et les facteurs de causes dans la situation de travail

- À partir du schéma de compréhension renseigné, il convient d'établir les **liens de causalité** qui existent entre l'effet choisi et les déterminants *via* le travail réel. Les causes peuvent être multifactorielles (multiples).

Des mesures de prévention visant à la suppression ou à la réduction du risque

- L'ensemble des acteurs ergonomiques proposent des **pistes d'amélioration** de la situation de travail selon les principes généraux de prévention (prévention visant à supprimer ou réduire le risque ; protection collective ou individuelle ; formation et information).

Mots-clés

Activité de travail : ensemble de tâches par lequel les opérateurs réalisent concrètement leur travail.

Situation de travail : situation qui englobe la tâche, l'activité, le poste de travail et son environnement proche.

le mémo audio foucherconnect.fr/20p130

LE QCM INTERACTIF foucherconnect.fr/20p131

mémo

En schéma

module C11 L'analyse d'une situation de travail

Les étapes de l'analyse d'une situation de travail

1. **Repérer** un problème dans une situation de travail

↓

2. **Recueillir** et **classer** les composantes de la situation de travail choisie à partir d'outils (ITAMaMi ; 5M ; QQOQCP) pour renseigner le schéma de compréhension

↓

3. **Mettre** en évidence la relation entre un effet constaté et les facteurs de causes dans la situation de travail

↓

4. **Proposer** des pistes d'amélioration de la situation de travail

- **Prévention visant à supprimer ou réduire le risque**
- **Protection collective**
- **Protection individuelle**
- **Formation et information**

Un exemple d'analyse d'une situation de travail

SCHÉMA DE COMPRÉHENSION DE LA SITUATION DE TRAVAIL

DÉTERMINANTS OPÉRATEUR
(ce qui caractérise l'opérateur)

Audrey, agent de laboratoire

DÉTERMINANTS ENTREPRISE
(ce que l'entreprise met à disposition de l'opérateur)

Bidon de 30 litres d'acide chlorhydrique

TRAVAIL PRESCRIT
(ce que l'entreprise demande à l'opérateur)

Transvaser 30 litres dans 30 contenants

TRAVAIL RÉEL *(ce que réalise l'opérateur)*

Tâches réelles
Elle verse de l'acide chlorhydrique à mains nues.

Activités réelles
À mains nues.
Tremblements des mains.

EFFETS SUR L'OPÉRATEUR
(ce que le travail réel peut provoquer sur l'opérateur)

Risque de brûlures

EFFETS SUR L'ENTREPRISE
(ce que le travail réel apporte à l'entreprise)

Accident du travail

Évaluer ses compétences

Florian, 28 ans, 1 m 87, titulaire d'un bac pro Boucher-charcutier-traiteur, est salarié depuis trois ans au poste de découpe de viandes dans une entreprise industrielle du secteur agro-alimentaire. Il travaille du lundi au vendredi de 6 h à 14 h et dispose d'une pause déjeuner de 1 heure. Le travail prescrit consiste à dénerver et parer* des morceaux de bœuf.
Son travail se déroule de la façon suivante : il saisit le morceau de viande de bœuf à l'aide de sa main droite, bras droit tendu à l'horizontal sur la ligne automatisée de cheminement de la viande. Puis il le pose sur la table de découpe par une flexion du bras droit et le maintient avec sa main gauche à plat dos courbé. Une rotation du buste lui permet de prendre, de la main droite, un couteau avec lequel il retire les parties graisseuses et les nerfs en effectuant des mouvements du poignet, du bras et de l'épaule, dos courbé. Il jette les déchets à l'aide de sa main gauche en effectuant un mouvement de va-et-vient du poignet.

* Parer la viande consiste à enlever les parties inutiles de la viande (peau, graisse…).

C2 **1** **Identifier** les composantes de la situation de travail de Florian en complétant le schéma de compréhension page 224. … / 13

C2 **2** **Établir** les liens de causalité qui, dans la situation de travail de Florian, ont pour effet « Douleurs au membre supérieur droit », en les traçant sur le schéma de compréhension. … / 4

C4 **3** À l'aide du **document A**, **proposer** des mesures de prévention pour la situation de travail de Florian. … / 3

Du plus efficace au moins efficace

Type de prévention		Mesures de prévention	
Prévention visant à	supprimer le risque	…………	
	réduire le risque	…………	
Protection	collective	…………	
	individuelle	…………	
Formation et information		…………	…………

Évaluer ses compétences

LE SCHÉMA DE COMPRÉHENSION DE LA SITUATION DE TRAVAIL DE FLORIAN
(correspond aux composantes de la situation de travail étudiée)

DÉTERMINANTS OPÉRATEUR
(ce qui caractérise l'opérateur)

DÉTERMINANTS ENTREPRISE
(ce que l'entreprise met à disposition de l'opérateur)

- Température ambiante maximale de 12 °C.

TRAVAIL PRESCRIT
(ce que l'entreprise demande à l'opérateur)

TRAVAIL RÉEL
(ce que réalise l'opérateur)

Tâches réelles *(ensemble des actions sur les objets et l'environnement)*	**Activités réelles** *(ensemble des actions physiques et mentales pour réaliser les tâches réelles)*

EFFETS SUR L'OPÉRATEUR
(ce que le travail réel peut provoquer – positif ou négatif – sur l'opérateur)

- Douleurs au membre supérieur droit (épaule, bras, poignet et main).
- Douleurs au dos.

EFFETS SUR L'ENTREPRISE
(ce que le travail réel apporte – positif ou négatif – à l'entreprise)

- Risque d'augmentation des arrêts de travail.
- Baisse du rendement.

DOC A Des exemples de mesures de prévention des risques liées au métier de boucher

- Aide mécanique à la manutention.
- Ergonomie du poste et/ou organisation du travail.
- Ventilation efficace des locaux.
- Formation PRAP.
- Panneaux de sensibilisation.
- Sol antidérapant.
- Rotation des postes.
- Local correctement chauffé et boissons chaudes pour le personnel exposé au froid.
- Utilisation de couteaux bien aiguisés.
- EPI adaptés (gants antiperforation, en cotte de mailles et protège-bras…).

Objectif
Sensibiliser aux différentes dimensions de l'égalité au travail.

module C12 L'égalité de traitement au travail

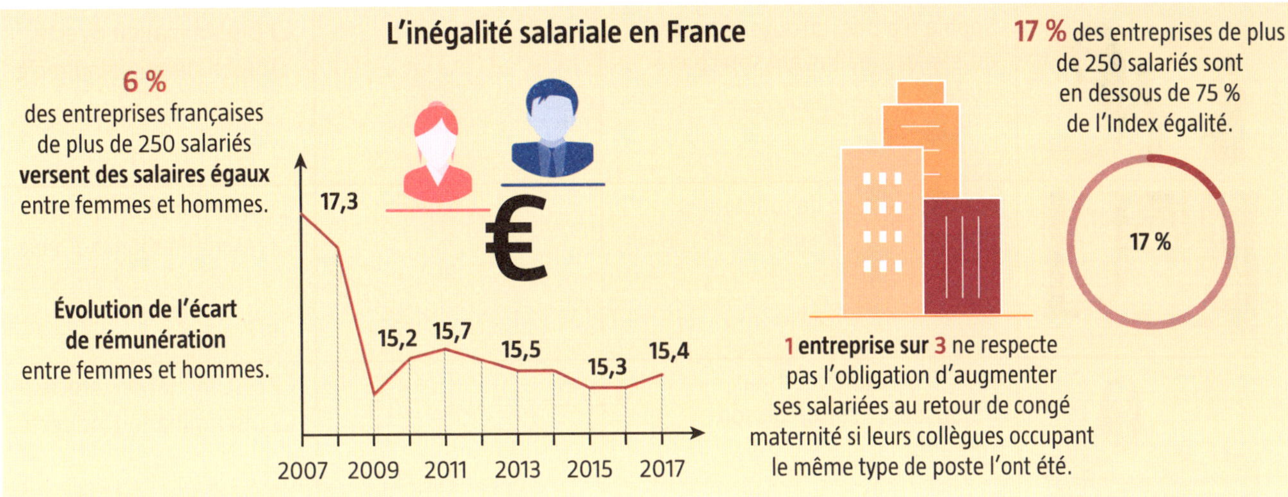

Source des chiffres : Eurostat, ministère du Travail.

ANALYSER LA SITUATION

1 **Formuler** le problème posé dans la situation (infographie).

....

2 **Identifier** les éléments de la situation en répondant aux questions suivantes.

Quoi ? Quelle est l'origine du problème ? ....

Qui ? Qui sont les personnes concernées ? ....

Où ? Où a lieu le problème ? ....

Comment ? Comment le problème se manifeste-t-il ? ....

Pourquoi ? Pourquoi est-il important de régler le problème ? ....

Autre situation VIDÉO

foucherconnect.fr/20p132

MOBILISER LES CONNAISSANCES

ACTIVITÉ 1 Les catégories de discrimination au travail et les publics considérés

 # vidéo
Discrimination – témoignage de Nantais-es.
foucherconnect.fr/20p133

3 À partir des **documents A** et **B** et de la **vidéo**, **renseigner** le tableau.

	Situations professionnelles	Critères de discrimination	Catégories de discrimination
	Sophia n'a pas retrouvé le poste qu'elle occupait avant son congé maternité.	....	❑ Discrimination directe. ❑ Discrimination indirecte.
	Marc est victime de moqueries homophobes sur son lieu de travail.	....	❑ Discrimination directe. ❑ Discrimination indirecte.
	Le CDD de Laure n'est pas renouvelé en raison de son surpoids.	....	❑ Discrimination directe. ❑ Discrimination indirecte.
	Au chômage depuis 6 mois, Paul, 55 ans, multiplie les refus d'embauche.	....	❑ Discrimination directe. ❑ Discrimination indirecte.
	Inès a un salaire moins élevé que son collègue masculin qui exerce un travail similaire.	....	❑ Discrimination directe. ❑ Discrimination indirecte.
	Abdel est vendeur dans un magasin d'automobiles. On lui demande de se présenter aux clients sous un autre prénom à des fins commerciales.	....	❑ Discrimination directe. ❑ Discrimination indirecte.

DOC A La discrimination au travail

 # site internet
Que faire en cas de discrimination ?
foucherconnect.fr/21p008

Aucun salarié ou agent public **ne peut être discriminé au travail** en matière d'embauche, de formation, de salaire [...]. Il y a **discrimination** lorsque l'employeur traite différemment ses salariés en fonction d'au moins **25 critères** définis par la loi.
Parmi eux figurent :
- l'origine géographique, le nom de famille, le lieu de résidence ;
- l'appartenance ou non-appartenance, réelle ou supposée, à une ethnie, une nation ou une prétendue race ;
- la langue parlée (autre que le français) ;
- le sexe ou l'identité de genre ;
- la situation de famille, la grossesse ou la maternité ;
- l'orientation sexuelle ou les mœurs ;
- l'apparence physique ;
- l'âge ;
- l'état de santé, le handicap, la perte d'autonomie ;
- les caractéristiques génétiques ;
- la religion, les convictions politiques ou les activités syndicales...

Source : www.service-public/particuliers/vosdroits/F1642

DOC B Deux catégories de discrimination

• Discrimination directe

Constitue une discrimination directe la situation dans laquelle, sur le fondement de son origine, de son sexe, de sa situation de famille* [...] une personne est traitée de manière **moins favorable** qu'une autre ne l'est, ne l'a été ou ne l'aura été dans une situation comparable.

• Discrimination indirecte

Constitue une discrimination indirecte une disposition, un critère ou une pratique **neutre en apparence**, mais susceptible d'entraîner, pour l'un des motifs mentionnés ci-dessus, un **désavantage particulier pour des personnes par rapport à d'autres personnes**, à moins que cette disposition, ce critère ou cette pratique ne soit objectivement justifié par un but légitime et que les moyens pour réaliser ce but ne soient nécessaires et appropriés.

* Les critères de discrimination.

Source : ministère du Travail, travail-emploi.gouv.fr, « La protection contre les discriminations ».

 # vidéo
Loi pour la liberté de choisir son avenir professionnel.
foucherconnect.fr/20p134

4 À partir du **document C** et de la **vidéo**, **compléter** le tableau.

Inégalités de traitement encadrées par la loi ou discrimination positive		
Les dispositifs	Exemples	Objectifs
en faveur de l'emploi des jeunes	....	....
réservés aux personnes en situation de handicap	....	....

DOC C Exemples de situations d'inégalités encadrées par la loi

Face aux inégalités de traitement au travail, l'État a mis en place des mesures favorisant l'accès au travail pour les publics les plus défavorisés.

Promulguée en 2018, la **Loi pour la liberté de choisir son avenir professionnel** permet de développer davantage :

- **l'apprentissage** : accès à l'apprentissage des jeunes jusqu'à 30 ans ;
- **la formation professionnelle** : les salariés à temps partiel (qui sont à 80 % des femmes) ont les mêmes droits à la formation que les salariés à temps plein ;
- **l'accès des personnes en situation de handicap à l'emploi** :
  - création d'emplois dans les entreprises adaptées ;
  - obligation pour les entreprises d'embaucher des personnes en situation de handicap.

ACTIVITÉ 2 Les obligations en termes d'égalité professionnelle entre femmes et hommes

5 À partir du **document D**,

5.1 Relever les entreprises concernées par les obligations d'égalité professionnelle entre les femmes et les hommes.

....

....

5.2 Préciser les domaines concernés par l'égalité au travail.

....

....

DOC D L'égalité professionnelle et la législation

• L'article L 1142-5 du Code du travail précise qu'il incombe à tous les employeurs de « **prendre en compte les objectifs en matière d'égalité professionnelle** » et d'adopter « les **mesures** permettant de les atteindre ».

• Par ailleurs, l'article L. 1142-4 du Code du travail prévoit que des mesures temporaires peuvent être prises **au seul bénéfice des femmes** visant à établir l'égalité des chances entre les femmes et les hommes, en particulier en remédiant aux inégalités de fait qui affectent les chances des femmes. Ces mesures ont pour fondement des dispositions réglementaires prises dans les domaines du recrutement, de la formation, de la promotion, de l'organisation et des conditions de travail [...].

• **Tout employeur** est tenu d'assurer, pour un même travail ou un travail de valeur égale, l'égalité de rémunération entre les femmes et les hommes : ce principe interdit toute discrimination de salaire fondée sur le sexe (article L.3221-2 du Code du travail).

Source : www.egalite-femmes-hommes.gouv.fr

6 À partir du **document E**,

6.1 Relever les entreprises concernées par l'obligation de mise en place d'un accord relatif à l'égalité professionnelle entre les femmes et les hommes.

....

....

6.2 Indiquer le rôle du CSE dans l'élaboration d'un accord en matière d'égalité professionnelle.

....

....

....

6.3 Préciser ce qui se passe si l'accord relatif n'est pas conclu.

....

....

....

DOC E L'élaboration d'un accord relatif à l'égalité professionnelle

Les entreprises de 50 salariés et plus ont l'obligation de mettre en place un **accord relatif à l'égalité professionnelle entre les femmes et les hommes**.

1. Établir un diagnostic des écarts de situation entre les femmes et les hommes dans l'entreprise dans neuf domaines d'action (embauche, formation, promotion professionnelle, qualification, classification, conditions de travail, sécurité et santé au travail, rémunération effective et articulation entre la vie professionnelle et la vie personnelle et familiale).

2. Élaborer une stratégie d'action pour réduire les écarts constatés entre les femmes et les hommes.

→ **À transmettre :**
- au Comité social et économique (CSE) ;
- à l'inspection du travail.

3. Négocier un accord relatif à l'égalité professionnelle avec l'employeur et les délégués syndicaux ou les élus du CSE dans le cadre de la négociation annuelle sur l'égalité professionnelle entre les femmes et les hommes et la qualité de vie au travail.

Accord → Mise en place d'un **accord relatif à l'égalité professionnelle** (valable un an)

Désaccord → Mise en place d'un **plan d'action unilatéral** par l'employeur (valable un an)

→ À déposer auprès de la DIRECCTE[1] compétente.

4. Suivre et promouvoir les actions en faveur de l'égalité professionnelle.

- **Sans négociation sur l'égalité professionnelle :** pas d'accès aux marchés publics.
- **Sans accord relatif à l'égalité professionnelle ni plan d'action unilatéral :** pénalité financière.

1. DIRECCTE : Direction régionale des entreprises, de la concurrence, de la consommation, du travail et de l'emploi.

 # vidéo
Le calcul Index égalité femmes-hommes, où en êtes-vous ?
foucherconnect.fr/20p135

7 À partir du **document F** et de la **vidéo**,

7.1 Indiquer le rôle de l'Index de l'égalité femmes-hommes.

....

....

....

7.2 Préciser les obligations de l'entreprise qui obtient un Index inférieur à 75 points.

....

....

....

7.3 Indiquer à quoi s'expose une entreprise d'au moins 50 salariés en cas de non-publication de l'Index de l'égalité professionnelle entre les femmes et les hommes, de non-mise en œuvre des mesures correctives ou d'inefficience de celles-ci.

....

....

DOC F L'Index de l'égalité professionnelle entre les femmes et les hommes

L'**Index de l'égalité femmes-hommes** est un outil qui permet de comparer la situation des femmes et des hommes au sein d'une même entreprise d'au moins 50 salariés.

• Comment est-il composé ?

Noté sur **100 points**, il se calcule à partir de **4 à 5 indicateurs** selon que l'entreprise fait moins ou plus de 250 salariés :
- l'écart de rémunération femmes-hommes ;
- l'écart de répartition des augmentations individuelles ;
- le nombre de salariées augmentées à leur retour de congé de maternité ;
- la parité parmi les 10 plus hautes rémunérations ;
- l'écart de répartition des promotions (uniquement dans les entreprises de plus de 250 salariés).

• Comment le calculer ?

L'entreprise calcule son Index *via* le **site Internet** : index-egapro.travail.gouv.fr

• Comment le rendre public ?

- L'entreprise doit **publier** son Index chaque année avant le 1er mars sur son site internet (ou à défaut de site, en informer tous ses salariés).
- Elle doit le communiquer à son **Comité social et économique** (CSE).
- Elle doit le transmettre à l'**inspection du travail**.

• Que faire si le score est inférieur à 75 points ?

L'entreprise doit mettre en place des **mesures correctives** pour atteindre au moins 75 points dans un délai de 3 ans.
→ Ces mesures annuelles ou pluriannuelles devront être définies dans le cadre de la négociation obligatoire sur l'égalité professionnelle, ou à défaut d'accord, par décision unilatérale de l'employeur et après consultation du CSE.

• Quelles sont les pénalités ?

En cas de non-publication de son Index, de non-mise en œuvre de mesures correctives ou d'inefficience de celles-ci, l'entreprise s'expose à une **pénalité financière jusqu'à 1 % de sa masse salariale annuelle**.

Remarque : l'Index ne remplace pas l'obligation de négocier sur l'égalité professionnelle. Toutes les entreprises d'au moins 50 salariés, y compris celles dont l'Index est supérieur à 75 points, doivent être couvertes par un accord sur l'égalité professionnelle ou, à défaut, un plan d'action unilatéral.

Source : d'après le site du ministère du Travail, travail-emploi.gouv.fr, « Égalité professionnelle, discrimination et harcèlement ».

8 À partir du **document G**, **cocher**, pour chaque situation, si la salariée est concernée ou non par l'aménagement de son poste dans le cadre de l'impact différencié de l'exposition au risque et **justifier** la réponse.

Situations	Aménagement du travail	Justifications
Julie, manutentionnaire, est enceinte. Son travail consiste à transporter des colis.	❑ Oui ❑ Non	....
Marwa, aide-soignante, est enceinte. Elle travaille dans un hôpital de 21 h à 6 h, 3 à 4 fois par semaine.	❑ Oui ❑ Non	....
Suite à un congé parental d'éducation d'un an, Adèle a repris le travail dans une agence comptable.	❑ Oui ❑ Non	....

DOC G La prévention des risques d'exposition spécifiques aux femmes

• Selon l'article L. 4121-3 du Code du travail, l'évaluation des risques tient compte de l'**impact différencié de l'exposition au risque en fonction du sexe** et conduit l'employeur à mettre en œuvre les actions de prévention, ainsi que les méthodes de travail et de production garantissant un meilleur niveau de protection de la santé et de la sécurité des salariés.

• En outre, le Code du travail interdit ou aménage certaines situations de travail **aux femmes enceintes, allaitantes ou en période postnatale**, en raison des risques spécifiques qu'ils génèrent pour ces personnes.

Ces risques sont :
- les risques d'exposition des femmes enceintes au **bruit** et aux **vibrations** ;
- les **risques biologiques** : il s'agit précisément du risque d'exposition au virus de la rubéole ou au toxoplasme ;
- l'exposition aux **rayonnements ionisants** ;
- les risques liés à l'utilisation d'**équipements de travail** (ex. : marteau-piqueur) ;
- les risques liés à la **manutention de charges** ;
- les **interventions et travaux en milieu hyperbare** ;
- l'exposition aux **agents chimiques dangereux (ACD) et produits chimiques** ;
- le **travail de nuit** ;
- le **risque de fatigue** (droit au repos « en position allongée, dans des conditions appropriées »).

ACTIVITÉ 3 Les interlocuteurs à solliciter en cas de discrimination au travail

 # vidéo Présentation du Défenseur des droits. foucherconnect.fr/20p137

 # vidéo Qu'est-ce qu'un syndicat ? foucherconnect.fr/20p136

9 À partir du **document H** et des **vidéos**, **renseigner** le tableau.

Témoignages		Interlocuteurs à contacter et démarches à suivre
	« Je travaille dans une entreprise de 20 salariés. Je souhaite évoquer mon problème de discrimination auprès d'une personne de l'entreprise. »	....
	« Mon chef de service me demande de réduire mon temps hebdomadaire car je suis souvent malade. Je ne connais pas tous mes droits. »	....
	« Je n'ai pas été embauchée du fait de mes origines. »	....
	« Je travaille dans une entreprise de 70 salariés qui dispose de deux sites industriels. Nos salaires n'ont pas été valorisés par rapport à nos collègues de l'autre site. »	....

DOC H Quelques interlocuteurs à contacter en cas de discrimination au travail

Qui contacter en cas de discrimination au travail ?

Comité social et économique	Défenseur des droits[1]	Inspection du travail	Organisation syndicale[2]
	Défenseurdesdroits RÉPUBLIQUE FRANÇAISE		

Comment les contacter ?

Comité social et économique	Défenseur des droits	Inspection du travail	Organisation syndicale
Au sein de l'entreprise (d'au moins 11 salariés)	Par mail À la préfecture de votre département Par courrier	Auprès de la DIRECCTE[3] de votre région	Auprès du délégué syndical de l'entreprise (d'au moins 50 salariés)

Que pourront-ils faire pour vous ?

- Vous informer sur vos droits et vos recours.
- Instruire votre dossier pour vous aider à objectiver la situation de discrimination.
- Vous aider à régler votre problème à l'amiable.
- Appuyer vos démarches, y compris juridictionnelles.

1. Le Défenseur des droits est une institution indépendante de l'État. Créée en 2011 et inscrite dans la Constitution, elle a pour mission de défendre les personnes dont les droits ne sont pas respectés et permettre l'égalité de tous dans l'accès aux droits.

2. Une organisation syndicale est une association de personnes dont l'objectif est la défense ou la promotion d'intérêts professionnels communs.

3. DIRECCTE : Direction régionale des entreprises, de la concurrence, de la consommation, du travail et de l'emploi.

PROPOSER DES SOLUTIONS

10 À partir des constats de la situation (infographie) de la page 225, **proposer** les mesures obligatoires qui visent l'égalité professionnelle entre les femmes et les hommes.

Constats	Obligations des entreprises
6 % des entreprises françaises de plus de 250 salariés versent des salaires égaux entre les femmes et les hommes.	....
1 entreprise sur 3 ne respecte pas l'obligation d'augmenter leurs salariées au retour de congé maternité si leurs collègues occupant le même poste l'ont été.	....
L'écart de rémunération entre les femmes et les hommes est de 15,4 %.	....
17 % des entreprises de plus de 250 salariés sont en dessous de 75 % de l'Index égalité.	....

module C12

L'égalité de traitement au travail

mémo

Les catégories de discrimination au travail et les publics considérés

- Toutes les entreprises sont concernées par les obligations d'égalité au travail.
- Tout salarié, tout candidat à un emploi, un stage ou une période de formation en entreprise est **protégé par la Loi contre les discriminations** à l'embauche et au travail.
- Le Code du travail interdit toute distinction entre salariés. Les personnes **les plus impactées par la discrimination au travail** sont les femmes, mais également les personnes portant un nom à consonance étrangère, les personnes en situation de handicap, les jeunes et les plus de 50 ans. D'autres **critères de discrimination** existent : les opinions politiques, les activités syndicales ou mutualistes, les convictions religieuses, l'apparence physique…
- Une **Loi pour la liberté de choisir son avenir professionnel** a mis en place des dispositifs pour favoriser l'accès à l'emploi des jeunes, rendre réelle l'égalité entre les femmes et les hommes dans les entreprises, faciliter l'accès à l'emploi des personnes en situation de handicap.

Les obligations en termes d'égalité professionnelle entre femmes et hommes

- Pour réduire l'écart en termes de salaires, de déroulement de carrière…, les entreprises de 50 salariés et plus ont l'obligation de mettre en place un **accord relatif à l'égalité professionnelle entre les femmes et les hommes** qui s'inscrit dans le cadre de la négociation annuelle sur l'égalité professionnelle entre les femmes et les hommes et la qualité de vie au travail.
- Parallèlement, chaque année avant le 1er mars, les entreprises d'au moins 50 salariés doivent calculer et publier sur leur site Internet leur **Index de l'égalité femmes-hommes**.
- **L'évaluation des risques tient compte de l'impact différencié de l'exposition au risque en fonction du sexe** et conduit l'employeur à mettre en œuvre les actions de prévention, ainsi que les méthodes de travail et de production garantissant un meilleur niveau de protection de la santé et de la sécurité des travailleurs.

Les interlocuteurs à solliciter en cas de discrimination au travail

- Les principaux interlocuteurs sont le **CSE**, le **Défenseur des droits**, l'**inspection du travail**, les **organisations syndicales**. Leurs rôles sont d'informer les salariés de leurs droits et recours en cas de discrimination, mais aussi d'instruire un dossier et de les accompagner dans les démarches (y compris juridictionnelles).

Mots-clés

Index de l'égalité femmes-hommes : outil qui permet de mesurer les écarts de rémunération et de situation entre les femmes et les hommes au sein d'une même entreprise.

Organisation syndicale : association de personnes dont l'objectif est la défense ou la promotion d'intérêts professionnels communs.

le mémo audio foucherconnect.fr/20p138

LE QCM INTERACTIF foucherconnect.fr/20p139

mémo

En schéma

module C12 L'égalité de traitement au travail

L'égalité de traitement au travail

Discrimination au travail

- **Inégalités de traitement encadrées par la loi (discrimination positive)** : dispositifs en faveur de l'emploi des jeunes, des femmes…
- **Public le plus impacté** : femmes, jeunes, personnes en situation de handicap…
- **Différents critères** : origine, âge, sexe, apparence physique…

Obligations légales d'égalité professionnelle entre les femmes et les hommes

- **Impact différencié** de l'exposition au risque en fonction du sexe
- **Index** de l'égalité femmes-hommes pour les entreprises de 50 salariés et plus
- **Accord relatif à l'égalité professionnelle** pour les entreprises de 50 salariés et plus

Interlocuteurs en cas de discrimination au travail

- CSE

- Organisation syndicale

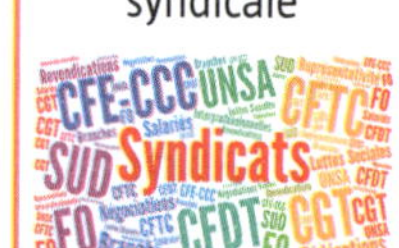

- Inspection du travail
- Défenseur des droits

Évaluer ses compétences

[...] Les inégalités femmes/hommes persistent dans le monde du travail : les femmes qui travaillent sont près de quatre fois plus souvent à temps partiel que les hommes [...] ; une femme gagne en moyenne 24 % de moins qu'un homme [...].
La maison Chancerelle, la plus ancienne conserverie de sardines au monde encore en activité établie à Douarnenez [...], s'est engagée dans une démarche volontariste d'égalité professionnelle entre les femmes et les hommes. Ses dirigeants ont notamment signé en janvier 2019 un accord portant sur quatre domaines d'action : les conditions d'accès à l'emploi et mixité, les conditions d'accès à la formation professionnelle, l'articulation vie privée et vie professionnelle et la rémunération. Le préfet du Finistère, Pascal Lelarge, a visité ce matin l'usine de sardines de la maison Chancerelle. Il a ainsi pu constater la qualité du travail mené par l'entreprise dans le domaine de l'égalité professionnelle entre les femmes et les hommes, et la volonté de cette société de maintenir les efforts dans cette voie.

Source : www.finistere.gouv.fr/Actualites/Egalite-professionnelle-entre-les-femmes-et-les-hommes

C2 **1** **Formuler** le problème posé dans la situation. ... / 1

....

C2 **2** **Identifier** les éléments de la situation en renseignant le tableau. ... / 6

Quoi ? Quelle est l'origine du problème ?	....
Qui ? Qui est concernée par le problème ?	....
Où ? Où se situe le problème ?	....
Quand ? À quel moment se pose le problème ?	....
Comment ? De quelle manière l'entreprise gère-t-elle le problème ?	....
Pourquoi ? Pourquoi est-ce important de régler le problème ?	....

Évaluer ses compétences

C3 **3** À partir du **document A**, ... / 5

3.1 Nommer quatre catégories de discrimination au travail.

....

....

....

....

3.2 Indiquer le public le plus exposé à la discrimination au travail.

....

C3 **4** À partir du cas de discrimination au travail décrit dans le **document B**, **relever** l'interlocuteur qui a été sollicité. ... / 1

....

DOC A Quelques critères de discrimination

C3 **5** **Surligner** dans le **document B**, ... / 2

- en bleu, le motif du recours ;
- en vert, la réponse proposée par l'interlocuteur sollicité.

DOC B Un exemple de recours

Le Défenseur des droits a été saisi d'une réclamation par une fonctionnaire territoriale détachée auprès d'une commune qui se plaint du fait que celle-ci ait rendu un avis défavorable à son avancement pour l'année 2017 fondé sur l'impossibilité d'apprécier ses mérites professionnels en raison de son absence pour congé maladie.
L'enquête conduite par le Défenseur des droits montre que la commune disposait d'éléments objectifs pour se prononcer sur la demande de promotion de l'intéressée. [...]
Cet avis défavorable n'est pas justifié par les appréciations figurant sur le compte rendu de l'entretien professionnel établi par la commune pour 2016. [...]
Le Défenseur des droits recommande à la commune de procéder à la réparation des préjudices subis par l'intéressée dès lors qu'elle a perdu une chance d'être promue.

Source : https://juridique.defenseurdesdroits.fr

C3 **6** **Justifier** en quoi les quatre domaines d'action proposés dans la situation d'introduction par la maison Chancerelle contribuent à diminuer les inégalités professionnelles entre femmes et hommes. ... / 4

Quatre domaines d'action	Justifications
Les conditions d'accès à l'emploi et mixité.	....
Les conditions d'accès à la formation professionnelle.	....
L'articulation vie privée et vie professionnelle.	....
La rémunération.	....

C4 **7** **Citer** un interlocuteur interne à l'entreprise Chancerelle que peut solliciter un(e) salarié(e) victime de discrimination au travail. .... / 1

RÉVISEZ LE PROGRAMME DE 2DE

module A1 Le système de santé

1 **Citer** deux facteurs externes et internes pouvant altérer le capital santé.

- Facteurs internes : ....
- Facteurs externes : ....

2 **Nommer** les dispositifs qui regroupent l'ensemble des actions mises en œuvre par le gouvernement afin d'améliorer les conditions de santé de la population. ....

3 **Expliquer** le principe de solidarité nationale de la Sécurité sociale qui caractérise le système de santé en France. ....

....

....

4 **Présenter** le principe et l'intérêt du parcours de soins coordonnés.

....

....

....

module A2 Les rythmes biologiques – Le sommeil

1 **Présenter** les rôles du sommeil :

- lent profond : ....
- paradoxal : ....

2 **Définir** la désynchronisation des rythmes biologiques. ....

....

3 **Présenter** une conséquence possible, lors d'un travail de nuit, de la désynchronisation des rythmes biologiques sur :

- la santé : ....

....

- la vie sociale : ....
- la vie professionnelle : ....

4 **Justifier** la raison pour laquelle un travailleur de nuit peut bénéficier du compte professionnel de prévention (C2P). ....

....

5 **Proposer** trois mesures pour améliorer la qualité du sommeil.

....

....

....

....

module A3 L'activité physique

1 **Nommer** chaque propriété du muscle strié squelettique décrite.

- Les muscles se raccourcissent en se gonflant. → ....
- Les muscles reprennent leur longueur initiale après étirement. → ....
- Les muscles peuvent recevoir des stimulations thermiques, physiques ou électriques transmises par le système nerveux. → ....
- Les muscles restent en état permanent de faible contraction qui diminue au repos. → ....

2 **Surligner** les affirmations exactes.

a) Lorsque l'on décide de bouger, le cerveau envoie un signal nerveux jusqu'aux muscles striés squelettiques.

b) Le signal nerveux commande la contraction du muscle.

c) La contraction musculaire consomme de l'énergie qui provient de la combustion du glucose apporté par les aliments en présence de dioxygène.

d) Lors d'une activité musculaire le cœur bat moins vite.

e) Le glissement des filaments de myosine et d'actine qui constituent la myofibrille permet aux muscles de se contracter.

3 **Citer** les deux modifications physiologiques observées lors d'un travail musculaire qui permettent de satisfaire les besoins accrus des muscles en glucose et en dioxygène.

....

4 **Indiquer** deux effets positifs de l'activité physique sur le bien-être mental.

- .... - ....

module A4 Les addictions

1 **Définir** la notion d'addiction.

....

....

2 **Citer** :

- quatre effets à court terme d'une consommation excessive d'alcool :

....

....

....

- un effet à long terme d'une consommation excessive d'alcool pour les appareils et système suivants :

- système nerveux : ....
- appareil cardiovasculaire : ....
- appareil digestif : ....

3 **Cocher** l'affirmation exacte et **justifier** la réponse.
Les dangers de la polyconsommation de substances psychoactives comparés à la consommation d'une seule substance sont : ❑ diminués ❑ identiques ❑ augmentés.

Justification : ....

4 **Indiquer** deux actions préventives mises en place par l'État pour limiter la consommation d'alcool.

- ....
- ....

module A5 La sexualité – La contraception

1 Nommer les organes qui sont à l'origine de la fabrication :
- des ovules : ....
- des spermatozoïdes : ....

2 Indiquer où ont lieu :
- la fécondation : ....
- la nidation : ....

3 Relier le type de contraception à ses caractéristiques.

Contraception préventive •

Contraception d'urgence •

- • Destinée aux femmes ne désirant pas d'enfant et ayant eu un rapport sexuel sans moyen de contraception ou mal protégé.
- • Utilisée comme méthode de rattrapage.
- • Utilisée après le rapport sexuel le plus tôt possible.
- • Utilisée avant le rapport sexuel.
- • Destinée aux femmes et aux hommes ayant une vie sexuelle et n'ayant pas de désir d'enfant.

4 Définir la notion d'interruption volontaire de grossesse (IVG).

....

....

module B1 L'alimentation écoresponsable

1 Expliquer pourquoi acheter des produits issus de l'agriculture biologique constitue un comportement écoresponsable.

....

....

....

2 Citer quatre autres critères d'un comportement écoresponsable en matière d'alimentation.
- ....
- ....
- ....
- ....

3 Indiquer trois conséquences du gaspillage alimentaire.
- ....
- ....
- ....

4 Proposer une mesure individuelle pour éviter :
- la surconsommation alimentaire : ....

....
- le gaspillage alimentaire : ....

....

module B2 Les risques majeurs

1 Cocher les caractéristiques d'un risque majeur.

❑ Forte gravité ❑ Faible gravité ❑ Forte fréquence ❑ Faible fréquence

2 Nommer le document qui permet d'identifier les risques majeurs au niveau de votre commune.

3 Indiquer à quoi correspond ce signal.

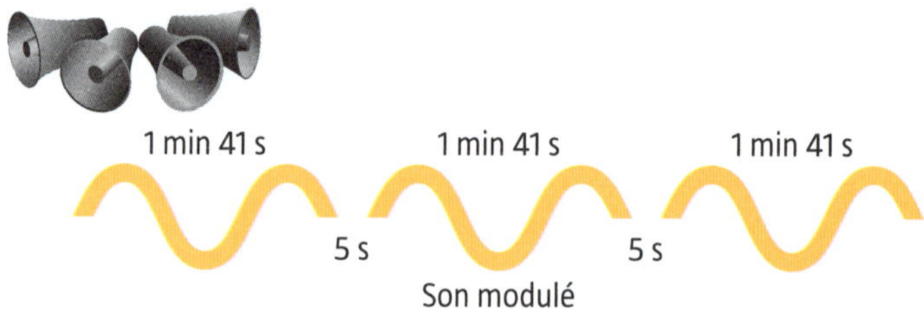

module C1 Les enjeux de la santé et sécurité au travail

1 Citer un enjeu socio-économique et humain de la santé et de la sécurité au travail pour le salarié.

2 Cocher les critères de reconnaissance d'un accident du travail en bleu et ceux de la maladie professionnelle en rouge.

❑ Salarié ou anciennement salarié.
❑ Action soudaine et violente ayant entraîné une blessure.
❑ Survenu par le fait et à l'occasion du travail.
❑ Dû à la réalisation de travaux professionnels listés dans un tableau.
❑ Salarié déclaré.
❑ Délai de prise en charge et temps d'exposition respectés.
❑ Symptômes ou maladies identifiés dans un des 99 tableaux de la Sécurité sociale.
❑ Survenu sur le lieu de travail.

3 Citer deux obligations :

de l'employeur	du salarié

4 Définir le droit de retrait.

module C2 Les notions de base en prévention des risques professionnels

1 Indiquer à quoi correspondent dans une activité de travail :

- le danger :
- la situation dangereuse :
- le dommage :

2 Relier les dangers à la famille de risques professionnels correspondante.

Produits chimiques •
Température ambiante > à 32 °C •
Poussières de bois •
Couches souillées •
Gaz •
Température ambiante < à 0 °C •

• Risques liés aux produits, aux émissions et aux déchets (risque chimique)
• Risques liés aux agents biologiques
• Risques liés aux ambiances thermiques

Nom de l'élève : ....

Prénom de l'élève : ....

Date : .... / .... / ....

Note :

Coefficient : 1

Durée : 2 heures

SUJET DE BAC PRO

Épreuve ponctuelle

Première partie : 11 pts

Thématique A L'individu responsable de son capital santé

Situation n° 1 Il n'est jamais trop tard pour adopter de meilleures habitudes

De manière générale, l'influence de nos gènes sur notre santé serait surestimée.
Une étude scientifique de l'université de l'Alberta (Canada), publiée en décembre 2019, suggère que la plupart des pathologies, dont de nombreux cancers, le diabète et la maladie d'Alzheimer, ont une contribution génétique de 5 à 10 % au maximum. [...] D'autres recherches semblent aussi montrer qu'il est possible de contrebalancer notre risque génétique par une amélioration du mode de vie et de l'alimentation. En 2016, une étude scientifique a été menée auprès de 55 685 personnes ayant une prédisposition génétique à subir une crise cardiaque ou à développer une maladie coronarienne. Elle a prouvé que les individus optant pour un mode de vie sain (défini par au moins trois des quatre facteurs suivants : pas de tabagisme, pas d'obésité, une activité physique régulière et une alimentation saine) voyaient leur risque de contracter une maladie coronarienne ou d'avoir un infarctus réduit de 50 % par rapport aux individus n'adoptant pas ces « bons » comportements. Plus récemment, une étude parue en 2019 indique qu'une consommation plus importante de fruits et légumes affaiblit le déterminisme génétique lié à l'obésité. Même constat du côté de l'activité physique qui inhiberait considérablement l'expression des gènes associés à cette pathologie [...].

Facteurs de risque et conséquences possibles

Causes des 579 230 décès enregistrés en France en 2016 *(en % du total)*

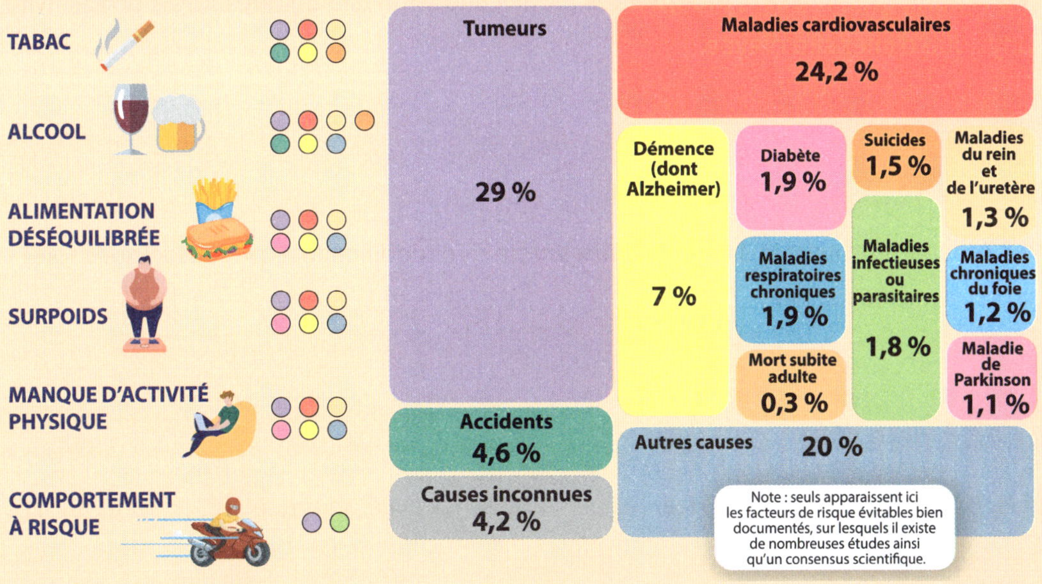

Source : *Que choisir pratique*, n° 125, septembre 2020.

... /0,5 C2 **1.1 Formuler** le problème identifié dans la **situation n° 1**.

....

....

... /1,75 C2 **1.2** Dans la **situation n° 1**, **repérer**, en renseignant le tableau, les facteurs de risques internes pouvant altérer la santé de l'individu et leurs quatre principaux effets.

Facteurs de risques internes	Effets
....	....
....	....
....	....
....	....
....	....

... /1 C3 **1.3** À partir de l'**annexe 1**,

1.3.1 Identifier les enjeux du plan national santé « Stratégie nationale sport santé ».

....

....

....

1.3.2 Indiquer l'intérêt d'un plan régional.

....

....

... /0,5 C3 **1.4** À partir de l'**annexe 2**, **expliquer** ce qui permet au muscle de se contracter.

....

....

... /0,5 C3 **1.5** À partir de l'**annexe 3**, **identifier** les éléments consommés par le muscle et leur rôle dans la contraction musculaire.

....

....

... /0,75 C3 **1.6** À partir de l'**annexe 4**, **indiquer** les modifications physiologiques lors d'une activité physique d'intensité élevée.

....

....

....

... /0,75 C3 **1.7** À partir des **annexes 3** et **4**, **déduire** le rôle des modifications physiologiques lors d'un travail musculaire.

....

....

....

... /0,5 C3 **1.8** À partir de l'**annexe 5**, **repérer** les bienfaits de l'activité physique sur l'appareil cardiovasculaire.

....

....

....

C3 **1.9** À partir de l'annexe 6, **indiquer**, pour la situation d'Érica, si les recommandations de l'OMS sur l'activité physique sont respectées et **justifier** la réponse en renseignant le tableau. ... /0,5

Situation Du lundi au vendredi, Érica, 22 ans, se rend sur son lieu de travail à pied. Pour être à l'heure au bureau, elle prévoit 25 minutes de marche.	• Respect des recommandations de l'OMS ? ❑ Oui ❑ Non • Justifications : ....

C4 **1.10 Proposer** : ... /1,25

1.10.1 quatre activités physiques qui permettent à une personne de bouger au quotidien sans pratiquer nécessairement un sport :

....

....

....

....

1.10.2 une attitude qui, associée à une activité physique, peut contribuer à limiter le risque de surpoids ou d'obésité :

....

Thématique B L'individu responsable dans son environnement

Situation n° 2 Une « bombe à retardement en sous-sol »

Climat : les nappes phréatiques, potentielles « bombes à retardement »

Les générations futures risquent de devoir faire face à la « bombe à retardement » des nappes phréatiques, dont l'alimentation va se trouver elle aussi affectée par le dérèglement climatique, met en garde une étude publiée lundi. Les eaux souterraines sont aujourd'hui la première source d'eau potable de la planète, et deux milliards de personnes en dépendent pour boire ou pour l'irrigation. Une nappe phréatique se remplit lentement grâce aux précipitations, un phénomène appelé « recharge », et se décharge dans les lacs, les rivières ou les océans pour trouver un équilibre.

Ces réserves sont déjà sous pression de l'explosion de la population mondiale et de la production agricole qui lui est liée. Mais les événements météorologiques extrêmes (sécheresses, précipitations record...), qui se multiplient avec le réchauffement de la planète, pourraient avoir un effet à long terme sur la vitesse de réapprovisionnement des nappes, selon une étude publiée dans la revue *Nature Climate Change*.

« Cette immense ressource cachée soutient la production alimentaire mondiale », commente Mark Cuthbert, de l'Université de Cardiff. « Ce qui se produit aujourd'hui va avoir un effet de latence vraiment important. » Le chercheur et son équipe, qui ont utilisé des modèles informatiques et bases de données sur les nappes, estiment que d'ici 100 ans, seule la moitié des réserves d'eaux souterraines pourrait se recharger totalement ou se rééquilibrer. Ce qui pourrait conduire à des pénuries dans les lieux les plus secs.

Source : *Libération*, 21/01/2019.

... /1,5 **C2** **1.11** À partir la **situation n° 2**,

1.11.1 Nommer la ressource en eau concernée.

1.11.2 Expliquer la raison principale pour laquelle cette ressource est menacée.

1.11.3 Relever la raison qui justifie une constante augmentation des besoins en eau.

... /0,5 **C3** **1.12** À partir de l'**annexe 7**, **indiquer** la mesure collective mise en place sur une vingtaine de sites en France pour pallier les difficultés de réapprovisionnement des nappes phréatiques.

... /0,5 **C4** **1.13 Proposer** une autre mesure collective pour préserver l'eau de la planète.

... /0,5 **C4** **1.14 Citer** trois mesures individuelles pour préserver l'eau.

Seconde partie : 9 pts

Thématique C L'individu acteur de prévention dans son milieu professionnel

... /1 **C2** **2.1 Relever**, dans l'**annexe 8**, pour le secteur du bâtiment et travaux publics (BTP),

2.1.1 la cause principale à l'origine des accidents du travail avec arrêt :

2.1.2 la première cause des maladies professionnelles :

... /1 **C3** **2.2** À partir de l'**annexe 9**,

2.2.1 Relever une obligation de l'employeur pour la prévention des risques professionnels.

2.2.2 Nommer le salarié ou les salariés désignés par l'employeur qui l'assistent dans la mise en place de ce document.

... /0,5 **C3** **2.3** En s'appuyant sur les **annexes 8** et **9**, **justifier** l'intérêt de ce document pour les salariés.

Situation n° 3 L'activité de travail de Gabin, maçon

Gabin, âgé de 52 ans, en bonne santé, est maçon depuis 25 ans dans une entreprise du BTP employant 10 salariés. Pour travailler, il dispose de gants de protection adaptés, d'un casque et de chaussures de sécurité. Actuellement sur un chantier de construction d'une maison individuelle, il manutentionne pendant plusieurs heures des charges d'environ 20 à 40 kg du lieu de stockage provisoire vers le point d'utilisation sur des distances pouvant aller de 5 à 10 mètres.

C2 **2.4 Identifier** les composantes de l'activité de travail de Gabin à partir de l'outil d'analyse des 5M. ... /1,25

Main-d'œuvre	....
Milieu	....
Méthodes	....
Matériel	....
Matière	....

C2 **2.5 Proposer** une représentation mettant en lien les éléments du processus d'apparition d'un dommage. ... /1,25

C2 **2.6** À partir de l'annexe 10, **évaluer** le risque en renseignant le tableau. ... /0,75

Estimation du risque	Niveau de gravité du dommage	N° ..
	Niveau de probabilité d'apparition du dommage	N° ..
Évaluation du risque	....	

C2 **2.7** À partir de la situation n° 3 et de l'annexe 11, **indiquer** si la charge portée par Gabin est réglementaire et **justifier**. ... /0,5

....

....

....

... /0,5

C2 **2.8** À partir de l'**annexe 12**, **indiquer** le suivi individuel de santé dont bénéficie Gabin et **justifier**.

... /1,25

C3 **2.9** À partir des postures proposées, **justifier** les gestes à respecter pour manutentionner les charges en renseignant le tableau.

Les postures	Les cinq principes de sécurité	Justifications
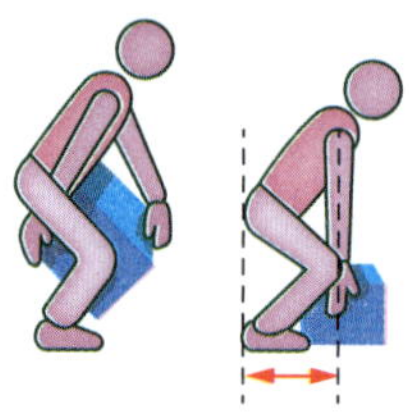	Se rapprocher le plus possible de la charge	
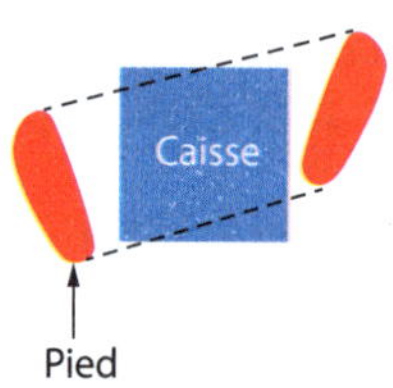	Écarter les pieds de la largeur du bassin et les décaler.	
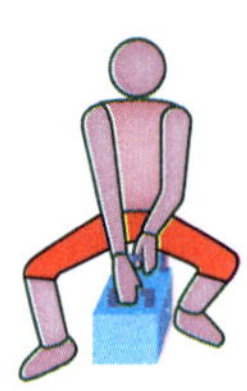	Fléchir les jambes.	
	Positionner les mains.	
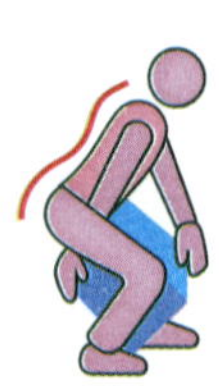	Fixer la colonne vertébrale et lever la tête.	

... /1

C5 **2.10** À partir de l'**annexe 13**, **choisir** le moyen de prévention le plus adapté à l'activité de travail de Gabin et **justifier** ce choix.

ANNEXES

ANNEXE 1 Un exemple de plan santé national et régional

• Lutter contre l'accroissement de la sédentarité, l'inactivité physique et l'ensemble des pathologies chroniques qui y sont associées est un enjeu de santé publique [...]. Inscrite dans le plan national de santé publique « Priorité Prévention », la « **Stratégie nationale sport santé** » porte l'ambition de (re)mettre les Français en mouvement sur tous les territoires, de déployer des pratiques adaptées accessibles et encadrées, et de faire reconnaître pleinement le rôle majeur des APS (activités physiques et sportives) pour la santé physique et mentale de chacun.

Source : www.sports.gouv.fr/IMG/pdf/strategie-nationale-sport-sante4-pages.pdf

STRATÉGIE NATIONALE SPORT SANTÉ 2019-2024

• Le plan régional « **Activités physiques et sportives aux fins de santé** » entend donner un cadre pour la promotion d'activités physiques aux fins de santé à destination de tous et à tout âge de la vie [...]. C'est un document multipartenarial qui détermine les axes de promotion de l'activité physique dans le Grand-Est pour la période 2018-2022. Il s'appuie sur un état des lieux des besoins et de l'offre régionale.

Source : www.grand-est.ars.sante.fr/le-plan-regional-activites-physiques-et-sportives-aux-fins-de-sante-2018-2022

ANNEXE 2 Le mécanisme de la contraction musculaire

Les **muscles striés squelettiques** sont à l'origine de tous nos mouvements. Grâce à leur structure, ils ont la propriété de se contracter.

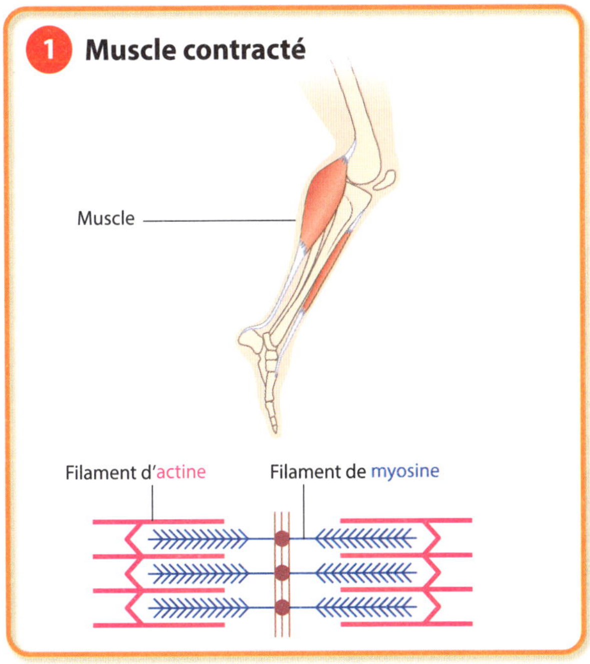

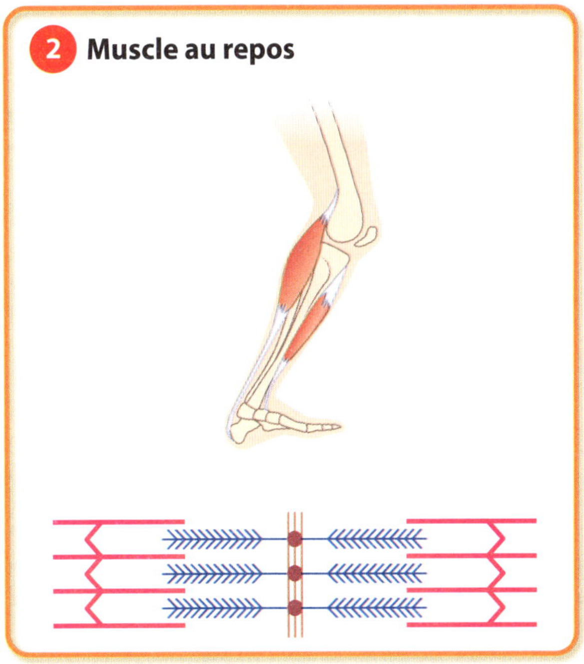

ANNEXE 3 Les besoins nécessaires au fonctionnement du muscle

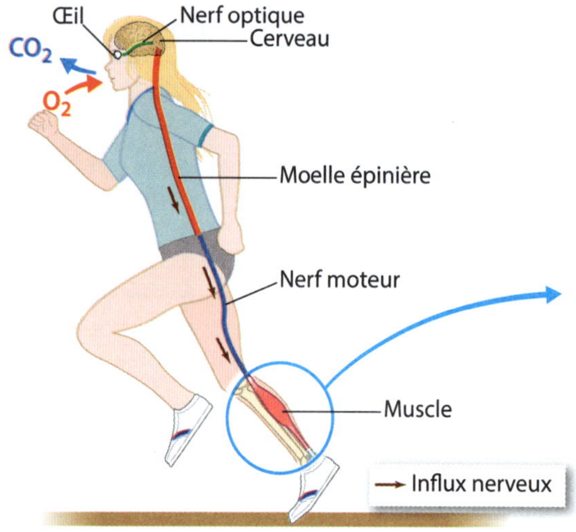

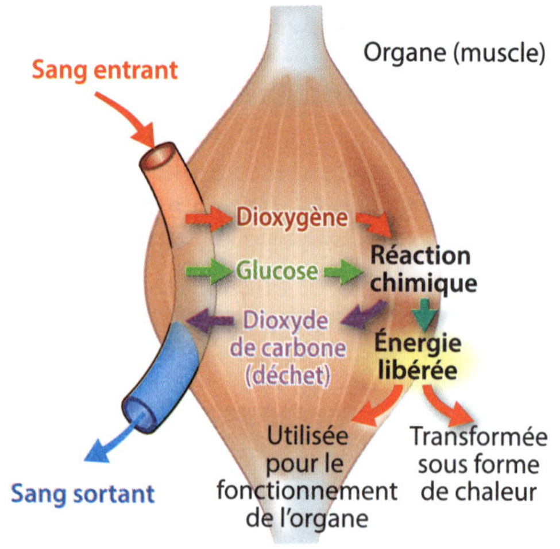

ANNEXE 4 L'activité physique, pilier de notre forme

Faire de l'exercice est une véritable nécessité de santé. Pour autant, la façon de bouger doit être adaptée à chacun selon son profil.

Intensité de l'activité	**Faible (de 1,6 à 3 MET*)**	**Modérée (de 3 à 6 MET)**	**Élevée (de 6 à 9 MET)**	**Très élevée (> à 9 MET)**
Effet ressenti sur une échelle de 0 à 10	**3 à 4**	**5 à 6**	**7 à 8**	**> 8**
Signes physiques	Pas d'essoufflement, ni de transpiration.	Essoufflement et transpiration modérés ; conversation possible.	Fort essoufflement ; transpiration abondante ; conversation difficile.	Transpiration et essoufflement très importants ; conversation impossible.
Fréquence cardiaque (en % de la FC max.**)	< 55 % de la FC max.	55 à 70 % de la FC max.	70 à 90 % de la FC max.	> 90 % de la FC max.
Activités domestiques	Se doucher, écrire, repasser du linge, cuisiner.	Passer l'aspirateur, balayer lentement, porter des charges < 8 kg en montant les escaliers.	Porter des charges de 8 à 22 kg en montant les escaliers.	Porter des charges > 22 kg en montant les escaliers.
Activités sportives et déplacements	Marche à 4 km/h ou moins, équitation au pas, yoga, bowling.	Marche à bonne allure (6-7 km/h), vélo à plat jusqu'à 20 km/h, brasse lente, badminton et tennis en double hors compétition, ski, roller, canoë de loisir.	Trottinement à 8 km/h ou marche en côte, vélo entre 20 et 22 km/h, gym intense, crawl lent, tennis en simple, football, corde à sauter à rythme lent.	Course à 11 km/h et au-delà, vélo au-delà de 25 km/h, saut à la corde, nage papillon, plongée, handball, rugby, judo.
Activités de loisirs	Jardinage léger (récolte de fruits et légumes), bricolage, conduite automobile, billard, piano, danse de société à rythme modéré.	Jardinage soutenu (tondre la pelouse, tailler des arbustes, ratisser), pelletage de neige, sciage de bois, chasse et pêche, marche ou course avec des enfants, danse à rythme rapide.	Bricolage soutenu (port de briques, travaux de menuiserie lourde), déménagement.	–

* MET : Metabolic equivalent of Task. 1 MET correspond à la dépense énergétique d'un individu au repos soit 1,2 kcal/min pour une personne de 70 kg.
** La fréquence cardiaque maximale (FC max.) est estimée à 220 battements par minute (bpm) moins l'âge pour un homme, et à 226 bpm moins l'âge pour une femme.

Source : *Que choisir pratique*, n° 125, septembre 2020.

ANNEXE 5 Les bénéfices de l'activité physique

L'activité physique régulière est un bon moyen de lutter contre le stress et d'améliorer la qualité de son sommeil. Pour qui pratique une activité modérée (au moins 20 minutes 3 fois par semaine) ou une activité intense (au moins 3 heures par semaine), le risque de mortalité prématurée, toutes causes confondues, est diminué d'environ 30 %.
Elle facilite le travail de l'insuline chargée de réguler le taux de sucre dans le sang, d'où son intérêt dans la prévention du diabète. Chez un adulte en bonne santé, marcher rapidement 30 minutes par jour réduit de 40 % le risque de développer un diabète. Et en cas de diabète déclaré, l'activité physique facilite le contrôle de la maladie.
La pratique d'une activité physique régulière diminue de 35 % le risque d'accident coronaire (angine de poitrine ou infarctus). Grâce au sport, les parois des artères s'assouplissent, d'où une baisse de la tension artérielle. Le cœur se renforce, sa contraction est plus efficace, d'où une diminution de la fréquence cardiaque au repos.
Selon un rapport de l'INCa*, c'est notamment le cas pour les cancers du sein, colorectal et de l'endomètre, avec une diminution respective du risque de 20 %, 17 % et de 27 % chez les femmes les plus actives par rapport aux moins actives. De plus, l'activité physique lutte contre le surpoids qui est un facteur de risque avéré pour les cancers.
L'activité physique influence également le risque de mortalité par cancers : les individus ayant une activité physique modérée ou une activité sportive plus intense ont un risque de mortalité par cancer significativement plus faible que les individus inactifs.
Enfin, la pratique régulière d'une activité physique soulage et réduit le risque de souffrir d'anxiété ou de dépression légère à modérée.

* Institut national du cancer.

Source : www.assurance-prevention.fr/activite-physique-benefice-sante.html

ANNEXE 6 Les nouvelles recommandations de l'OMS sur l'activité physique par semaine

Au moins **150 à 300 minutes** d'activité aérobique* physique **d'intensité modérée**

ou

Au moins **75 à 150 minutes** d'activité physique aérobique* **d'intensité soutenue**

ou une combinaison équivalente tout au long de la semaine.

* Les exercices aérobiques permettent d'inspirer une grande quantité d'air et de donner beaucoup d'oxygène au cœur et aux muscles.

• **Pour des bénéfices supplémentaires :**
Au moins **2 jours dans la semaine** d'activités de **renforcement musculaire d'intensité modérée ou supérieure** qui impliquent tous les principaux groupes musculaires.

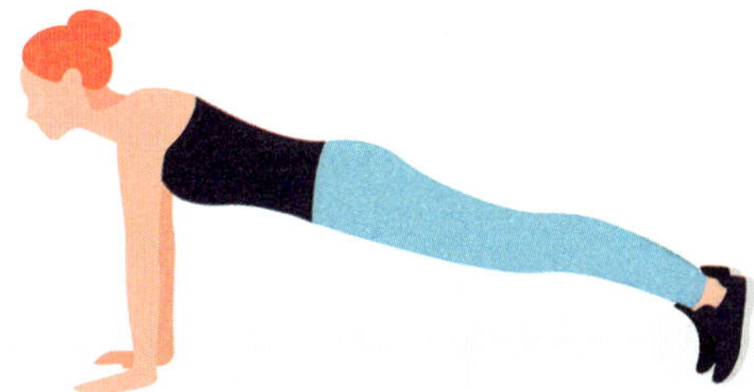

Source : Recommandations de l'OMS (Organisation mondiale de la santé) pour les 18-64 ans.

ANNEXE 7 Où se trouvent les plus grandes réserves d'eau douce ?

L'eau sur Terre est salée à 97,5 %. On trouve près des deux tiers des 2,5 % d'eau douce dans les banquises et les glaciers, et le reste dans les nappes phréatiques. Ces dernières constituent la principale source d'eau potentiellement exploitable. Mais certaines ont du mal à se remplir naturellement et sont surexploitées durant les périodes sèches. La solution existe : les recharger artificiellement. Depuis les années 1960, cela se pratique dans une vingtaine de sites en France. L'eau des rivières est pompée durant les périodes pluvieuses, filtrée et stockée dans des bassins à l'aplomb des nappes phréatiques. Elle s'infiltre alors peu à peu dans la terre, se purifiant au passage, et reconstitue le niveau des aquifères souterrains.

Source : *Ça m'intéresse*, novembre 2020, © Prisma Media.

ANNEXE 8 Le bâtiment et travaux publics (BTP) : un secteur très exposé aux risques professionnels

Le BTP reste l'un des secteurs les plus sinistrés avec 56 accidents du travail enregistrés pour 1 000 salariés (la moyenne de tous les secteurs est autour de 34).

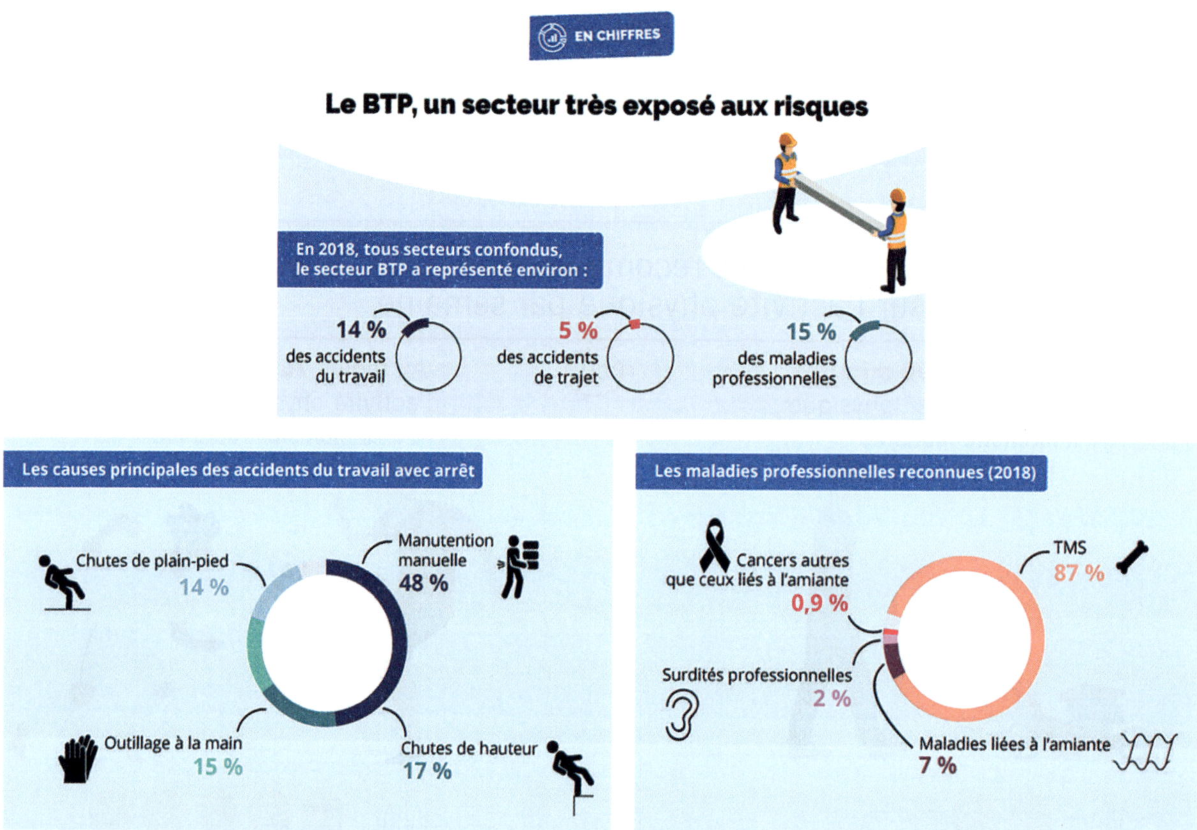

Source : Dixxit pour l'Assurance Maladie – Risques professionnels.

ANNEXE 9 Évaluer les risques dans le BTP

Le document unique d'évaluation des risques professionnels (DUER) est une **obligation légale**. Il est prévu par l'article R. 4121-1 du Code du travail. En tant qu'employeur, vous êtes **responsable** de ce **document**, même si vous pouvez en déléguer la réalisation pratique à un tiers : salarié compétent, Comité social et économique… Il présente les résultats de l'évaluation des risques pour la santé et la sécurité des salariés de votre entreprise ; il comprend un inventaire des risques identifiés dans chaque unité de travail de votre établissement, représente le point de départ de la démarche de prévention de votre entreprise, puisqu'il vous sert de base pour définir un plan d'action.

Source : L'Assurance Maladie – Risques professionnels.

ANNEXE 10 L'estimation et l'évaluation des risques professionnels

• **L'estimation du risque**

Elle se fait selon deux critères différents :

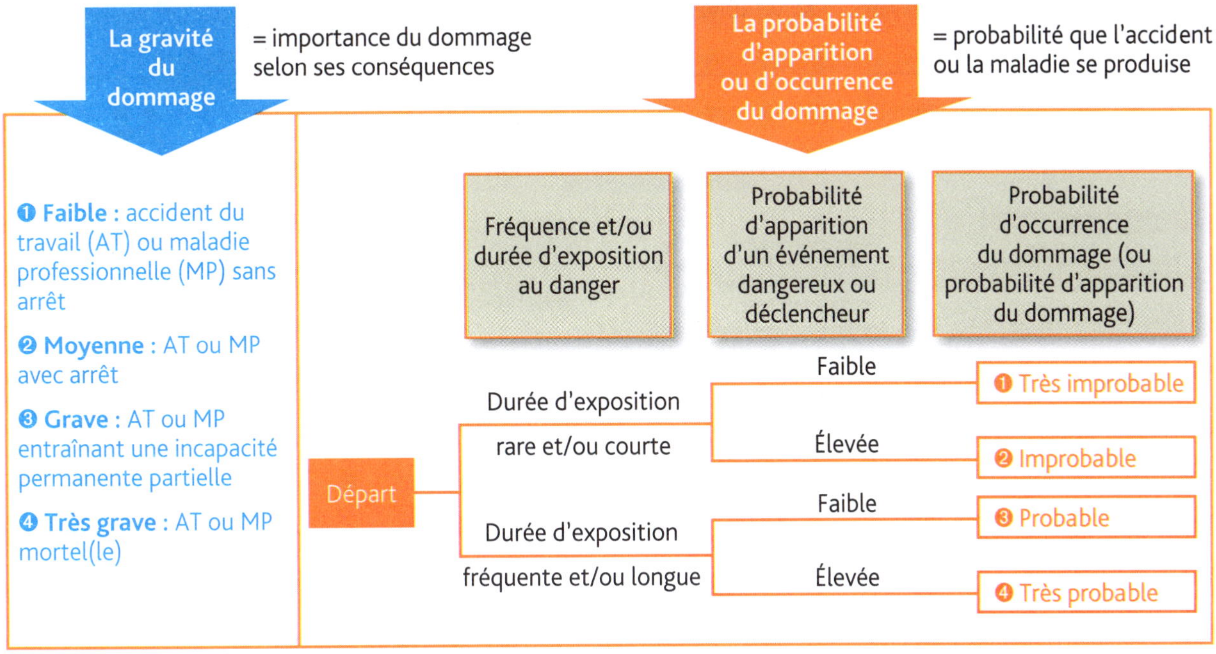

• **L'évaluation du risque**

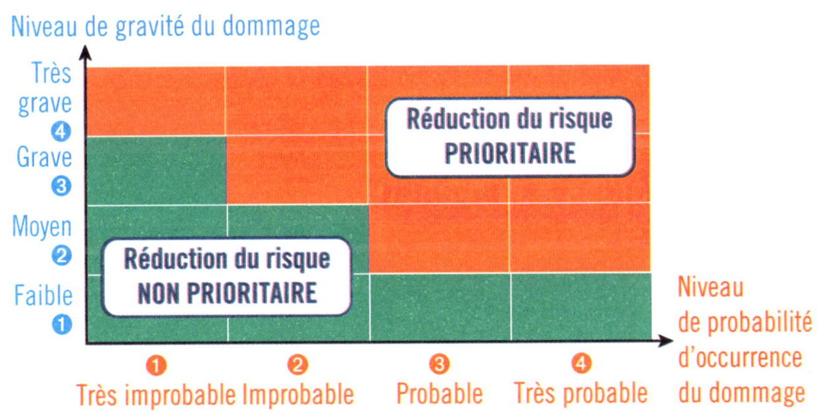

ANNEXE 11 Les seuils fixés par le Code du travail pour la manutention de charges

Le Code du travail précise qu'il faut privilégier la manutention mécanique. Lorsque celle-ci ne peut pas être mise en œuvre, le recours à la manutention manuelle est possible dans le respect des seuils fixés par le Code du travail.

Femme	Homme	Jeune de moins de 18 ans
- Poids maximal de 25 kg.	- Poids maximal de 55 kg de façon habituelle. - Jusqu'à 105 kg, à condition d'avoir été reconnu apte par le médecin du travail.	- Poids ne devant pas excéder 20 % du poids total du jeune. - Poids excédant 20 % du poids total du jeune à condition d'avoir été reconnu apte par le médecin du travail.

Source : articles du Code du travail R. 4541.9 et R. 4153.52.

ANNEXE 12 Le suivi de l'état de santé des salariés

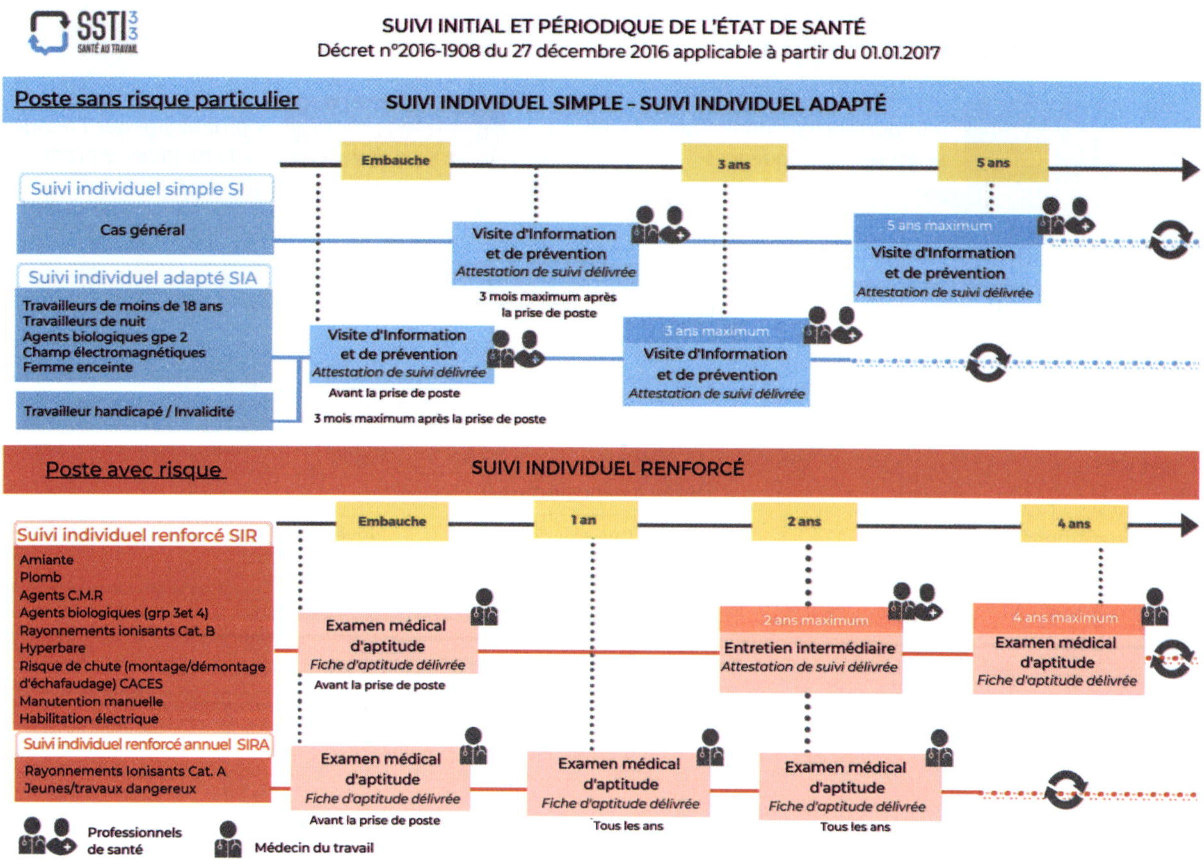

Source : ssti33.org/

ANNEXE 13 Les aides à la manutention

 Chariot élévateur	 Palan électrique	 Diable
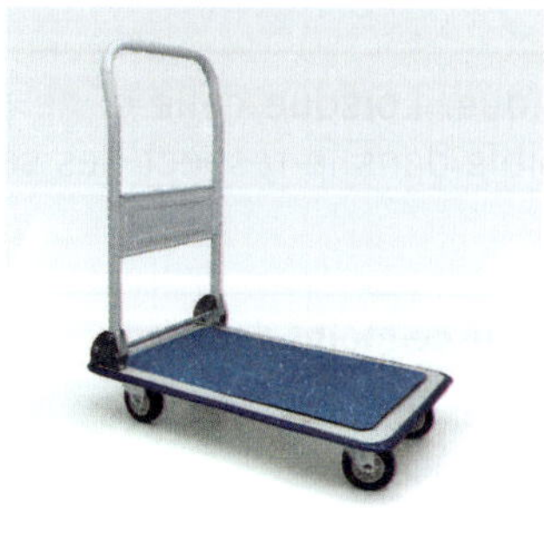 Chariot	 Transpalette	 Brouette

Glossaire

#vidéo
Glossaire complet à télécharger.
foucherconnect.fr/20p145

Première bac pro

Thématique A L'individu responsable de son capital santé

Absorption intestinale
Passage des nutriments de l'intestin grêle vers le sang.
Chapitre 2, p. 19

Adrénaline
Hormone sécrétée par les glandes surrénales en réponse à un état de stress.
Chapitre 3, p. 34

Aliment ultra-transformé
Aliment ayant subi des procédés industriels de transformation (huile hydrogénée, amidon modifié, etc.) et contenant de nombreux ingrédients, notamment des additifs.
Chapitre 2, p. 26

Cortisol
Hormone sécrétée par les glandes surrénales.
Chapitre 3, p. 34

Hormone
Substance libérée dans le sang par certains organes du corps humain et qui agit sur d'autres organes en modifiant leur fonctionnement.
Chapitre 3, p. 34

Stress aigu
Réaction de l'organisme humain pour faire face à une menace ou un enjeu ponctuel.
Chapitre 3, p. 35

Stress chronique
Réponse de l'organisme humain face à une situation stressante qui s'inscrit dans la durée.
Chapitre 3, p. 35

Thématique B L'individu responsable dans son environnement

Acouphène
Sensation auditive anormale (sifflements, bourdonnements) entendue sans aucun stimulus sonore extérieur.
Chapitre 4, p. 45

Bruit
Ensemble de sons (vibrations de l'air qui se propagent sous forme d'ondes acoustiques) perçus comme gênants.
Chapitre 4, p. 42

Eau potable
Eau incolore, inodore, sans saveur, dont les teneurs tolérées en substances toxiques et indésirables sont extrêmement faibles et qui ne contient aucun micro-organisme pathogène pouvant nuire à la santé de l'homme à plus ou moins long terme.
Chapitre 5, p. 59

Empreinte eau
Quantité d'eau consommée chaque jour en tenant compte de l'eau utilisée par un individu pour ses besoins domestiques (empreinte eau directe) et pour produire ses biens de consommation (empreinte eau indirecte).
Chapitre 5, p. 62

Hyperacousie
Fait de percevoir les sons plus forts qu'ils ne le sont en réalité.
Chapitre 4, p. 45

Thématique C L'individu acteur de prévention dans son milieu professionnel

Anticorps
Molécule de défense fabriquée par des globules blancs spécialisés, les lymphocytes B, qui neutralisent l'antigène (exemple : bactérie) présent dans le corps humain.
Chapitre 9, p. 105

Comité social et économique (CSE)
Instance représentative des salariés, obligatoire dans les entreprises d'au moins 11 salariés.
Chapitre 6, p. 71

Lymphocyte B
Globule blanc à l'origine de la fabrication des anticorps.
Chapitre 9, p. 104

Lymphocyte T
Globule blanc qui détruit les cellules infectées par des virus, mais également les cellules greffées ou des cellules de l'organisme ayant subi des transformations anormales comme les cellules cancéreuses.
Chapitre 9, p. 104

Pathogène
Qui provoque des maladies.
Chapitre 9, p. 102

Salarié compétent pour la protection et la prévention des risques professionnels (PPRP)
Acteur de prévention dont la présence est obligatoire dans toutes les entreprises.
Chapitre 6, p. 70

Service de santé au travail
Service qui a pour mission exclusive d'éviter toute altération de la santé des salariés du fait de leur travail.
Chapitre 6, p. 72

Situation dangereuse
Toute situation dans laquelle une personne est exposée à un ou plusieurs dangers.
Chapitre 8, p. 93

Système immunitaire
Ensemble des cellules et des organes qui participent à la défense de l'organisme humain.
Chapitre 9, p. 104

Terminale bac pro

Thématique A L'individu responsable de son capital santé

Allergène
Substance qui déclenche ou favorise une allergie, une intolérance ou des réactions du système immunitaire.
Chapitre 2, p. 25
Chapitre 14, p. 145

Allergie
Dysfonctionnement du système immunitaire qui provoque une réaction inflammatoire exagérée, présentée par certaines personnes lors du second contact avec un allergène (molécule responsable de la réaction allergique).
Chapitre 14, p. 145

Thématique B L'individu responsable dans son environnement

Empreinte carbone
Mesure des émissions des gaz à effet de serre (GES) émis par une activité, une personne ou un pays.
Chapitre 15, p. 157

Énergies fossiles
Énergies que l'on produit à partir de roches issues de la fossilisation des êtres vivants : pétrole, gaz naturel et charbon. Elles sont présentes en quantités limitées et non renouvelables. Leur combustion entraîne des gaz à effet de serre.
Chapitre 15, p. 154

Énergie non renouvelable
Énergie produite à partir de la transformation de matières organiques stockées sous Terre (pétrole, gaz naturel, charbon). Elle met des millions d'années à se constituer et est présente en quantités limitées. Sa combustion émet des gaz à effet de serre.
Chapitre 15, p. 154

Énergie renouvelable
Énergie renouvelée en permanence par la nature (soleil, eau, vent, biomasse, géothermie).
Chapitre 15, p. 154

Gaz à effet de serre (GES)
Composant gazeux qui absorbe le rayonnement infrarouge émis par la surface terrestre et contribue ainsi à l'effet de serre. Le dioxyde de carbone (CO_2) est l'un des principaux gaz concernés.
Chapitre 15, p. 156

Thématique C L'individu acteur de prévention dans son milieu professionnel

Activité dynamique
Travail musculaire caractérisé par une alternance rythmique de contraction et d'extension, de tension et de relâchement des muscles.
Chapitre 19, p. 201

Activité réelle
Ensemble des actions physiques et mentales assurées par un opérateur pour réaliser une tâche.
Chapitre 20, p. 216

Activité statique
Travail musculaire caractérisé par la contraction prolongée des muscles.
Chapitre 19, p. 201

Barrière cutanéo-muqueuse
Barrière (chimique, mécanique, biologique) qui constitue la première ligne de défense non spécifique.
Chapitre 16, p. 168

Déterminant « entreprise »
Caractéristique de ce que l'entreprise met à disposition de l'opérateur pour réaliser le travail prescrit et qui conditionne ou influence son travail (exemples : matériel, milieu...).
Chapitre 20, p. 214

Déterminant « opérateur »
Caractéristique de l'opérateur qui influence ou conditionne son travail (exemples : taille, âge, qualification...).
Chapitre 20, p. 214

Disque intervertébral
Structure constituée de fibres et de cartilage qui réunit deux vertèbres leur donnant une certaine mobilité tout en absorbant les chocs.
Chapitre 19, p 204

Ergonomie
Discipline scientifique qui analyse le fonctionnement de l'homme en activité de travail en vue d'optimiser le bien-être des personnes et la performance globale des systèmes.
Chapitre 20, p. 214

Faute inexcusable
Manquement de l'employeur à son obligation de sécurité alors qu'il aurait dû avoir conscience du danger auquel était exposé le salarié et qu'il n'a pas pris les mesures nécessaires pour l'en préserver.
Chapitre 17, p. 181

Hernie discale
Noyau chassé à l'extérieur du disque intervertébral, soit par distension, soit par rupture de l'enveloppe périphérique de celui-ci.
Chapitre 19, p. 205

Indemnités journalières
Somme versée par la Caisse d'assurance maladie en cas d'arrêt de travail pour compenser la perte de salaire.
Chapitre 17, p. 182

Prestations en espèces
Indemnités journalières et rentes versées par la Caisse primaire d'assurance maladie pour compenser la perte de salaire en cas d'accident du travail ou de maladie professionnelle.
Chapitre 17, p. 182

Prestations en nature
Remboursements des soins pris en charge à 100 % par la Caisse primaire d'assurance maladie en cas d'accident du travail ou de maladie professionnelle.
Chapitre 17, p. 182

Réaction inflammatoire locale
Réaction de l'organisme à une agression microbienne. Elle se traduit par quatre signes : douleur, rougeur, chaleur, gonflement.
Chapitre 16, p. 169

Rente d'incapacité
Indemnisation perçue par les victimes d'accident du travail ayant conservées des séquelles.
Chapitre 17, p. 182

Responsabilité civile
Obligation de réparer les dommages causés à autrui.
Chapitre 17, p. 180

Responsabilité pénale
Obligation de répondre des infractions commises et de subir la peine prévue par la loi.
Chapitre 17, p. 180

Risques psychosociaux (RPS)
Ensemble de risques regroupant le stress au travail (surcharge de travail, manque de moyens, manque d'autonomie...) ; les violences internes à l'entreprise (harcèlement, conflit...) ; les violences externes à l'entreprise (insultes, menaces, agressions...).
Chapitre 18, p. 188

Schéma de compréhension
Outil d'analyse d'une situation de travail.
Chapitre 20, p. 217

Tâche
Ensemble des actions physiques et mentales assurées par un opérateur pour réaliser le travail prescrit (ce que fait l'opérateur pour réaliser le travail prescrit).
Chapitre 20, p. 216

Travail prescrit
Travail demandé à un opérateur par l'entreprise.
Chapitre 20, p. 216

Travail réel
Ensemble des tâches et des activités réelles réalisées par un opérateur.
Chapitre 20, p. 216

Trouble musculo-squelettique (TMS)
Atteinte des tissus mous que sont les muscles, les nerfs, les tendons et les ligaments, à la périphérie des articulations.
Chapitre 19, p. 202

Vaccination
Moyen préventif qui consiste à injecter dans l'organisme des micro-organismes tués ou dont la virulence a été atténuée pour provoquer la fabrication d'anticorps spécifiques.
Chapitre 16, p. 167

p. 5 : ph © Sherry Young / stock.adobe.com
p. 7 : ph © Kateryna_Kon / stock.adobe.com
p. 10 a : ph © matka_Wariatka / stock.adobe.com
p. 10 b : ph © Nastasia Froloff / stock.adobe.com
p. 10 c : ph © hatchapong / stock.adobe.com
p. 10 d : © 2014 COREVIH IDF Ouest. Tous droits réservés
p. 11 : © ENIPSE 2020. Tous droits réservés
p. 12 a : ph © I Viewfinder / stock.adobe.com
p. 12 b : ph © WavebreakMediaMicro / stock.adobe.com
p. 12 c : ph © dalaprod / stock.adobe.com
p. 12 d : ph © Photographee.eu / stock.adobe.com
p. 15 : © misterpixelsjluz2019 _ www.sida-info-service.org
p. 17 : ph © murziknata / stock.adobe.com
p. 20 a : ph © toxicoz / stock.adobe.com
p. 20 b : ph © fizkes / stock.adobe.com
p. 20 c : ph © dtiberio / stock.adobe.com
p. 20 d : ph © Andrey Kiselev / stock.adobe.com
p. 22 a : ph © shurkin_son / stock.adobe.com
p. 22 b : ph © Jürgen Fälchle / stock.adobe.com
p. 22 c : ph © Proxima Studio / stock.adobe.com
p. 23 a : © Fleury Michon
p. 23 b : © Marie
p. 24 : ph © STEKLO_KRD / stock.adobe.com
p. 26 a : ph © yuriygolub / stock.adobe.com
p. 26 b : ph © pixarno / stock.adobe.com
p. 29 : ph © glisic_albina / stock.adobe.com
p. 30 : © Marie
p. 32 a : ph © Prostock-studio / stock.adobe.com
p. 32 b : ph © dalaprod / stock.adobe.com
p. 32 c : ph © Eléonore H / stock.adobe.com
p. 33 a : ph © Monstar Studio / stock.adobe.com
p. 33 b : ph © fotofabrika / stock.adobe.com
ph 32 a, b, c : © JrCasas / stock.adobe.com
p. 35 a : ph © Pumba / stock.adobe.com
p. 35 b : ph © Tierney / stock.adobe.com
p. 36 : © Ramsay Générale de Santé
p. 39 : ph © Photographee.eu / stock.adobe.com
p. 41 : ph © Goran Jakus / stock.adobe.com
p. 43 : ph © savanno / stock.adobe.com
p. 45 a : ph © themorningglory / stock.adobe.com
p. 45 b : ph © bodnarphoto / stock.adobe.com
p. 45 c : ph © Jet Cat Studio / stock.adobe.com
p. 48 a : ph © zhukovvvlad / stock.adobe.com
p. 48 b : ph © New Africa / stock.adobe.com
p. 50 : © herve.poudret/ValTouraineHabitat
p. 53 : © OMS 2020
p. 55 a : © enimmersion-eau.fr
p. 55 b : ph © lunamarina / stock.adobe.com
p. 59 : ph © Yurii Zushchyk / stock.adobe.com
p. 60 a : ph © torwaiphoto / stock.adobe.com
p. 60 b : ph © gui yong nian / stock.adobe.com
p. 60 c : ph © ungvar / stock.adobe.com
p. 61 : ph © smspsy / stock.adobe.com
p. 63 a : ph © Aleksey Sergeychik / stock.adobe.com
p. 63 b : ph © mariesacha / stock.adobe.com
p. 63 c : ph © Petrova-Apostolova / stock.adobe.com
p. 63 d : ph © Goodpics / stock.adobe.com
p. 63 e : ph © New Africa / stock.adobe.com
p. 64 a : ph © think4photop / stock.adobe.com
p. 64 b : ph © helenedevun / stock.adobe.com
p. 64 c : ph © Irina Schmidt / stock.adobe.com
p. 64 d : ph © koenig foto / stock.adobe.com
p. 64 e : ph © jasckal / stock.adobe.com
p. 64 f : ph © sasapanchenko / stock.adobe.com
p. 66 a : © Chinnapong / stock.adobe.com
p. 66 b : © cobiestacio / stock.adobe.com
p. 67 : ph © Hervé Rouveure / stock.adobe.com
p. 68 : ph © mariesacha / stock.adobe.com
p. 69 a : ph © BillionPhotos.com / stock.adobe.com
p. 69 b : ph © Richard Villalon / stock.adobe.com
p. 72 : ph © industrieblick / stock.adobe.com
p. 73 a : ph © Christophe Fouquin / stock.adobe.com
p. 73 b : ph © Richard Villalon / stock.adobe.com
p. 77 : ph © RomainQuéré / stock.adobe.com
p. 79 a : ph © Kzenon / stock.adobe.com
p. 79 b : ph © vectorfusionart / stock.adobe.com
p. 82 a : ph © Dan Kosmayer / stock.adobe.com
p. 82 b : ph © Grispb / stock.adobe.com
p. 82 c : ph © New Africa / stock.adobe.com
p. 82 d : ph © lightpoet / stock.adobe.com
p. 82 e : ph © Daisy Daisy / stock.adobe.com
p. 83 a : ph © EdNurg / stock.adobe.com
p. 83 b : ph © jonives / stock.adobe.com
p. 83 c : © fotohansel / stock.adobe.com
p. 84 a : ph © MIRACLE MOMENTS / stock.adobe.com
p. 84 b : ph © Elenarts / stock.adobe.com
p. 87 : ph © davit85 / stock.adobe.com
p. 89 : ph © auremar / stock.adobe.com
p. 90 : ph © Tyler Olson / stock.adobe.com
p. 99 : ph © Yakobchuk Olena / stock.adobe.com p.
101 a : ph © Robert Kneschke / stock.adobe.com p.
101 b : ph © WARIT / stock.adobe.com
p. 102 a : ph © Kadmy / stock.adobe.com
p. 102 b : ph © Chopard Photography / stock.adobe.com
p. 102 c : ph © luckybusiness / stock.adobe.com p.
102 d : ph © Kzenon / stock.adobe.com
p. 102 e : ph © Avatar_023 / stock.adobe.com
p. 103 : ph © chris32m / stock.adobe.com
p. 104 a : ph © Production Perig / stock.adobe.com
p. 104 b : ph © rh2010 / stock.adobe.com
p. 105 : ph © royaltystockphoto / stock.adobe.com
p. 109 a : ph © Imagenatural / stock.adobe.com p.
109 b : ph © .shock / stock.adobe.com
p. 110 a : ph © Daniel Perdiguero / stock.adobe.com
p. 110 b : ph © s_l / stock.adobe.com
p. 110 c : ph © tippapatt / stock.adobe.com
p. 112 a : ph © Ilshat / stock.adobe.com
p. 112 b : ph © Andrey Popov / stock.adobe.com p.
112 c : ph © Gorodenkoff / stock.adobe.com
p. 113 a : ph © romaset / stock.adobe.com
p. 113 b : ph © undrey / stock.adobe.com
p. 114 a, c : ph © Matton
p. 114 b : ph © Phovoir
p. 117 a : ph © kokliang1981 / stock.adobe.com
p. 117 b : ph © pololia / stock.adobe.com
p. 118 a : ph © pololia / stock.adobe.com
p. 118 b : ph © moodboard / stock.adobe.com
p. 120 a : ph © spaskov / stock.adobe.com
p. 120 b : ph © Kadmy / stock.adobe.com
p. 125 a : ph © brutale / stock.adobe.com
p. 125 b : ph © ikonoklast_hh / stock.adobe.com p.
126 a : ph © Belkin & Co / stock.adobe.com
p. 126 b : ph © Photographee.eu / stock.adobe.com
p. 126 c : ph © yanadjan / stock.adobe.com
p. 127 a : ph © decade3d / stock.adobe.com
p. 127 b : ph © Lukassek / stock.adobe.com
p. 127 c : ph © Africa Studio / stock.adobe.com
p. 127 d : ph © fotoyou / stock.adobe.com
p. 127 e : ph © Matthew Benoit / stock.adobe.com
p. 127 f : ph © pathdoc / stock.adobe.com
p. 128 a : ph © Matton
p. 128 b : ph © Matton
p. 128 c : ph © Adam / stock.adobe.com
p. 128 e : ph © Moreno Soppelsa / stock.adobe.com
p. 128 f : ph © nd3000 / stock.adobe.com
p. 128 i : ph © ungvar / stock.adobe.com
p. 129 b : ph © Antonioguillem / stock.adobe.com p.
133 a : ph © Cookie Studio / stock.adobe.com p.
133 b : ph © AntonioDiaz / stock.adobe.com
p. 134 a : ph © Gorodenkoff / stock.adobe.com
p. 134 b : ph © Maren Winter / stock.adobe.com p.
134 c : ph © Guy Pracros / stock.adobe.com
p. 134 d : ph © mogala / stock.adobe.com
p. 137 a : ph © Jacob Lund / stock.adobe.com
p. 137 b : ph © HML / stock.adobe.com
p. 137 c : ph © annanahabed / stock.adobe.com p.
137 d : ph © Diversity Studio / stock.adobe.com p.
137 e : ph © Dragana Gordic / stock.adobe.com p.
141 : ph © L.Bouvier / stock.adobe.com
p. 142 a : ph © ALF photo / stock.adobe.com
p. 142 b : ph © Vely / stock.adobe.com
p. 143 a : ph © Daniel Berkmann / stock.adobe.com
p. 143 b : ph © Gulsina / stock.adobe.com
p. 143 c : ph © Maya Kruchancova / stock.adobe.com
p. 143 d : ph © AlenKadr / stock.adobe.com
p. 143 e : ph © ctvvelve / stock.adobe.com
p. 144 a : © Coopérative U Enseigne
p. 144 b, c : ph © Jérôme Rommé / stock.adobe.com
p. 145 : ph © jayzynism / stock.adobe.com
p. 148 : ph © pioneer111 / stock.adobe.com
p. 151 : ph © Maurice Metzger / stock.adobe.com
p. 152 : ph © oliverfiction96 / stock.adobe.com
p. 163 : ph © annacovic / stock.adobe.com
p. 165 a : ph © ASDF / stock.adobe.com
p. 165 b : ph © Kurhan / stock.adobe.com
p. 175 : ph © Olivier-Tuffé / stock.adobe.com
p. 177 a : ph © Andrey Popov / stock.adobe.com
p. 177 b : ph © kazoka303030 / stock.adobe.com
p. 180 : ph © RobertoM / stock.adobe.com
p. 181 a : ph © fototheobald / stock.adobe.com
p. 181 b : ph © Etoilestars / stock.adobe.com
p. 182 a : ph © bukhta79 / stock.adobe.com
p. 182 b : ph © Pascal THAUVIN / stock.adobe.com
p. 185 : ph © Andrey Popov / stock.adobe.com
p. 187 : ph © REDPIXEL / st ock.adobe.com
p. 188 a : ph © WavebreakmediaMicro / stock.adobe.com
p. 188 b : ph © fizkes / stock.adobe.com
p. 188 c : ph © JackF / stock.adobe.com
p. 189 : ph © OceanProd / stock.adobe.com
p. 190 a : ph © Kadmy / stock.adobe.com
p. 190 b : ph © Ingo Bartussek / stock.adobe.com
p. 190 c : ph © djoronimo / stock.adobe.com
p. 192 : ph © KB3 / stock.adobe.com
p. 194 : ph © BillionPhotos.com / stock.adobe.com
p. 199 : ph © W PRODUCTION / stock.adobe.com
p. 200 a : ph © javy / stock.adobe.com
p. 200 b : ph © auremar / stock.adobe.com
p. 200 c : ph © 70977451 / stock.adobe.com
p. 200 d : ph © siculodoc / stock.adobe.com
p. 200 e : ph © Bernd Leitner / stock.adobe.com
p. 200 f : ph © 31405800 / stock.adobe.com
p. 200 g : ph © studiophotopro / stock.adobe.com
p. 200 h : ph © kalou1927 / stock.adobe.com
p. 202 a : ph © LIGHTFIELD STUDIOS / stock.adobe.com
p. 202 b : ph © Andrey Popov / stock.adobe.com
p. 202 c : ph © Tilio & Paolo / stock.adobe.com
p. 203 a : ph © tinny_12345 / stock.adobe.com
p. 203 b : ph © Fxquadro / stock.adobe.com
p. 206 : ph © Dmitrii / stock.adobe.com
p. 207 a : ph © gradt / stock.adobe.com
p. 207 b : ph © auremar / stock.adobe.com
p. 207 c : ph © Matton
p. 207 d : ph © Phovoir
p. 213 : ph © Rafał Rębacz / stock.adobe.com
p. 215 : ph © Seventyfour / stock.adobe.com
p. 223 : ph © dusanpetkovic1 / stock.adobe.com
p. 226 a : ph © ASDF / stock.adobe.com
p. 226 b : ph © Moon Safari / stock.adobe.com
p. 226 c : ph © Mangostar / stock.adobe.com
p. 226 d : ph © OlegD / stock.adobe.com
p. 226 e : ph © pixdeluxe / stock.adobe.com
p. 226 f : ph © rh2010 / stock.adobe.com
p. 227 : © Délégation à l'information et à la communication - DICOM
p. 228 : ph © Minerva Studio / stock.adobe.com
p. 231 a : ph © FotoAndalucia / stock.adobe.com
p. 231 b : ph © artmim / stock.adobe.com
p. 231 c : ph © SHOTPRIME STUDIO / stock.adobe.com
p. 231 d : ph © Mangostar / stock.adobe.com
p. 231 e : ph © WavebreakMediaMicro / stock.adobe.com
p. 235 : ph © Nolte Lourens / stock.adobe.com
p. 236 : © moremar / stock.adobe.com
p. 243 : ph © Hervé Rouveure / stock.adobe.com
p. 245 : ph © Kzenon / stock.adobe.com
p. 252 a : ph © stefan1179 / stock.adobe.com
p. 252 b : ph © heavypong / stock.adobe.com
p. 252 c : ph © Olivier Dirson / stock.adobe.com
p. 252 d : ph © pv / stock.adobe.com
p. 252 e : ph © esoxx / stock.adobe.com
p. 252 f : ph © AVD / stock.adobe.com

Malgré nos efforts, il nous a été impossible de joindre certains auteurs ou leurs ayants-droit pour solliciter l'autorisation de reproduction, nous avons réservé en notre comptabilité les droits usuels.

NB-CLA/EG

PAPIER À BASE DE FIBRES CERTIFIÉES

FOUCHER s'engage pour l'environnement en réduisant l'empreinte carbone de ses livres. Celle de cet exemplaire est de :
1.8 kg éq. CO_2
Rendez-vous sur www.editions-foucher-durable.fr

Achevé d'imprimer en Italie par L.E.G.O. S.p.A. (TN)
Dépôt légal n° 16195-9/02 - Octobre 2021